現代
開発経済
入門

Introduction to
Development Economics

陸 亦群・前野高章・安田知絵・羽田 翔［著］

文眞堂

まえがき

　今日のグローバル化時代において，発展途上国の開発問題は国家同士の問題だけではなく企業そして個人にまで浸透している。資金面に関して，発展途上国における諸問題は公的機関の援助のみでは足りず，民間部門による支援が必要不可欠となっていることが背景となっている。さらに，近年では証拠に基づいた政策決定が急務とされており，既存の理論のみならず，政策評価に関する理解とこれらの知識を応用できる力が求められている。

　本書は，大学で初めて発展途上国の開発および経済成長に関する諸問題について学ぶ者を対象として執筆したものである。そのため，開発問題に関する学問体系の基本を身につけるために，本書は経済開発問題の歴史的推移を踏まえながら，理論と政策（応用）の2本柱で構成されている。ともすれば，経済学的アプローチを意識すると過去の出来事が捨象され，現状に焦点が当てられる傾向にある。しかし，本書では現状を知るには理論と政策（応用）の両方を同程度理解しなくてはならないとの認識に立って，開発問題の理論的・政策的側面について一定の紙幅を割いているところが類書にはあまりない点である。

　さて，本書の構成や内容は，日本大学通信教育教材『経済開発論』（加藤義喜，辻忠博，陸亦群共著）の影響を大きく受けている。この教科書は，2005年に日本大学通信教育部より発行されており，歴史的問題も網羅しながら，理論と政策の観点から体系的に学ぶことができるように構成されていた。本書の執筆にあたり，日本大学通信教育部から同教材の無償の版権貸与をいただいたことに，我々一同大変感謝申し上げる次第である。本書は上記の教科書の流れを受け継いで一部援用しアップデートしたものであるが，言うまでもなく本書の内容のすべての責任は我々執筆者一同が負うものであることをあらかじめ断っておきたい。

　本書は，我々4人の著者の共同作業によるものである。本書の第1章，第7章，第10章は前野高章が，第2章，第5章，第6章は陸亦群が，第3章は

陸亦群と羽田翔が，第4章は前野高章と羽田翔が，第8章は陸亦群と安田知絵が，第9章は前野高章と安田知絵がそれぞれ分担執筆した。コラムの執筆，データ整理および図表作成は安田知絵と羽田翔が担当した。

　本書を作成するにあたり，多くの方々から貴重な助言や指導があったことを記しておきたい。特に，開発経済論や国際経済論という学問に導いてくれた加藤義喜先生（日本大学名誉教授）と本多光雄先生（日本大学名誉教授）からは多大な学恩を受けている。また，本書の作成に多くの先生方から建設的な意見を寄せていただいた。これらの方々に対して心から感謝を申し上げたい。

　本書の出版に当たって，刊行を快諾して下さった文眞堂社長の前野隆氏，編集の労を取っていただいた山崎勝徳氏ほか編集部の方々にこの場をお借りして，執筆者一同心からお礼を申し上げたい。

2020年早春

執筆者一同

目　　次

第 **1** 章

経済開発と開発問題へのアプローチ

第 **1** 節　経済開発の意義と経済開発論

　経済開発という用語は英語では economic development であって，かつては経済発展と訳されるのがふつうであった。しかし，第二次世界大戦後，未曾有の戦災を受けた先進国の経済がマーシャル援助などの助けもあって急速に復興するとともに，それまで先進国の植民地かそれに近い状態に置かれていた広範な地域の経済発展の遅れが改めて認識されるようになった（ただし，ラテン・アメリカのように経済発展は戦後になっても一般に遅れていたものの，その多くが早くから政治的独立をしていた地域であった）。そして英語の用語そのものは変わらないが，経済を意図的に発展させるという意味で日本語では「経済開発」という訳語が一般的になってきたと言える。しかし，同じ英語が異なって訳される背景には，そこにもうひとつ欧米を含めてこうした問題に対する基本的な考え方や分析方法の違いも存在するのである。

　ともあれ，この発展途上国の経済開発のメカニズムと政策を研究し分析する「経済開発論」は 1 人当たりの所得とか生産物を増やすという経済的，数量的な増大を目的とする意味では先進国経済を対象とする「経済成長論」と特に変わらない。だが，発展途上国の場合，少なくとも先進国と比べて経済基盤が整っていないとか，市場経済メカニズムがあまり機能していないなど特殊な構造的問題や，発展途上国に一般的な人口増加率の高さといった特殊要因を考慮する必要がある。そのため個別の学問分野として発展途上国に関する「経済開発論」が展開されたのである。例えば，一時期まで，発展途上国ではかなり

市場経済化が進んだ近代部門と市場経済がほとんど浸透していない伝統的な経済社会が並存している（J・H・ブーケなどの言う）「二重経済」が存在するといった考え方にもとづいた理論モデルによる分析などが行われてきたし，現代でもこの理論モデルは一部で適用されている。

　こうした経済面に重点を置いた積極的な開発を重視する経済開発論も重要な意味をもっていることも確かである。しかし，発展途上国の経済発展水準が低い原因を単に経済的基盤の未整備や経済構造の歪みといった経済的な，あるいは数量的に捉えやすい要因に主眼を置いた分析だけでは不十分な部分も多く残る。またそうした多分に経済学的な分析は比較的短期決戦的な（と言って数年という単位ではないにしても）経済戦略に結びつきがちであって，そこにも問題があると言わざるをえない。

　これに対して「経済発展」は通常使われる比較的長期にわたる経済水準の上昇という一般的な意味のほかに，専門的には「経済開発」よりも経済外的な要因をも考慮した，もっと広範な変化を含めた意味で使われることが少なくない。つまり，そこには経済発展の遅れの背後にある制度，組織，そして人間の行動形態やそれを規定している社会的慣習などの特性を含めて捉えるという，基本的な分析視角の違いがある。例えば，経済以前にその社会で信頼関係を築けないため政治的に不安定であると経済開発どころではなくなるし，制度面で言っても例えば法律制度の充実が必要であると同時に，法律を守り，これに遵うという遵法の精神がその社会に一定以上備わっていることが大切である。

　先進国ではこうした社会基盤や能力が国によってその形は多かれ少なかれ多様性をもっていたとしても，それは近代化以前にすでにかなり整っており，そして近代化の過程でさらに充実してきたのであった。しかし，それだけに日本を含めてそれらのことが常識化しているため，そのことについて特に気にならないのであるが，世界ではそうでない国がかなり多く存在している。

　ということは，発展途上国あるいはそれ以前の表現として低開発国についての当然の定義（あるいは同義反復的な定義）としての経済開発水準の低い国，そして，その具体的な基準として一般的に使われる1人当たり国民所得（あるいはGDP＝国内総生産など）が低い国といった捉え方にもかなり問題があることを意味する。それは経済的な面で見ても発展途上国のなかには所得や資産

において（そして権力面でも）貧富の格差がきわめて大きく，そうした国全体で計った平均化された数字では捉えられない面があるということでもある。さきの二重経済構造もこれと関連する。

　しかし，それどころか経済発展なるものは基本的にはそうした量的なもの以前の，それぞれの社会を構成する人々の安定した政治・社会関係の確立を含めた効率的な経済を実現できる幅広い能力の高さに依存し，そうした能力の低い国が低開発国，一般的に使われる表現として発展途上国ということになろう。

　経済開発をこうした幅広い能力を社会的受容能力の開発を含めて考える経済学者もいるが，経済開発論はともすれば比較的狭い経済的要因に重点を置いた理論が多い。それに対して，そのような幅広い要因を考慮して経済発展現象を研究するのが「経済発展論」と言えようが，それは経済開発論のもっている強力だが画一的な経済政策論的な指向とは異なって，個々の国や地域のさまざまな特性に配慮した学際的な，つまり多分野の学問研究に関わる分析であり，その上に立った政策論ともなる。

　経済発展論のこうした傾向は別の面では経済発展を長期的な社会的経済的変化の過程として捉える考え方ともつながる。経済発展段階説もこうした考え方と関連したひとつの流れであって，古くから多くの説が唱えられたが，経済発展を一定の段階をたどって進むものとして捉えている。以上の点をふまえ，第1章と第2章では発展途上国の経済開発の過去と現状について確認をしていきたい。

第2節　発展途上国の定義：GNI による定義

　発展途上国はどのように定義されるのだろうか。ここでは，発展途上国についてより正確な定義づけをしたい。実際には，発展途上国とはこういう国である，という厳密な定義が存在しているわけではない。近年においても，自国を発展途上国と申請し，貿易上の優遇措置を取っている国が多いのも事実である[1]。つまり，発展途上国に関する定義には幅があり，一国や国際機関などが

1　国際取引において途上国は優遇されるケースが多々ある。例えば，WTO（世界貿易機構）で「途上国」と申告して優遇措置を受ける国々は，先進国から一部製品の関税が下がる一般特恵関税制↗

特定した定義づけを行っているわけではないのである。

　では，どのように発展途上国を捉えているのであろうか。一般的に用いられている定義として，1人当たり GNI（国民総所得）を用いた分類方法がある。世界銀行（国際復興開発銀行）は1人当たりの所得水準から世界の国を高所得国，中所得国，低所得国，に分類しており，さらに中所得国を上位中所得国と下位中所得国の2つに分類している。分類の基準は表 1-1 に示されている通りである。高所得国は1人当たり GNI が 12,376 ドル以上の国であり，上位中所得国は 3,996 ドルから 12,375 ドルの間の国，下位中所得国は 1,026 ドルから 3,995 ドルの間の国，そして，低所得国は 1,025 ドル以下の国と基準付けされている。しかしながら，この基準は永続的なものではなく，物価水準の変化など経済の諸変数の変化に応じて変動するとされている。また，各国の経済は常に変化しており，景気のいい時もあればそうではないときもある。つまり，多かれ少なかれ常に経済が成長しているため，分類しているそれぞれの所得階層の基準も変われば，それぞれの階層に分類される国の数も時期により変化している。

表 1-1　1人当たり GNI による国の分類（2018年）

階層分類	所得水準 （1人当たり GNI）	国数
高所得国	$12,376 以上	80 カ国
上位中所得国	$3,996 〜 $12,375	56 カ国
下位中所得国	$1,026 〜 $3,995	47 カ国
低所得国	$1,025 以下	34 カ国

（出所）世界銀行の HP を参照。

　一般的に，先進国や途上国という言葉をよく耳にするが，先進国とは，経済が進んでいる国というイメージを持つかもしれない。しかし，表 1-1 によると，先進国は1人当たり GNI が 12,376 ドル以上の高所得国に含まれることになる。そうすると，高所得国の数は 80 カ国に上ることになる。その理由は，高所得国には OECD 加盟国ではないが，1人当たり GNI が先進国並みに高水

度を受けることができるといった利点がある。

準の諸国が分類されているからである。そうした諸国・経済には，香港，台湾のようなかつてアジア NIEs（新興工業経済群）と呼ばれた地域，クウェートやサウジアラビア，アラブ首長国連邦のような中東の産油国が含まれている。では，これらの諸国や経済を先進国と呼んでいるのだろうか。実際には，先進国とは呼んでいないであろう。それにはさまざまな事情が考えられるがひとつの理由は開発という概念をいかに定義するのかということに関わりがある。すなわち，単に1人当たり所得水準という量的な尺度のみで真の豊かさを測定することが適切であるかどうかということである。確かに，1人当たり所得水準から経済の質的な部分を解釈できなくもない。例えば，GDP ランキングでは世界上位に位置するにもかかわらず，街中で高級自動車に乗る人もいれば，橋の下で生活をしている人も大勢いる国もあり，平均的な所得水準がどの程度の意味を示すのか，ということを考えると，皆が満足する答えはなかなか見つからないであろう。しかし，国際的な制度設計や経済の分析には何かしらの基準が必要となるため，多くの研究では国を分類するにあたり，1人当たりの所得水準を用いているのが現実である。

第3節　人間開発指数による分類

　そのような困難を兼ね備えてはいるが，量的側面のみに基づく分類の限界を乗り越えるために，国連開発計画（UNDP）は開発の質的側面も含めた総合的な指標の開発を試みた。それが人間開発指数（Human Development Index：HDI）と呼ばれるものである[2]。UNDP は所得水準と寿命，教育が諸国の開発の程度を測定する最も基本的な指標であるとし，保健，教育，所得という側面に関して，各国における平均達成度から，それら3つの尺度をそれぞれ指数化し，総合的な指標である人間開発指数を創出した。この指数は0から1の間の値をとり，開発の程度が最も低い場合は0，逆に最も高い場合は1となる。その結果が表1-2に示されている。それによると，日本を含めた上位24カ国の値は0.9台を記録しており，きわめて高水準の開発を達成していると言える。

2　UNDP（2019）を参照（http://www.hdr.undp.org/sites/default/files/hdr2019.pdf，2020年1月11日アクセス）。

すなわち，平均寿命は80歳前後という高い水準であり，先進国の人々は平均的に高等教育まで進学して高度な教育を受けることができているということを想定することができる。当然ながら，1人当たり所得水準もきわめて高い。つまり，これら先進諸国では，量的にも，質的にもきわめて高い水準の開発を達成しているということが言える。それがいわゆる先進国なのである。日本も以前はこのランキングでトップになったこともあるが，ノルウェーやスウェーデンといった北欧の国が常に上位に位置していることからも，日本の社会におけるさらなる質的な向上が求められていることもわかる。

　一方で，下位5カ国をみると，HDIは0.3から0.4程度しかなく，大きな経済格差が生まれていることがわかる。平均寿命はせいぜい50歳代である。教

表1-2　人間開発指数（2018年）

国名		人間開発指数 (HDI)	平均寿命 (年齢)	予想教育期間 (年)	1人当たり GNI (2011年価格 PPP) (ドル)
ノルウェー	(1位)	0.954	82.3	12.6	68,059
スイス	(2位)	0.946	83.6	13.4	59,375
アイルランド	(3位)	0.942	82.1	12.5	55,660
ドイツ	(4位)	0.939	81.2	14.1	46,946
香港	(4位)	0.939	84.7	12.0	60,221
日本	(19位)	0.915	84.5	12.8	40,799
ブルンジ	(185位)	0.423	61.2	3.1	660
南スーダン	(186位)	0.413	57.6	4.8	1,455
チャド	(187位)	0.401	51.0	2.4	1,716
中央アフリカ共和国	(188位)	0.381	52.8	4.3	777
ニジェール	(189位)	0.377	62.0	2.0	912
HDIグループ					
人間開発最高位グループ		0.892	79.5	12.0	40,112
人間開発高位グループ		0.750	75.1	8.3	14,403
人間開発中位グループ		0.634	69.3	6.4	6,240
人間開発低位グループ		0.507	61.3	4.8	2,581
地域					
アラブ諸国		0.703	71.9	7.1	15,721
東アジア・太平洋諸国		0.741	75.3	7.9	14,611
欧州・中央アジア		0.779	74.2	10.2	15,498
ラテンアメリカ・カリブ海諸国		0.759	75.4	8.6	13,857
南アジア		0.642	69.7	6.5	6,794
サハラ以南アフリカ		0.541	61.2	5.7	3,443

（出所）Human Development Report 2019 を参考し筆者作成。

育については平均で先進国の約4分の1であり，義務教育すら十分に受けることができていないということである。所得水準もきわめて低い。要するに，すべての面でこれらの諸国は相対的に劣っているということが言えるのである。このように，一方ですべての面で優れた諸国と，他方ですべての面で劣った諸国とがこの地球に共存しているのである。平均的に0.7あたりであるが，地域的にみると，最後の開発フロンティアといわれているアフリカ地域の指数が低く，サハラ以南アフリカでは0.5程度である。量的側面だけでなく，質的側面も取り入れている総合的な指標であるHDIを確認することによって，市場規模という経済的な側面のみならず，社会的な格差の現実を明らかにすることが可能となったのである。

第4節　発展途上国の共通点と相違点

　既述したように，発展途上国の定義の仕方においてもさまざまな見解があるものの，発展途上国の数は多く，低所得国および中所得国だけでも100カ国以上存在することは容易に想像がつく。つまり，世界の大多数の国が発展途上国に分類されるのが現状である。これらの国は同じ範疇に分類されるわけであり，それなりの共通点や相違点があるはずである。それについて，以下では，世界銀行のWDI（World Development Indicators）データベースをもとに，発展途上国の特徴について整理していく。

　発展途上国の定義は一様ではないことを既に確認したが，所得水準，つまりGNIが低いということは発展途上国に共通している点である。高所得国以外を発展途上国とするとすれば，発展途上国内でも所得格差が存在していることは，所得別の分類を確認すればわかる。すでに確認したが，上位中所得国の1人当たりGNIについては1万ドルを超えている一方で，下位中所得国のそれは4,000ドルに満たない水準である。これは所得水準が比較的高い国はさらなる経済発展を達成する潜在的な要素をもっていることを意味し，いずれは高所得国の仲間入りをする可能性をもつと考えられる。しかし，下位中所得国は4,000ドルに満たない水準であり，低所得国はさらに低い所得水準である。そこでの高所得国との所得格差は10倍以上に達する。所得の相対的な低さと

いう点では，低所得国と下位中所得国が共通している。近年のグローバル化により多くの国が経済成長を達成し，それにより所得水準を改善していると言われている。しかし，依然として世界的には所得が低い国や，中所得国や高所得国においても国内での所得の差は大きいというのが現実である。世界銀行のデータによると，2018年時点の1人当たり GNI（購買力平価）は高所得国が約50,985ドルであり，上位中所得国は約18,762ドル，下位中所得国は7,608ドルとなっており，低所得国は約2,361ドルとなっている。

　国の規模という観点ではどうだろうか。国の規模についても多様な視点が必要となるが，ここでは，国土面積をみていく。発展途上国の中には中国（960万km²）やブラジル（851万km²）のように国土面積が広大な国もあれば，ドミニカ（800km²）やモーリシャス（2,000km²）のような狭小な都市国家とでもいうべき国も存在する。これら諸国間の国土面積の差は非常に大きく，数千倍から1万倍に及ぶ大きな違いがある。しかし，いずれも国連に加盟している独立国であり，且つ発展途上国である。ちなみに，日本の国土面積は38万km²である。

　発展途上国と経済開発の関係を学ぶにあたり，人口という視点も重要となる。人口においても，その数は国により大きく異なる。これは発展途上国に限った話ではないが，いくつかの例を確認する。巨大人口を抱える国として中国（約14億人）とインド（約13億人）がある。一方で，ボツワナ（約200万人）やエリトリア（約540万人）の人口は，中国やインドの一地方都市の人口規模に過ぎない。経済が潤うには人口は重要な要素であるということは経済学の多くの分野で理論的に整理されているが，発展途上国の間では人口規模の差が顕著であり，またその点は近年の経済成長率の差にも表れていると言えよう。また，発展途上国の特徴として，人口増加率が先進国に比べて高いということが挙げられる。低所得国と下位中所得国においてその割合が相対的に高い。2018年時点で，低所得国の人口増加率は約2.6%であり，下位中所得国は約1.4%となっている。これらは高所得国の人口増加率が0.5%や上位中所得国のそれが0.7%であるということと比べると，非常に高い数値である。例えば2%の人口増加率が35年間維持されると，その国の人口は倍増するという計算になる。したがって，低所得国の2.6%という水準はきわめて高い水準であ

る。人口増加率が高いことは従属人口負荷にも現れる。従属人口負荷とは，生産年齢人口（15歳以上，65歳未満の人口）に対する従属人口（14歳までと65歳以上の人口）の割合である。つまり，労働力ではない若年層と高齢者層を養うことになる労働者層の扶養負担の程度を表すものである。負担であるので，この値は小さい方が望ましい。しかし，この指標も低所得国と下位中所得国ではそれぞれ約84％と約56％であり，高所得国の約18％という数値よりも高く，貧しい国の方がより大きな負担を余儀なくされているということである。成長著しい上位中所得国の従属人口負荷は約44％であり，高所得のそれより低い数値となっている。

　人口に関するもうひとつの特徴は，農村人口の大きさである。低所得国と下位中所得国では全人口の半分以上が農村に居住している。農村の主要産業は農業であるが，途上国の農業が大きな人口を養うことができるのであろうか。ここに，発展途上国の貧困の原因のひとつが隠されていると言われている。農村開発や都市問題と人口に関する点については第7章，第8章で確認する。

　発展途上国では教育や福祉，そして，衛生面でその整備が不十分であることが指摘される。発展途上国ではどの程度の人が教育を受けているのであろうか。辻（2015）によると，初等教育就学率はどの所得階層においても100％に達成している。しかし，教育水準が中等教育や高等教育に上がるにつれて進学率に格差が目立つようになり，高等教育については上位中所得国でさえ20％程度であり，誰でも進学できるというわけではなく，さらに，初等教育が100％というのも見かけ上の数値であることを辻（2015）は言及している。教育に関するデータは世界銀行でまとめられているが，初等教育修了率において，低所得国では3分の1の生徒が最終学年まで到達していない。それは必ずしも学力が足りないために進級できないのではなく，学費を親が賄うことができないという理由によるところが大きい。この点は低所得国だけではなく，高所得国においても深刻な社会問題として現れてきている。つまり，親の所得水準が子どもの将来に大きく影響を与えているということであり，この点を解消するための政策的な取り組みは，日本を含めた先進国でも取り組まれているとされている。また，教育がどの程度行き届いているかという点を表している青年識字率があるが，所得水準が低くなるほど，識字率が低下している。当然の

ことであるが，教育制度が整備されている国や地域では，人々の識字能力が高いということである。

　保健衛生や平均寿命といった点についてみていく。相対的にみて，先進国の平均寿命の方が発展途上国のそれより長いということはよく言われている。具体的には，2017年において，低所得国の平均寿命は約63歳であり，高所得国のそれは80歳を超えている。この理由についてもさまざまな視点から考察することができるが，発展途上国が受け入れている医療援助などにより，その状況は改善してきている。しかし，依然として高所得国との間で大きな格差が存在しているのである。例として，乳児死亡率を確認すると，出生1,000人当たりの乳児死亡率は，高所得国では約4％であるが，低所得国では約50％にも及ぶ。

　また，健康な生活を送るために必要なものとして，水や衛生施設といったインフラ整備の度合いがある。平均寿命や疾病は住環境の衛生状態とも密接に関わっているからである。低所得国における水や衛生施設に対するアクセス率はおおよそ57％程度と言われており，高所得国での99％とは大きくかけ離れている。世界銀行のデータで整理されているが，水に対するアクセスとは，水道管や管理された井戸などから適度な量の水の供給を絶えず受けることができるかどうかといったことを現しており，水や地下水は保有していてもそれに対してアクセスする技術が足りていないという国が多いのである。つづいて，衛生施設に対するアクセスについてであるが，これはトイレの施設ないし下水道と連結している水洗トイレ施設があるかどうかという比率である。低所得国と下位中所得国において衛生施設に対するアクセスの割合は低く，それぞれ30％と60％程度である。これも高所得国の99％とは乖離した数値である。これらのことは単に不衛生であるというだけでなく，伝染病あるいは寄生虫による病気の蔓延につながることを意味しており，世界銀行は，毎年300万人以上が下痢で命を落とし，10億人以上が寄生虫病に罹患しているという現実について以前から指摘している[3]。

　すべての発展途上国が直面している最大の課題は貧困である。貧困は発展途

3　World Bank（1992）を参照。

上国を表す言葉として以前から定着している。発展途上国は量的にも，質的にも開発実績で先進国と比較して極端に劣っている。貧困の中でも1日1.90ドル（2011年価格購買力平価）未満での生活を余儀なくされている極度の貧困（extreme poverty）という極めて貧しい状態である人々を救う術について多くの人が議論をしている[4]。これは特に低所得国と下位中所得国においては顕著な問題である。2015年10月以前の国際貧困ラインは1.25ドルとされていたが，生活に要するコストの変化を反映するために1.90ドルに改定された。世界銀行によると，2012年時点で極度の貧困層の人数はおよそ9億人強とされていたが，2015年には約7億人と推定されていることから，貧困層の絶対数は減少傾向にあるように思えるが，その数は決して低いとは言えない。

　低所得国と中所得国全体でみると，過去20年ほどの間に世界で極度の貧困状況にある人々の割合は半減しているともいわれている。それは，特に東アジアで顕著である。これは中国における貧困緩和が急速に進んだことによるところが大きい。サブサハラアフリカでもその割合は縮小しているが，そのスピードは東アジアと比較してかなり遅い。貧困状態の人が増えているのか，あるいは，減っているのかという議論は昔から継続して行われている。戦後の世界経済では，経済的に豊かになる国とそうでない国との格差問題が存在してきた。国と国の間にある格差だけでなく，国内での格差問題や不平等化の問題も存在している。経済開発の根底にある目的は貧困をなくすことだが，経済開発の恩恵が一部の人々に集まり，豊かな人はさらに豊かな状態に，貧しい人はさらに貧しい状態にといったことでは格差の問題はなくならない。開発の恩恵をいかにして等しく分け与えるか，ということを考えることは，経済開発問題の重要な課題である。

　発展途上国には経済の量的な問題だけでなく，貧困という質的な問題が存在していることは既に言及した。100カ国以上に上る発展途上国には，マクロレベルのデータを見るだけでも共通点や相違点がある。発展途上国は同じような低い所得水準であり，教育や衛生面でも共通の課題を抱えている。相違点とし

4　貧困を表す指標に貧困率と貧困ギャップ率がある。貧困ギャップ率とは，貧困ライン未満の人の平均所得が貧困ラインをどの程度下回っているかを示しており，貧困ラインより低い所得で生活している人数が多ければ，この比率は大きくなる。

ての国の規模について確認したが，資源の賦存状況や産業構造，そして，政治
体制や歴史などではそれぞれ異なる特徴を持つことが多い。

　資源の賦存状況について確認する。賦存状況とは，その国がどの程度の資源
（天然資源だけでなく，人的資源も含まれる）を有しているかということであ
る。経済学ではよく出てくる言葉でもある。天然資源は地球上にきわめて偏っ
て存在しており，その多くが発展途上国に賦存しているのが現実であろう。原
油についてはサウジアラビアやクウェート，アラブ首長国連邦などのペルシャ
湾岸の諸国や，中米諸国などが以前から有名であるし，ナイジェリアやアンゴ
ラも有力な産油国とされている。また，ハイテク製品などの生産に必要とされ
るレアアースは中国が多く保有しているし，中国は同時に原油や石炭なども保
有している。ブルネイやインドネシアといった東南アジアには天然ガスや木材
などの森林資源が豊富に存在している。さらに，銅鉱石はザンビア，ダイヤモ
ンドはボツワナ，鉄鉱石や石炭はブラジルなどに多く存在している。

　天然資源を持つことは，経済の発展に必要不可欠なことであろうか。上述
したような天然資源を全く持たない（ゼロではないであろうが）国も現実的
に存在する。1960 年代から 70 年代にかけて中所得国に分類されていた韓国，
台湾，香港，シンガポールといったアジア NIEs では，天然資源など全く産出
されなかった。しかし，有能な人的資源が相対的に豊富であり，教育水準が高
く，勤勉で，規律があり，相対的にみて安価な労働力が存在していたことが，
これらの地域で工業化を通じた経済成長を推進していくための武器となった。
逆に，天然資源のみに依存する経済構造や，特定の産業に依存する経済構造を
もつ国は，一時的な成長は見られたとしても，継続的に経済を発展させること
は難しい。これは原油に依存した国は貧困もなく，国民皆が豊かに生活をして
いるか，というとそうでもないであろう。経済の発展に沿った形で，産業構造
を変化させている国の方が，経済的に豊かになっているのが現実である。

　それを現すのが産業構造である。発展途上国は農業国であるという認識は一
般的に言われているかもしれない。それは一部では正しいかもしれないが，発
展途上国の産業構造に関する偏見でもある。むしろ第二次世界大戦後，先進国
からの開発援助が始まり，工業化が推進されることによって，一部の発展途上
国における農業の重要性は逓減傾向にある。例えば，1990 年において，GDP

に占める農林水産業の割合は低所得国で約36％であったのが，2017年では約26％程度であり，下位中所得国の同様の数値は1990年の24％から2017年では約15％になっている。しかし，これは産業構造のひとつの傾向でしかない。

　低所得国から脱却した国は自国の産業構造において，製造業の比重を高め，経済成長を達成しており，さらには，製造業からサービス業にその比重をシフトさせている。一国の所得水準の向上に伴い，産業での就業人口比率のウェイトが第一次産業から第二次産業，そして，第三次産業へとシフトさせている国，いわゆるペティ＝クラークの法則に沿った国の多くは経済を成長させてきた。戦後の日本もこれにあてはまり，1953年では農林業での就業者数は全体の約40％であったのが，2000年では10％以下になっている。

　世界全体で相対的にみると，農業の比重が高いのは低所得国であることは間違いないが，その発展段階や低所得国からの脱却という視点を加えて，低所得国の産業構造をみていく必要がある。経済成長が比較的成功している国が集まっている東アジアやラテンアメリカ，中東・北アフリカでは，低所得からの脱却を達成した国もある。特に，東アジアでは，1960年代末から1980年にかけて急激に製造業の比重を高めた。これはアジアNIEsの高度経済成長が反映されていることが大きな要因である。逆に，ラテンアメリカでは，1980年代半ば以降，製造業の比重を落としている。既述したが，特定の産品への過度な依存をする国は，経済の変化に柔軟に対応することが難しい。それは一次産品価格の上昇を受けて，天然資源や農産物の輸出に力を入れてきたラテンアメリカの特徴からもわかる。

　政治体制や歴史も発展途上国間で同じではない[5]。例えば，ミャンマーは1948年にビルマ連邦として独立し，その後，ビルマ式社会主義を掲げた。しかし，これは本来の社会主義とは非常に異なるものであり，異端とされるものであったし，2011年にテイン・セインが大統領に就任するまでは事実上の軍事国家であり，軍事政権下において経済力を大きく低下させた。今では複数政党制が認められてはいるが，それは必ずしも定着しているとは言えず，政治体制は脆弱である。南アジアに位置するインドは1947年に独立し，議会制民主

5　辻（2015）を参照。

主義を貫き，1952 年には第1回の国政選挙を実施している。中央アジア諸国
はかつて旧ソ連に組み込まれていた。現在では市場メカニズムを導入する国と
なり，一部の国では WTO にも加盟し積極的に世界との共存を試みるように
なっているし，ユーラシア大陸の中央に位置することからも，地政学的に重要
な諸国である。アフリカにおいても民主主義が定着している国家はケニアなど
数少ない。政情が不安定な諸国も存在し，2011 年に独立を果たした南スーダ
ンでは，依然として民族対立や宗教対立が収まらず，国連平和維持軍が展開し
ている。このように，発展途上国は独立以来しばらくの間は多様な政治体制を
採用していた。今や複数政党制が一般的になっているとされているものの，先
進国で展開されてきた民主主義が発展登場国で効率よく機能しているかどうか
は懐疑的でもある。

　政治体制同様に，歴史も発展途上国ではかなり異なる背景をもっている。現
在の発展途上国の多くはかつて先進国の植民地支配下にあったことは知られて
いる。その多くは，アジア，アフリカ，ラテンアメリカの国々である。アジア
への植民地支配はオランダやイギリスの東インド会社が 17 世紀から 18 世紀に
かけて，アジアに拠点を築いたことに始まっている。その後，イギリスやフラ
ンスなどヨーロッパ諸国が勢力を拡大し，19 世紀半ば以降，本格的な植民地
化が展開した。しかし，1940 年代末までに，アジアのほとんどの植民地は独
立を果たし，残った地域も 1950 年代には相次いで独立した。大航海時代の到
来は，南米大陸へのヨーロッパ人の渡来を促すこととなった。15 世紀から 16
世紀にかけて，ポルトガルとスペインが南米大陸の植民地支配を展開した。し
かし，19 世紀にはほとんどの植民地が独立を果たした。アジア，アフリカ，
ラテンアメリカの中で最も早く植民地支配下に入ったのはアフリカ諸国であ
り，そして，最後まで植民地支配が継続されたのもアフリカ諸国であった。

第2章

経済開発問題の歴史的推移[1]

第1節　南北問題の発生とその展開

1. 第二次世界大戦前の経済開発問題

　第二次世界大戦後に独立した発展途上国の経済開発問題が積極的に取り上げられるようになるのは戦後もしばらくしてからであり，およそ1950年代に入る頃からである。何故ならそれまでこれらの地域に関する経済開発問題は存在しなかったかというと，前章で触れたような意味での「経済開発」問題はほとんど（あるいはそれほど）存在しなかったようである。

　まず，アメリカ，カナダや大洋州のようにアングロ・サクソンを主とした欧州の白人が植民して原住民を圧迫してほぼ消滅させ，白人による新国家を建設した場合はすでに近代化の基礎条件を相当程度満たした人たちによる開発であってここで言う「経済開発」とは意味がかなり異なる。

　次に，欧米諸国によって形成されたその他の植民地経済の場合，それは現地民をも一体化した開発ではなく，伝統的な現地経済の一部を欧米先進国の飛び領土（enclave）として占有する形のものであった。もちろん，これらの地域の多くには鉄道やその他の社会間接資本（infrastructure），いわゆるインフラを含めて相当量の投資も行われたが，それも資源開発など宗主国のための，つまりその植民地を所有し支配している本国のための十全な利用が目的であった。その結果が宗主国の飛び領土と現地伝統的経済社会の並存という二重経済

1　この章は日本大学通信教育部教材（2005）『経済開発論』第1章（加藤義喜日本大学名誉教授執筆）を援用し一部加筆編集したものであるが，文責は筆者のみに帰するものである。

の出現であったわけである。

　この二重経済構造と関連して，それらの飛び領土は現地の地質構造，土壌の性質，それに気候などに応じて銅や金などの鉱産物とかコーヒー，ココア，天然ゴムといった農作物など比較的限られた「一次産品」の生産基地として徹底的に利用され，そのための投資が現地支配体制のための基礎的投資とともに大々的に行われた。そしてその飛び領土に形成された植民地経済という世界経済との結びつきをもった部分はごく少数の一次産品の生産に特化していたため「モノカルチュア」（単一栽培）経済と呼ばれ，近代的な工業部門をもたない歪んだ経済構造であった。

　ただし，これまでは旧植民地あるいは準植民地的な地域を一般化して述べたが，もちろん地域によって状況には差がある。なかでもラテン・アメリカは宗主国からの独立という点ではほとんどの国が19世紀初期に達成しており，国によってはある程度の工業も存在していた。しかし，主要輸出品がほとんど一次産品であったことや先進国とは異なった複雑な経済社会構造など他の経済発展の遅れた地域との共通性も多くもっていた。

　これに対して日本の朝鮮半島や台湾に対する植民地経営は現地に重化学工業を含めた製造業や農業など経済全体の総合開発のための投資が主体であり，しかも初等教育の義務教育化を中心に教育面でも不十分ながら相当な力を入れた。もちろん，日本の植民地も資源開発による輸出基地という性格もかなりもったことも否定できないが，そのような意味で欧米の植民地経営とは異なった面を多々にもっていたことも確かである。

　そうした日本の植民地経営は一方では現地民の日本への強制的同化という別の大きな問題を残した政策でもあったが，他方では欧米とは逆の積極的な開発・発展のための政策が実施されたという意味で，そこには本来的な「経済開発」政策がかなり行われたことも否定できない。これは日本の傀儡国家と言われた満州国地域の開発についてもかなり妥当することである。

　このように戦前では日本というある程度例外的なケースはあったが，当時は宗主国による植民地経済自体の経済水準を引き上げようとするような積極的な指向をもった政策はあまり取られていなかったと言ってよいであろう。また欧米では自由主義的な思潮が強く，経済発展は政府政策以前に民間の経済的活力

によるという考え方が支配的な国が多かったため，それほど政府が積極的に経済開発政策を主導することはなかったことも事実である。

　しかしながら，欧米だけでなく日本でも（満州鉄道調査部の膨大な調査など）これら植民地経営に関する調査・研究は大量のものがあった。そのなかでJ・H・ブーケの二重経済論のほかにもH・S・ファーニヴァルの複合社会論（支配階層のヨーロッパ人，仲介，小売，金貸しの仕事に従った中国人・インド人の中間層，そしてその下に現地人農民がそれぞれ孤立し並存した複合社会という考え方）やS・H・フランケルの低開発社会にとって先進国からの経済的衝撃のもつ意味についての分析など一連の重要な成果があり，それらの研究は戦後の経済開発論の展開にも少なからず影響を与えた。

2．植民地の独立と開発指向の高まり──1950年代──

　このように戦前においては当時その多くが植民地あるいは準植民地であった地域の経済開発問題は基本的に存在しなかったと言ってもよいであろう。そしてこの問題が取り上げられ，世界的な関心を呼ぶようになるのは，これらの地域が戦後次々と政治的独立を達成していくなかで改めてその経済発展の遅れが注目されるようになったためである。

　戦後世界の政治状況の変化は，旧植民地の独立にも現われている。その政治状況中での重要な変化は，戦前はソ連一国に限られていた社会主義経済が戦後はソ連による中・東欧の制覇から始まって，西は東ドイツから，東は北朝鮮に至る広大な地域が次々と社会主義化，共産化し，長い間準植民地化された中国のほかにも北朝鮮，北ベトナムなどの旧植民地がそのなかに取り込まれていったことである。そして，さらには朝鮮戦争という，局地戦ながら東西両陣営の激しい軍事衝突にまで発展していったことである。

　こうした大きな変化はまた反資本主義・反植民地主義の強烈なメッセージとともに経済面でも共産主義革命とまで行かなくとも意図的・計画主義的な政策指向に刺激を与えることになる。また，この結果もたらされた東西対立は朝鮮戦争など一部を除いて熱い戦争にはならなかったもののやがて「冷たい戦争」として強力な政治的緊張を残すことになった。そして，そうした厳しい政治的状況のなかでアメリカは市場経済圏先進国（第一世界）と社会主義圏あるいは

当時の一般的な表現で共産圏（第二世界）に対して第三世界として位置づけられた発展途上国を味方に取り込むためにも，この地域に対する軍事援助を含む援助を積極化しようとする。

　他方で，先進国側では第二次世界大戦で甚大な戦災を受けたヨーロッパや日本という先進国ないしは先進国的経済基盤をもった国の多くが1950年代初期から同半ば頃までに戦後復興をほぼ終え，新たな段階での経済発展を享受しつつあった。その結果，改めてそれら経済発展の遅れた地域との格差が注目されるようになったのである。

　しかも，これら先進国の戦後復興にアメリカの経済援助が大きな成功を収めたことも経済発展の遅れた地域への開発援助に目を向けさせるひとつの要因になった。ことに戦後，東西対立が本格化するなかで米ソの谷間にあった欧州の経済復興が緊急課題となり，アメリカがマーシャル国務長官の提唱により1948年から52年にかけて実施した当時としては巨額のマーシャル援助（124億ドル）が顕著な効果を挙げ，別にやはりアメリカを主とする経済援助と朝鮮戦争による特需の恩恵をえた日本も急速な復興を遂げていた。

　こうした背景のなかで1950年代に入る辺りから東西援助競争も絡んで，次第にこれら第三世界に対する開発援助が注目を集めるようになる。そしてアメリカのトルーマン大統領は1949年の年頭教書で重点計画のひとつ（ポイント・フォア計画）として低開発地域技術支援・経済援助計画を打ち出し，これは同年，国連の技術援助拡大計画として反映された。またその翌年にはイギリスが南アジアおよび東南アジアを対象とした経済開発計画，いわゆるコロンボ・プランを発表する。

　しかし，この時期には援助国はアメリカに片寄り，しかも当時の東西対立激化を背景にかなり軍事援助がらみのものであった。アメリカが1951年制定したMSA（相互安全保障法）も友好国の安全保障を目的として経済・技術援助を提供しようというものであった。そして当時ソ連も改めて第三世界援助に乗り出し，国営企業や工業開発に重点を置いた援助を拡大しはじめる。その額はアメリカの5分の1程度と比較的小さかったものの一部の国を中心に目立つ形で行われ，その宣伝効果もあって無視できないものであった。

3．南北問題の発生──1960年代──

　アメリカの援助は1957年頃から次第に経済援助に重点を移すが，いずれにしても1950年代の発展途上地域に対する援助はアメリカ中心の政治・軍事的性格の強いものだったと言えよう。こうした状況は1960年代に入る辺りからかなり変化し，援助も次第に他の先進国を巻き込み，技術援助を含む経済援助が主体となってくる。ことに1960年はアフリカの年と言われたように，アフリカで17カ国の独立があり，この辺りで第三世界の主要な問題が政治的独立から経済的独立のための経済開発とこれを助ける開発援助へと重点が大きく動くことにもなる。

　折しもこの前年の1959年にはイギリスの銀行家オリバー・フランクス卿が，当時の世界において冷戦下の東西対立と並んで先進国と低開発国（あるいは発展途上国）の経済発展格差が象徴する「南北問題」の重要性を強調したのであった。もちろん，それは北半球の温帯圏に大部分の国が集中する先進国と，その南の熱帯圏やその周辺に多くの国が存在する低開発国との間の南北経済格差問題である。

　アメリカは1960年代を迎える辺りから欧州と日本を含めた先進国全体として南側発展途上国の経済開発を支援する体制を整えようとして一連の行動を起す。そのひとつがケネディ大統領が提唱し，1961年から国際連合，いわゆる国連のもとで設定された「国連開発の10年」計画（これに続いた第二次以降の10年計画に対してあとで第一次とされた）である。

　また，この時期には国連の専門機関として1946年に設立されていた世界銀行，正確には国際復興開発銀行（IBRD）がその活動の重点を先進国の復興から発展途上国の開発に移すとともに，世銀グループといわれる，発展途上国を主たる対象とした一連の金融機関が設置される。つまり，1955年には発展途上国を中心に民間企業に融資する国際金融公社（IFC）が，1959年には准商業ベースの世界銀行融資が困難な後発発展途上国に対してもっと緩い条件で融資する国際開発協会（IDA）いわゆる第二世界銀行が発足している。そのほかに世銀グループを形成する地域開発銀行として1959年には米州開発銀行，64年にはアフリカ開発銀行，65年にはアジア開発銀行も設立される。

　このように南側諸国の開発とそれに対する援助が積極化してきた背景には戦

後アメリカが主体となって実施した対先進国援助で得られた即効的な経済援助効果はもともと不可能であるとしても，その影響もあって援助国側としてのやや過大な期待もあったであろう。もちろん，こうした期待は発展途上国側でははるかに大きく，それは念願の独立達成に伴う熱気のなかで一方では急進的な開発政策の追求，他方では先進国に対する開発援助拡大を含めたさまざまな要求となって現われた。そしてそうした南側発展途上国の北側先進国に対する要求を実現する場として1964年には第1回国連貿易開発会議（United Nations Conference on Trade and Development），略語で UNCTAD（総会）が開催される。

この会議はその後ほぼ4年ごとに総会が開催されているが，この時期にはまた1965年に国連関連の2つの技術協力機関を統合した UNDP（国連開発計画）も発足し，発展途上国に対する技術援助を中心に国連の活動を補足して活動している。

そのほかにもこの時期の重要な動きとして，先進国の対発展途上国経済援助の協力機関として1961年に OECD（経済協力開発機構）の DAC（開発援助委員会）が発足している。この委員会は1960年に OEEC（欧州経済協力機構）のなかに設けられた DAG（開発援助グループ）が，OEEC が先進国クラブとも言われる OECD に発展的に解消した際にその重要な委員会のひとつとして引き継がれたものである[2]。この委員会は先進国の発展途上国に対する経済開発援助を効果的に推進し，必要な検討や勧告をする役目を負っており，現在まで持続して一定の意義ある活動をしている。

このように1960年代には発展途上国の経済発展に対する期待が異常なほど高まるなかで，国際的にもさまざまな支援組織が形成された。そして1964年にスイスのジュネーヴで開かれた第1回 UNCTAD 総会では戦後復興から新たな発展段階に達した先進国間で製造品を中心に貿易が急速に伸びていたのに対して，一次産品を主体とした発展途上国の輸出がとり残されていることを踏まえて，同会議の事務局長 R・プレビッシュによる「新しい貿易政策を求めて」と題する，いわゆる「プレビッシュ報告」が提出された。

---

[2]　日本は OECD の加盟に先立ち，1960年に設立された OEEC の DAG（開発援助グループ）に参加し，OECD に加盟したのは1964年である。

　この報告には，プレビッシュが戦後間もなく H・シンガーと並んで提示していた発展途上国の輸出する一次産品の価格がこれらの国の主要輸入品である製造品の価格に比して相対的に不利になっているという，発展途上国の交易条件長期悪化論に基づいた考え方も織り込まれていた。またこれには戦後の関税引下げを中心にした世界貿易の自由化交渉を主として担ってきていた GATT（関税・貿易一般協定）が先進国主導で，発展途上国にとって不利だという主張も絡んでいた。そして先進国から貿易面でもっと有利な条件を勝ち取りたいという強い要望から国際商品協定の拡充と交易条件の悪化を補う補償融資の要求とともに，もちろん経済援助の拡充（先進国の国民所得の1%）を含めて一連の要求が出された。

　この会議では多くの問題について委員会の設置など組織の充実に加えて，一連の提案に沿った勧告も多く出された。しかし，南側発展途上国は彼らの要求を幅広く提示しただけに終わったという面が強く，彼らが重視した補償融資案も採択されず，その成果が具体性に乏しいものであったことも否定できない。それらの問題の多くは続く 1968 年インドのニューデリーで開かれた第2回 UNCTAD 総会に持ち越されたが，南側は第1回会議のあと形成された「77カ国グループ」で結束を固め，第2回会議の前年に統一綱領「アルジェ宣言」をまとめて第2回 UNCTAD 総会に臨むことになる。

　しかし，この会議でも南北それぞれの内部でも利害が錯綜して，結局大部分の問題について重要な合意には至らなかった。会議で目玉のひとつになるかと思われた発展途上国からの輸入品に対して先進国が特別に供与する低関税（特恵関税）を無差別に実施する「一般特恵制度」（GSP）についても検討がかなり進んだ程度にとどまった。

　この間に経済開発理論にも一見華やかな展開があった。一方では戦前からの植民地経済研究の遺産を受け継ぎながらも市場経済メカニズムの長所も生かした着実な研究成果も存在した。だが，上に見たような政治的独立と開発ブームの熱気のなかで脚光を浴びたのはローゼンシュタイン・ローダンを初めとする勇ましい開発戦略であった。それは貧しいがために教育もろくに受けられず，多産でますます貧しくなるといった「貧困の悪循環」という低水準均衡の罠から逃れるためには，つまり経済発展を軌道に載せるには，その初期に思いきっ

た大量の幅広い投資としての大いなる一押し，「ビッグ・プッシュ」が必要だ
という考え方であった。また「外部の経済性」あるいは「規模の経済」を重視
する考え方も，やはり大規模投資の必要を訴える勇ましい開発戦略の推奨と結
びつくものであった。1957年に出たA・O・ハーシュマンの『経済発展の戦
略』で提示された不均斉経済成長の理論は，こうした大々的投資には少し距離
を置いて，もっと効率的な重点的産業を選択するような投資戦略をとる必要を
主張するものだったが，やはり発展途上国の現実から離れた理論だったと言え
よう（開発理論と開発戦略の展開の詳細については第3章と第5章を参照され
たい）。

　このような開発理論の華々しい展開にも影響されながら，いやそれ以前に何
よりも独立の熱気に煽られながら，発展途上国のほとんどが経済開発＝工業化
というかなり単純化された指向の開発政策に陶酔した。そして結果的には一国
で輸入しているものはできるだけ国内生産に代替させようという「輸入代替工
業化」を採用した。しかしながら，この間にこれらの勇ましい開発論が主張し
たビッグ・プッシュのための大々的な投資とそれによる貿易赤字をまかなうた
めの巨額の援助を受け入れた国の多くは経済的な破綻を見せつつあった。現
に，当時，発展途上国33カ国について工業化や経済援助と関連の強い機械類
の輸入増加率と経済成長の関係性をみてみるとほとんど相関がなく，むしろ時
間の経過とともに逆相関の傾向が出ていた。これは，工業化戦略やこれを助け
る経済援助は必ずしもこれらの国の経済発展と直接結びつくものではないこと
を示している。

4．強まる経済ナショナリズム──1970年代──

　1960年代の「第一次国連開発の10年」計画で目標とされた発展途上国の年
平均経済成長率は5％だったが，実際の成長率もほぼ5％強で，まずまずの成
果だったことになる。また，輸出の伸びもプレビッシュ報告で予想した年平
均3％ではなく6％程度の伸びをしていた。ただし，先進国の経済援助は国連
が期待した国民所得の1％という目標からはかなり低く60年代で0.5％程度で
あった。

　しかしながら，この時期になると南側発展途上国の北側先進国に対する要求

はかなり過激化してくる。「第二次国連開発の 10 年」計画での目標年平均経済成長率も途上国全体で 6％に引き上げられる。1972 年にチリのサンチャゴで開催された第 3 回 UNCTAD 総会は初参加の中国を含めて前二回よりも 20 カ国多い 141 カ国が参加し，南北間の激しい大衆団体交渉の様相を呈した。

　この第 3 回 UNCTAD 総会の前年（1971 年）に，南側 77 カ国グループ（このときは実際には 96 カ国が参加）はペルーのリマで閣僚会議を開き 1 万 5 千語に及ぶ「リマ憲章」をまとめ，これをもって第 3 回総会に乗り込んできた。またこの会議からプレビッシュは事務局長を退き，リマ憲章も彼の手から離れた。そして会議ではこれまでの南側の要求に加えて経済援助は先進国 GNP（国民総生産）の 1％を基準とするが，これを 1975 年までに実現することや国際通貨制度を改革し，IMF（国際通貨基金）の SDR（特別引出し権）を開発援助にリンクさせることなど一連の新しい要求をともなっていた。これらを含めて南側の多くの主張が採決されるが，そのうちにはこれまでなかった強行採決されるものも 3 分の 1 ほどに及んだ。そしてこの会議は異常な雰囲気のなかで閉幕するが，それらの多くについて北側先進国が積極的に対応することはなかった。

　そのほかにも，当時の発展途上国側では 1973 年秋に始まった（第一次）石油危機によって原油価格の大幅引上げが成功したことをキッカケとして資源ナショナリズムが強まりつつあった。そして 1974 年 4 月の国連資源総会では，資源に関する恒久主権を盛り込んだ「新国際経済秩序樹立に関する宣言」と同「行動計画」が，また同年 12 月の国連総会では「経済権利義務憲章」がそれぞれ強行採決されるなど一連の強硬な動きが見られた。これら決議に対して北側先進国はそれぞれ留保声明を出している。

　このように，この時期には先進国側の主張とは関係なく，少なくとも国連等の場ではこうした「新秩序」形成への動きが一時的にではあったが高まった。それは，かつての植民地体制に基礎をもつ国際分業体制を破壊し，自国の富や天然資源に関する主権の確立，交易条件の改善，多国籍企業の規制と監視など南側の権利を拡大し保障する「新国際経済秩序」（NIEO：New International Economic Order）の主張であった。

　1976 年の第 4 回 UNCTAD 総会はこうした流れを受けて開催されることに

なり，さらに過激な展開も予想されないわけではなかったが，この間に南側では次第に別のもっと現実的な指向への転換も生じつつあった。それは，当時はすでにかなり収まっていたが，原油価格の異常な上昇が石油資源をもたない多くの国々にとって数百億ドルといった大きな負担を強いたこと，そしてその他の資源価格の上昇も含めたインフレ効果とその抑制のための不況効果についての認識が深まってきていたことである。これに加えて東南アジアや南アジアなどで以前からもっと穏健な考え方をする国が増えていた。そのため実際に1976年2月の77カ国グループ（110カ国）がまとめた「マニラ宣言」のトーンは以前に比してやや穏やかなものになった。

　しかし，第4回 UNCTAD 総会でも北側に対する一連の強い要求が出たことに変わりなかった。このたびは，主要一次産品について緩衝在庫を設け，主としてこれをまかなうための共通基金を設立するとともに，以前からの南側の主張である補償融資などとともに一次産品共通基金設立を含む「一次産品総合計画」（IPC）が大きな目玉となったが，それ以上に重要視されたのは累積債務問題であった。以前から多くの発展途上国で積み上がりつつあった累積債務が原油価格高騰もあって3年間で2倍以上の1,300億ドル以上に膨れ上がっていたが，これについては政府間債務の元本帳消しや利払い停止または猶予，ことに後発発展途上国に対する政府間債務元本帳消しが主張された。そのほか石油危機で深刻な状況にある国に対する特別措置なども提案された。

　これらの要求に対する北側先進国の対応にはばらつきがあったが，「一次産品総合計画」については商品によってその然るべき対応は異なるし，価格水準の人為的な引上げにつながるような対策は結局コスト高になるなどの理由で現実的な計画を策定するための検討を続けることで妥協した[3]。累積債務問題に対しても先進国側は南側の要求をそのまま受け入れることは金融秩序を歪めることになるので，国別の事情を考慮した対応策を図ることを主張し，続けて協議することとした。

　第5回 UNCTAD 総会は，前回総会での南側の要求のため4年間隔よりも1年早く1979年にフィリピンのマニラで開かれた。そこでも同年アフリカの

3　この計画の中核であった一次産品共通基金案は紆余曲折ののち規模を大幅に縮小して1989年に具体化された。

タンザニアで行われた77カ国グループの会議でまとめられた「アルージャ宣言」での基調となった新国際経済秩序を強調する主張は繰り返されたが，折から第二次石油危機が発生したなかでの会議であったこともあり，南側の足並みの乱れもあって先進国側はそれら市場経済を否定する主張の大部分を退けた。

こうした1970年代の経済開発に関する急進的な思潮の一面をもっとも代表するのがラテン・アメリカを中心に勢力をもった従属学派の理論である。アルゼンチン出身の経済学者であるプレビッシュは従属理論とは言い難いけれども，シンガーとともに南側の主要輸出品である一次産品の交易条件が傾向的に悪化するという主張を展開した。その主張には基本的考え方として先進工業国の主要生産物である製造品に対して周辺の工業化に遅れた地域の主要生産物である一次産品が市場支配力の差を背景に需要と供給の両面で劣位に立つという構造的な弱点を強く意識していた。

こうした世界経済構造が発展途上国側に不利になっているという構造主義的な把握はマルクス経済学的な考え方と結びついて，A・G・フランクやS・アミンらの従属学派の理論に典型的にみられる。彼らは資本主義世界経済を先進工業国という中心国と経済発展の遅れた周辺国の二重構造として捉え，この間の（GATTなどを通じて先進国主導で進められてきた）貿易自由化は前者による後者の一方的な搾取となる不等価交換と考える。しかも，フランクなどはこうした構造的な搾取は周辺国の国内でも存在するとする。

1970年代において燃え上がったUNCTADやその他国連関連の国際会議などの場での南側発展途上国の北側先進国に対する攻撃的な姿勢の背後にあったのはこのような従属理論的な考え方であったと言えよう。しかし，南側諸国の経済開発の現実はこの1970年代に少なくともこうした論理を単純に受け入れない方向に動いていたと言える。それは一方ではほとんど成長がみられず，むしろ後退してさえいる国々があるかと思うと，他方には経済開発が軌道に乗り，順調な経済成長を続けている一群の国があった。

前者のなかでも内陸国などで特に経済発展が遅れている諸国を国連では後発発展途上国（LLDC：Least Less Developed Countries）として先進国に経済協力面で特別の優遇措置を期待するようになる。これに対して，後者の国はNICs（Newly Industrializing Countries：新興工業国，その後，国とは呼びに

くい地域を含むという意味で NIEs：新興工業経済，Es は Economies の略）
という呼称が用いられる，製造品を中心とする輸出増加によって経済成長を高
めた国々であった。中でものちにアジア NIEs と呼ばれようになる韓国，シン
ガポール，台湾，香港の成果が注目を集めた。このように輸出志向工業化に成
功する一群の国が出てきたことは資本主義経済の構造的欠陥のために経済成長
ができないとする従属論の理論的破綻をも意味するものであった。

第2節　南北格差拡大と累積債務問題の深刻化

1．強まる南南格差と累積債務問題

　このように 1970 年代において経済開発の理論は混乱し，少なくともその一
部はさらに過激な方向に動いたが，現実の発展途上国のなかでは大きな経済発
展格差が出てきていた。それはまた従来のような南北間の経済発展格差と同時
に，南南格差という新たな視点でも経済開発問題を捉える必要が出てきたこ
と，つまり南北問題は少なくとも「南南問題」を含んだものになってきたこと
を意味していた。

　ところで，「国連開発の 10 年」が掲げた発展途上国全体の目標年平均成長
率はもともとそれほど意味のないものでもあったが（第二次 10 年計画で掲げ
られた成長率は 6％だった），こうなるとなおさらそのように言える。1970 年
代において低所得国（国連基準，ただし中国，インドを除く）は 2.7％の年平
均経済成長率に過ぎなかったのに対して，石油危機があったにもかかわらず
NIEs などの中所得国（同）は 5.6％とまずまずの水準だった。

　そのように南北問題が一筋縄では捉えられないことが明らかになってきた
なかで「第三次国連開発の 10 年」計画が始まり，7％という高い目標年平均
成長率が掲げられる。しかし，1979 年第二次石油危機が起こり，その影響で
1980 年代初期の世界経済は不況に陥る。このことも影響して「計画」は最初
から困難に直面する。そして一方では，新興工業経済群 NIEs のなかでもアジ
ア NIEs が比較的順調に成長したのに対して，ラテン・アメリカを代表する
ブラジルとメキシコの二国は大きく停滞していた。また，地域でみてもこの
1980 年代はラテン・アメリカとサハラ以南アフリカが大停滞を来たし，7％成

表 2-1　発展途上国の地域別年平均経済成長率

(含む先進国, %)

地域およびグループ	1965 ～ 1980 年	1980 ～ 1990 年	1990 ～ 2001 年
東・東南アジア[a]	7.3	8.0	7.5
(中国)	(6.4)	(10.1)	(10.0)
(その他)[b]	(8.1)	(6.5)	(5.3)
南アジア	3.6	5.7	5.5
(インド)	(3.6)	(5.8)	(5.9)
(その他)	(3.9)	(5.4)	(4.1)
中東・北アフリカ	6.3	2.0	3.0
サハラ以南アフリカ	3.7	1.7	2.6
ラテン・アメリカ	6.0	1.7	3.1
開発途上国	5.9	3.8	3.4
先進国	3.7	3.1	2.5

a) 1990 ～ 2001 年の数値には韓国が含まれていない。
b) 太平洋地域の発展途上国を含む。
(出所) 世界銀行『世界開発報告』の「主要開発指標」より作成。

長どころか累積債務の処理問題がこの開発 10 年計画の最大の課題となる。さらに，これまで南北問題において一定の存在感をもっていた UNCTAD は，この時期には明らかに影を薄くしてくる。

　この経済発展の地域格差は 1980 年代について表 2-1 をみてもはっきり読み取れる。つまり，1965 年から 1980 年までの 15 年間の年平均経済成長率は発展途上国全体で 5.9％であったのが，1980 年から 1990 年までの 10 年間には 3.8％と大幅に落ちているが，この間に東・東南アジアと南アジアの成長率（年平均成長率）は上昇している。中国を除くその他の東・東南アジアの成長率は 80 年代に少し落ちてはいるが，それでも 6.5％という数字はかなり高い。表にはないがアジア NIEs 4 カ国の成長率も 70 年代の 9％ほどから 7.4％に落ちているが水準は高い。南アジア，ことにインドは大幅に成長率を高めてきている。

　これに対してその他の発展途上地域の中東・北アフリカ，サハラ以南アフリカ，ラテン・アメリカの三地域の成長率は逆に大きく落ち込んで，2％ないしはそれ以下になっている。

　もちろん，人口増加率を考慮した 1 人当たりの GDP（国内総生産）の増加

率は後者の地域ではずっと低くなる。ことに1980年代の人口増加率がともに高かったアフリカ（2.9%）とラテン・アメリカ（2.4%）はそれぞれ年平均マイナス1.2%，マイナス0.7%となり，中東・北アフリカも0.8%に過ぎなかった。これに対してアジア地域ではインド以外の南アジア（パキスタン，バングラデシュなど）が2%強だったほかはインドも3.5%，その他は5%ないしはそれ以上となっていた。

　このように，全体としてアジア地域の経済発展はかなり順調であるが，これももちろん国によってその程度や要因にはかなりの違いがある。中でも中国やアジアNIEsが好調であるが，中国の場合1970年代末から鄧小平の改革・開放路線により市場経済を重視した政策を導入したことと，それ以前の社会主義経済時代の異常な経済混乱からの回復という二重の要因が作用していた。またアジアNIEsでは健全な国内経済政策のもとでの輸出志向工業化の成功が大きく，このことはASEAN諸国，ことにタイ，マレーシア，インドネシアにもかなりあてはまる。そしてこれには1985年のプラザ合意といわれる米ドルを中心とした先進主要国為替相場の調整で大幅な円高となって国際競争力に影響が出た日本企業がこれらの国に直接投資を一斉に増やして，その輸出志向工業化を助けたことも大きな要因となった。

　他方で，この十年間にその他の地域の経済成長は多くの国で大幅に停滞した。表2-1で中東・北アフリカとなっている地域には産油国が多いが，産油国は1970年代に二度の石油危機，いわゆるオイル・ショックで懐が潤ったものの，80年代はその反動で原油価格が低迷したのが響いた。だが，いずれにしてもこの地域も本格的な経済開発の軌道に乗せた国が数少ない。

　アフリカの場合，政治的独立は他地域に比して遅れて1960年前後がピークであったが，しかもその独立が単に旧宗主国が区画した地域を基盤にし，文化的社会的な統合性を無視したものであったことを含めて発展途上国のなかでも特に異常な建国であり出発であった。そうした国家としての必然性ある基盤をもたない不自然な国家形成による独立と，現地経済の実態に沿わない輸入代替型の工業化，そして旧来の一次産品輸出に頼り，地道な農業開発を欠く開発政策はまもなく破綻した。そして何よりも経済発展以前に必要な社会秩序やその上に立った政治的安定という前提条件がこの地域の多くで極めて不十分であっ

た。

　ラテン・アメリカ経済は第二次世界大戦の被害をほとんど受けず，自然資源も豊富であったこともあって戦後の一時期までは希望の土地であった。事実，戦前に加えて1950年代半ばから1960年代の初めまでは日本からの移民も毎年数千人を数えたほどであった。しかし，マクロ経済政策がうまく機能せず，インフレが蔓延した国がほとんどであった。インフレはチリのように十年間に数万倍の物価上昇を経験した国を含めて80年代に悪化した国がほとんどであり，その裏には政治，経済の両面の不安定さが悪循環を助長したとも言える。

　こうした発展途上国間の経済格差は1980年代に大きく表面化した累積債務問題によってさらにその格差を際立たせることにもなった。そしてこれには1970年代に強まった南側発展途上国に対する公的援助増大の圧力・要請の強まりとともに，1973年のオイル・ショックのため深刻な経済停滞に直面していた先進国の民間金融機関が発展途上国の政府や政府機関を中心に貸し出しを増やしたことが大きな背景ともなっている。

　こうして発展途上国（中東・北アフリカおよび中・東欧を除く）の長期債務は表2-2にも見られるように，1970年の527億ドルから80年には約6倍の3,118億ドルへ，85年には5,921億ドルへと急増していた。中期債務を含んだ数字は1980年から取られているが，これもやはり急増している。そして輸出額（観光などサービス輸出を含む）に対する債務元利払い負担の比率である債務返済比率（DSR：debt service ratio）をみても，これが15%以上は過重負担とされるが，ラテン・アメリカ，サハラ以南アフリカ，南アジアは1980年でそれぞれ37.4%，10.9%，12.2%だったのが1990年には25.3%，19.1%，25.2%と，ラテン・アメリカを除いて，他の二地域ではそれぞれ負担比率が二倍前後に高まっている。ラテン・アメリカは後述のように1980年代初めに債務危機が激化して，その対策がかなり行われたために比率が下がっているが，それにもかかわらず三地域とも非常に危険な水準である。ただし，南アジア，ことにその主体となるインドは1980年代も5%台半ばの成長を続けており，経済政策も戦後の社会主義的なものを含んだ混合経済から市場経済に重心を移す過程での債務増大ということであってやや問題を異にする。しかしながら，いずれにしてもそれらかなり巨額の資金を効率的に利用できた発展途上国は限

表 2-2　主要地域別累積債務の推移

	地域	1970年	1980年	1990年	2000年
総債務残高	東・東南アジア	–	886	2,347	4,985
（うち長期債務）		(79)	(619)	(1,874)	(–)
（億ドル）	南アジア	–	382	1,154	1,614
		(114)	(334)	(1,019)	(–)
	サハラ以南アフリカ	–	563	1,737	2,158
		(57)	(436)	(1,462)	(–)
	ラテン・アメリカ	–	2,426	4,311	7,744
		(277)	(1,729)	(3,458)	(–)
	（計）a	(537)	(3,118)	(7,813)	(16,531)
総債務／GNP	東・東南アジア	–	16.8	26.8	–
（％）	南アジア	–	17.3	30.8	–
	サハラ以南アフリカ	–	28.1	111.1	–
	ラテン・アメリカ	–	35.1	40.8	–
債務返済比率b	東・東南アジア	–	13.5	14.6	–
（うち長期債務）		(10.7)	(10.2)	(–)	(–)
（％）	南アジア	–	12.2	25.2	–
		(18.3)	(9.4)	(–)	(–)
	サハラ以南アフリカ	–	10.9	19.1	–
		(6.2)	(8.2)	(–)	(–)
	ラテン・アメリカ	–	37.4	25.3	–
		(26.1)	(31.3)	(–)	

a）総債務残高計は中東・西アフリカなどを含まないので発展途上国計としてはやや過少である。
b）債務返済比率（debt service ratio）は元利払い額／輸出額（サービスを含む）。
（出所）世界銀行『世界開発報告』から筆者作成。

られていた。そして1980年代に入るとまもなく累積債務が世界経済を揺るが
す大問題となる。

2．南北問題の変容

　この累積債務問題は一方では先進国側の多分に無原則な公的援助や，ことに
民間金融機関の安易な貸付けに問題があったことは確かである。そしてその結
果として長期債務を主とした焦げ付き問題が深刻化したわけである。しかし，
アジア地域に流入した資金についてはフィリピンなど一部の国を除いてそれほ
ど重大事態にならなかったのは，他の二地域の海外資金受入国の多くが放置し
ていた放漫な経済政策に，あるいはそれ以前の政治不安定など経済以前のとこ

ろに問題があったと言うべきであろう。

　実際に，ラテン・アメリカではこの地域を代表する NIEs に位置づけられていた二国，ブラジルとメキシコを含めて潤沢な資金流入に頼った放漫な経済運営の付けがきて 1980 年代に入るあたりから経済困難に直面し，累積債務に悩まされることになる。ことにこの二国は流入資金の 8，9 割が民間資金であったこともあって資金引き上げのリスクが溜っていた。加えて産油国メキシコの場合，二度にわたる原油価格の（併せて十数倍の）異常な値上げの反動による価格の下落が大きな打撃となった。そして 1982 年にまずメキシコが対外債務返済不能に陥り，それ以前に経済引締めに動いていたブラジルも同じく危機に見舞われる。このラテン・アメリカに発した累積債務危機はまもなく低成長と債務累積の悪循環に陥っていたサハラ以南アフリカをも巻き込んでいった。

　こうして 1980 年代にはラテン・アメリカとサハラ以南アフリカを中心に累積債務の処理問題が世界で注目を集めることになる。そして先ず，IMF やアメリカが主導して債務返済繰り延べ（リスケジューリング）を中心に対応しようとするが，効果が上がらず，その間にもこの問題はますます悪化する。

　そのような厳しい状況下で 1980 年代半ば以降，民間債務については改めてアメリカ主導で市場経済指向の解決策が模索される。先ず 1985 年，ベーカー（米財務長官）案が出されるが，これもあまり効果はなく，すでに 1977 年以降ラテン・アメリカを中心に南側諸国から巨額の資金の引き揚げが続いていた。そして 1987 年までの 10 年間に 3,000 億ドルもの資金が南側諸国から流出する。そこで 1989 年には債務元本の削減と金利軽減に IMF と世界銀行の構造調整融資を組み合わせたブレイディ（米財務長官）案へとたどり着く。IMFと世銀の構造調整融資は前者が短期融資，後者が中長期融資といった差はあるが，財政・金融引締め，規制緩和，民営化，為替切り下げなど一連の厳しい市場経済重視の構造調整を条件としている。実際，IMF のそうした条件はコンディショナリティ（条件つき）という用語で表される。ついでながら世銀の場合，そのまま構造調整融資（SALs：Structural Adjustment Loans）と呼ばれる。そしてその後も債権を債務国の株式へ変換することなど工夫が凝らされ一定の効果を挙げる。そのことは 1990 年の債務返済比率がラテン・アメリカと東・東南アジアでかなり下がっていることに現われている。

　この間にサハラ以南アフリカを中心に低所得国で公的援助の累積債務負担が
ますます過重になってきていた。それはサハラ以南アフリカの債務返済比率
が1980年の約11％から85年の約27％へと急激な上昇をしていたことにも窺
われる。この重債務貧困国（Heavily Indebted Poor Countries：HIPCs）には
この地域のほかにアジアのいくつかの内陸国などが含まれるが，これらの国に
ついてはIMFと世界銀行が中心になって対応した。しかし，これら諸国の多
くにとって先進国と世界銀行などの国際機関の公的援助は現地のニーズを超え
た高度な，それだけに高額のインフラが中心であるなどの問題があり，しかも
現地政府が政策遂行には無能で腐敗しており，また政策以前に政治的に不安定
であって，援助が無駄になっていた。またそのために債務が累積したわけであ
る。

　こうした重債務貧困国に対してIMFと世界銀行はやはり厳しい構造調整を
強制したが，そのような政策はそれがひとまず機能したとしても持続不可能
で，しかも却って好ましからざる結果に終わっている。つまり，それは教育，
農業，公衆衛生など国民生活に必須な公共支出の削減や輸出作物を増やすため
食糧生産を減らして住民の貧困と衛生状態のさらなる悪化を招き，また木材を
輸出するため森林を伐採して自然破壊をするなど，貧困の悪循環を強めたとい
う逆効果のほうが強く出た可能性が高かったのである。

　このように，南側発展途上国として一時期まで一体化したグループとされ
た諸国は1990年代になると経済発展の程度とその速度にかなりの差が出てき
た。それとともに，1970年代まではともかくも発展途上国の経済開発と貿易
に関する諸問題に対して国連を代表してとり扱う機関とされていたUNCTAD
は80年代に入る辺りから急速にその影響力を弱めてきた。そうした逆風が吹
く状況のなかで，UNCTADは1983年，1987年と総会を2回開催するが，議
題の多くはこれまでの繰り返しとなり，結論的に各国の自助努力を確認するに
とどまったと言ってよい。ただし他方で同事務局は重債務最貧国を含む後発発
展途上国の問題を中心に調査研究にとり組み，1984年以降『後発発展途上国
報告書』を発行することを重要な作業のひとつとするようになる。

第3節　グローバル化時代の経済開発

1．後発発展途上国の債務問題と UNCTAD の役割変化

　1990 年代から世界の政治経済は新しい時代に入るが，それは発展途上国にとっても重要な意味をもっていた。その大きな転換を画したのは 1989 年のベルリンの壁崩壊から 1991 年のソ連邦崩壊にいたるソ連・東欧革命だった。1848 年のマルクスとエンゲルスによる『共産党宣言』が出版されてから 70 年後の 1917 年，そこで高らかに予告された「共産主義という幽霊」が世界を震撼させ，そして現実に共産主義社会を成立させたロシア 10 月革命が発生する。したがって共産主義は『宣言』出版から現在に至って 170 数年，その間の 10 月革命までの約 70 年間はイデオロギーとして，その後のベルリンの壁崩壊までの約 70 年間はイデオロギーとともにその現実の経済体制として世界の政治と経済に大きな影響力もち続けていた。そして戦後の 40 年間は西側の資本主義経済陣営と鋭く対立する冷戦構造が維持されていたわけだが，一挙にその一部虚構を含めた巨大な構造が崩れたのであった。

　しかも，世界経済ではそれ以前の 1980 年代から米英というアングロ・サクソン系の国を中心に市場原理主義的とも言うべき市場経済を重視した動きが強まっていたこともあって，1990 年代に入るとともにソ連・東欧革命と相いまって市場経済的影響の貫徹した姿としてグローバリゼーション（あるいはグローバル化）という世界的市場経済化の傾向が明らかになってくる。そしてそれは政治・軍事面でのアメリカ一極構造的な動きと重なった現象でもあった。

　こうした世界政治経済環境の一大変化は当然，南北問題にも影響する。もともと南北問題は東西対立との絡みでイデオロギー的，政治的に取り上げられた面も強かっただけに，また南南格差を含めて発展途上国の多様性の現実に対する認識が深まっていたこともあって，少なくとも南北問題としての画一的な対応の必要性はかなり弱まってきていた。そして国連による最後の開発 10 年計画となった「第四次国連開発の 10 年」も発展途上国の自助努力を重視した上での民生向上や環境保全など比較的地道なものになった。UNCTAD 廃止論も出るなかで 1992 年に UNCTAD の第 8 回総会が開かれるが，それはもはや南

北交渉の場，南北対決の場ではなく，従来から引き継がれてきた諸問題につい
ての合意できる意見形成の場へと変わってきていた。一時期まで脚光を浴びて
いた UNCTAD の事務局長も 1994 年から 2 年間任命されなかった。

　その後，UNCTAD も 1996 年の第 9 回総会，2000 年の第 10 回総会と開催
される。しかし，1994 年には WTO（世界貿易機関）が GATT を引き継いで
発足し，この組織が商品貿易のほかにもサービス取引や直接投資など幅広い分
野をカバーし，しかも発展途上国も原則としてその一般的な義務を負わざるを
えなくなった。そのため UNCTAD の役割はますます狭められることになっ
た。そして UNCTAD の主要な役割は後発発展途上国を中心に発展途上国の
貿易と経済開発に関して調査，分析して助言し，発展途上国の総意形成に助力
することになっていった。その基礎作業として先ほどの『後発発展途上国報告
書』もまとめられているわけである。

　しかしながら，この UNCTAD の役割変化はそれとして，1990 年代以降も
重債務貧困国の窮状がそれほど緩和されたわけではなく，先の表 2-2 の数字に
も見られるように最貧困が集中するアフリカの債務残高は増え続けていた。
そこで 1996 年に，世界銀行と IMF は HIPC イニシアティブという重債務貧困
国（HIPCs）を対象とした債務救済計画を提唱した。これは同年のリヨン・サ
ミット（先進国首脳会議）での合意，さらにそれを強化した 1999 年のケルン・
サミットでの拡充 HIPC イニシアティブでの合意で具体化され，ODA（政府
開発援助）債務の 100％削減，非 ODA 債務の 90％削減，国際開発金融機関に
よる債務救済措置の拡充を，重債務国自体が作成する包括的な貧困削減戦略
（PRSP：Poverty Reduction Strategy Paper）の提出を条件に義務づけた。

　その結果，2004 年半ばまでに適用可能な HIPCs37 カ国のうち 22 カ国が
経済改革プログラムを実行して債務救済を受け，これらの国の公的債務の対
GDP 比率は 1999 年から 2003 年の間に 59％から 29％へ，また債務返済比率
は 17％から 8％へ（ただし，この場合は 1998-99 年平均に対する 2001-03 年平
均）とほぼ半減した。

　その他の一部の国についてもこのイニシアティブは適用されようとしている
が，そうした適用が不可能なほど国内統治が不全な国，つまり債務救済以前に
政治的安定や法治体制など幅広いガバナビリティ（統治能力）の確立を必要と

する国が多い。実際に後発発展途上国のほとんど一政府の統治能力あるいはガ
バナンス能力がかなり不十分であると言ってよい。こうした統治能力，そして
実際に効果的な統治，ガバナンスが行われているかどうかは，それを裏づける
社会的信頼関係といった社会関係資本が備わっていることが極めて大切であ
る。それはまた安定した政治のもとで効果的な統治が持続することによって相
促的に実現するということでもある。

　しかし，こうした至極当然のことが，従来はそれらがすでに歴史的に時間を
かけて実現していた先進国の人たちにとっては容易に理解できず，既成の先進
国が考えた一連の政策が公的援助とともに押付けられていたのであった。だ
が，そのことはいずれにしても発展途上国，ことに後発発展途上国への援助や
その受入れのための望ましい政策が国際機関や先進国の多くが計画してきたよ
うに画一的量的なものでなく，個々の国に対してもっと密着し，よく適応した
ものでなければならないことになる。

2. 市場化，グローバリゼーションの進展と発展途上国経済

　1989 年の東西冷戦終結に伴って，これまで計画経済を採用した社会主義諸
国においては，社会主義計画経済から市場主義経済への経済体制の大転換が始
まった。これは市場経済移行と呼ばれるもので，基本的な政策は主として価格
統制の撤廃，貿易の自由化，国営企業の民営化などであった。1990 年代以降，
経済の市場化がさらに浸透し，一部の発展途上国はグローバル化の恩恵に浴し
てかなり順調な経済発展を実現しつつあった。これまで「開発独裁」と呼ばれ
た国が次第に民主的な政治体制になり，一段と市場経済化を進めて経済成長を
高めてきた。それがすでに触れた NIEs と呼ばれる諸国に代表されるわけであ
るが，これらの国のなかで 1994 年にはメキシコが先進国クラブともいわれる
OECD に加盟し，96 年には韓国も加盟した。このように，発展途上国から卒
業生とも言える国が出ることになったわけである。

　1994 年は北米自由貿易協定（NAFTA）が発足した年でもあった。この協
定による市場拡大に対する期待もあって，メキシコには国際収支が大幅な赤字
であるにもかかわらず巨額の外国資金が流入して通貨ペソの為替相場を強め
て，赤字をさらに拡大していた。そこに政治不安が重なって海外への急激な

資金流出を招いてメキシコの債務危機が始まった[4]。そしてアメリカ財務省とIMFの支援を受けるとともにメキシコは厳しい経済調整を迫られた。

　続いて，1997年にはタイが震源地とされるアジア通貨・経済危機が発生した。韓国などアジアNIEsとこれを追って急速な成長をしていたタイやマレーシアを中心に東南アジアのASEAN諸国にも短期資本を主とする国際資本が大量に流入してこれら経済をバブル化させ，その為替相場切下げに対する懸念が資本の急激な流出を招いて通貨危機を発生させ，その結果深刻な経済危機に発展した。結局，各国はIMFによる厳格な構造改革メニューを強制された[5]。そしてこのアジア経済危機は翌98年にはロシアに飛び火した。社会主義体制からの体制変換に苦闘しているなかで主要輸出品の原油価格も低迷していたこの国に厳しい金融危機を招いた。このロシア金融危機はブラジルに波及し，さらに時間を置いてアルゼンチンを捉えた。それぞれIMFを中心に構造改革を条件とした融資が行われた。このようにグローバリゼーションは投資ファンドあるいは投機マネーを通じた破壊的な力を見せはじめている。ヘッジ・ファンドに代表される膨大な金融資産を国際間で流動化させることになり，その国際資本移動の過激な動きがこれらNIEsやその他の経済発展が順調な一部の発展途上国の経済に対して1980年代をはるかに上回る影響を与えるようになる。

　こうして21世紀に入った現在，戦後75年にわたる途上国開発の歴史は東アジアを中心にアジアNIEsを代表として一部に優等卒業生というべき例を出しており，それに続く国や，まだ発展水準は低いが比較的順調に発展している国も少なくない。しかしながら，アフリカやその他地域の内陸国など後発発展途上国のなかには経済発展の遅れに，政治的不安定やその原因にもなっているさまざまな社会的あつれきやエイズなどの悪性の疾病などがからまって悪循環し，そのことがまた累積債務問題をひどく厄介なものにしている国も少なくない。2000年9月にニューヨークで開催された国連ミレニアム・サミットにおいて国連ミレニアム宣言が採択され，それに基づいて開発分野における国際社

4　メキシコの通貨危機はブラジルとアルゼンチンなどのラテン・アメリカ諸国にも波及した。ブラジルとアルゼンチン両国とも為替相場安定のための緊急措置を講じることになった。
5　マレーシアの当時のマハティール政権はIMFの処方箋を拒否し独自の政策対応をした。マレーシア経済は結果的には早い回復を見せた。

会共通の目標として，ミレニアム開発目標（Millennium Development Goals：MDGs）が掲げられた。MDGs が達成期限となる 2015 年に，ミレニアム開発目標（MDGs）の後継として持続可能な開発目標（Sustainable Development Goals：SDGs）が国連サミットで採択され，「持続可能な開発のための 2030 アジェンダ」に記載された。地球上の「誰一人取り残さない」具体的な取り組みが今後増えていくものと考えている。

　グローバル化時代を迎えている今日，グローバリズムの波は国境を超え，都市を超え，モノづくりの生産活動の隅々まで汲んでいく。1990 年代以降は国際分業構造に大きな変化が現れ，中間財貿易が急速に拡大し，国際分業は「モノ」の貿易から「仕事」の貿易へ変化していった。中間財貿易の拡大は生産工程間の細分化によってもたらされた結果である。東アジアにおいて，中国経済の台頭によりアジア地域とりわけ東アジアでは生産輸出拠点としてのアジアと消費市場としてのアジアが重なり，地域全体を結ぶネットワークが形成され，相互依存関係が深まり，域内の経済関係は深化の度合いを増している。企業生産活動のグローバル化とその結果から生ずる部品や中間財の貿易の増大による新しい国際分業，すなわちフラグメンテーション型分業が現われる。このような国際経済環境において，自ら経済環境を整え世界経済のダイナミズムをキャッチし，どのようにして新しい国際分業の一翼を担うかが重要である。

　現在の国際貿易は，原料から最終製品に至る生産工程を細分化し，部品・中間財が国境を越えて多角的に取引される「グローバル・バリューチェーン」によって利益分配がなされる「付加価値貿易」の時代を迎えている。対外取引コストの低下と貿易投資自由化政策の結果，バリューチェーンはますます拡大しつつある。このような国際価値連鎖の展開には，財，サービス，資本の国境を越えた円滑で効率的なフローを保証する貿易制度が決定的に重要である。自由貿易体制を守ることが自国経済の活性化に寄与することは明らかであり，貿易戦争は世界全体の経済厚生を損なう無意味なものである。

●●●

Column　最新の経済開発研究〜時代は理論から実証実験へ〜

"何故モロッコの男性は満足に食事もできない所得でテレビを購入するのか？"
"何故貧困地域では学校に通学していても学ぶことが困難なのか？"
"多くの子どもを産むことで本当により貧困へと向かってしまうのか？"
Poor Economics: A Radical Rethinking of the Way to Fight Global Poverty
by Abhijit V. Banerjee and Esther Duflo

2019年，マサチューセッツ工科大学のアビジット・バナジー，エステル・デュフロ，ハーバード大学のマイケル・クレマーの3人がノーベル経済学賞を共同受賞した。受賞理由は「世界の貧困軽減に対する実験的アプローチの確立」である。それでは，どのような点で彼らの業績は評価されたのか，具体的に確認していく。

彼らの最大の功績は，「証拠を示してから政策を考えるべき」という視点を経済開発の議論に組み込み，その証拠を「実験」によって提示したという点である。その実験的手法はランダム化対照実験（Randomized Controlled Trial：RCT）と呼ばれ，元々は医薬品開発などの分野で使用されている手法である。RCT は「同じような条件のグループを無作為に2つ作り，片方のグループのみ何かの条件を変化させることでその効果を計測する手法」である。例えば，同じ年代の似たような条件の子供を2グループに分け，片方のみに風邪薬を与えることで効果を測定するケースが挙げられる。彼らの研究ではこの手法を駆使して，貧困削減に対してどの方法が有効であるかを示している。

例えば，冒頭の問題に対する答えとして以下の2つの証拠を示すことで具体的な政策を提示している。1点目に，成人に金銭的な援助をしても食習慣を変化させる効果は薄く，むしろ子どもや妊婦に直接的に食料援助する方が劇的な効果があることが確認された。2点目に，昼食や教科書などを無償で提供して通学してもらうよりも，勉強が遅れている学生に対するサポート（補助教員）を増加させることでより教育効果が見込めることが示された。

現在，日本においても証拠に基づく政策立案（Evidence-Based Policy Making：EBPM）の議論が進められており，今後の世界的な経済開発の議論においても EBPM が中心となる可能性が非常に高い状況である。

第3章

経済開発の基本問題と開発理論の展開

第1節　発展途上国の現状と貧困問題

　先進国と発展途上国の間にはきわめて巨大な所得格差が存在し，開発途上世界には極度の貧困が広がったままである。世界の総人口は76億人に達しているが，そのうち平均所得が10,000ドルを越える高所得国の人口は約10億人に過ぎず，これら13％の高所得人口が世界総所得（GDPベース）の63％を受け取っている[1]。2015年のデータによると，世界人口の4分の1が1日当たり3.2ドル，半分近くが1日当たり5.5ドル以下で生活している。世界で極貧状態にある人々の割合は1990年から2015年の間，極貧層の割合は36％から10％に下落し，現在1日当たり1.9ドル貧困ライン以下で暮らす人々の数は7億3,600万人である。極貧撲滅対策の進展にもかかわらず，紛争や政治的混乱に陥っている低所得国における極貧層の割合は相変わらず高いままであり，2015年時点において，世界の極貧層の半分以上が居住するサブサハラアフリカ（Sub-Saharan Africa）では貧困人口の絶対数はむしろ増加している[2]。

　2018年「多次元貧困指数（MPI）」[3]の推計によると，多次元の貧困は世界

1　世銀データベース Gross domestic product 2018 により算出（https://databank.worldbank.org/data/download/GDP.pdf，2020年2月5日最終閲覧）。

2　世銀データベースによる。世界銀行は，2015年10月に国際貧困ラインを2011年の購買力平価（PPP）に基づき，1日1.90ドルに引き上げた（https://www.worldbank.org/ja/country/japan/brief/opendata，2020年2月5日最終閲覧）。

3　多次元貧困指数（Multidimensional Poverty Index：MPI）は，人間開発指数HDIの保健，教育，所得の3つの要素に関して，世帯レベルで複数の形態の貧困がどの程度重なり合うかを表す指標である。この指標は多次元貧困状態にある人の割合，および多次元貧困状態にある世帯が直面↗

各地の発展途上地域で見られ，貧困の中で暮らす人々の半数が18歳未満の子どもとなっている。また，多次元貧困層全体の83％はサハラ以南アフリカと南アジアに集中し，サハラ以南アフリカでは，約5億6,000万人（人口の58％），南アジアの多次元貧困層は5億4,600万人（人口の31％）となっている[4]。

　貧困問題は平均寿命と教育にも影響を及ぼしている。重要な指標である平均寿命から見ていくと，発展途上国全体の平均寿命は1999年には64歳に達してはいるが，先進国平均の78歳に比べて14年も短い。そして乳児死亡率は，発展途上国全体では1970年の107‰から99年には59‰へと低下し，5歳未満の子供の乳幼児死亡率も，167‰から85‰へと低下しているが，先進国ではわずか6‰，その差は歴然である。教育関連の指標についてであるが，1997年の時点で，全発展途上国で1億1,000万人の就学年齢児童が未就学状態であり，その中の6割の6,600万人が女児である。純就学率（就学年齢の就学児童だけの就学率）を見ると，1997年時点ではまだ89％にしか達していない。ことに多くのサハラ以南アフリカ諸国では50％以下となっているのが実態である。

　このように，健康や教育の面から発展途上国の抱える貧困問題の深刻さが分かる。貧困からの脱出は発展途上国の共通な目標である。第二次世界大戦後，多くの発展途上国は先進国へのキャッチアップを目指して工業化を代表とする野心的な開発政策を取り込んだ。韓国，シンガポール，台湾，香港のようなアジアNIEsと呼ばれる新興工業国は，現在の低所得国とほぼ同じ水準から出発して先進国にあと一歩迫る目覚しい成長を成し遂げ，タイやマレーシアなどのASEAN諸国も猛烈に追い上げて先進国との格差を縮めている。また，それに続く中国は驚異的な経済成長のパフォーマンスを見せている。一方，南アジアでは長く停滞が続く国もあって，サハラ以南のアフリカでは経済開発以前の問題も抱え込んでいる低所得国も数多くある。世界全体から見れば，経済格差は戦後75年を向かえようとする今も依然として拡大し続けている。

　＼している貧困の深刻さを映し出すものである（https://www.jp.undp.org/content/tokyo/ja/home/presscenter/pressreleases/2018/mpi2018.html，2020年2月5日最終閲覧）。

4　UNDP『多次元貧困指数（MPI）2018』による（https://www.jp.undp.org/content/tokyo/ja/home/presscenter/pressreleases/2018/mpi2018.html，2020年2月5日最終閲覧）。

　このような世界レベルでの富裕国・貧困国間の格差が拡大すると同時に，発展途上国の国内における不平等化も増している。発展途上国では，経済開発を始めるにあたって，貧困指標は改善されるものの，所得分配の不平等化が付き纏ってくる。経済開発は貧困をなくすことを目的とし，より高い国内総生産（GDP）と経済成長率を必要とすることは明らかであるが，経済開発の恩恵が特定の人々に集まってしまえば，貧しい人は貧しいままで，不平等が悪化し貧困はなくならない。社会的公正の立場からにしても，不平等化は望ましくないことであり，如何にしてGDPを増大させるかだけではなく，開発の恩恵を如何にして等しく分け与えるかということも経済開発問題の重要課題である。

　ここではまず，所得分配に着目し，発展途上国における不平等問題の特性に焦点を合わせて議論を進めることにしたい。

第2節　経済成長と貧困，不平等

1．不平等の測定

(1)　所得の階層別分布の概念

　所得が人々の間にどのように分配されるか，このような所得分配は平等かそれとも不平等かを判断する際には，一定の測定基準が必要である。経済学者が最も通常的に用いる測定基準は所得の階層間分配である。この所得の階層間分配とは，所得の平等性を個人あるいは1世帯当たりの所得水準によって分類された階層別に所得がどのように配分されているかを捉えるものである。一般的な測定方法は，個人あるいは世帯の所得水準を大きくなる順に並べ，所得水準が増していく順に従って，人口を連続する5分位または10分位に分割し，それぞれに分割された所得グループが全国民所得のうちのどれだけの比率の所得を受け取っているかを測定することである。

　次の設例を見よう。表3-1では，発展途上国でみられる所得分布の5分位と10分位の仮設事例を示している。この表の国は20世帯を有する。最低所得の世帯は年間80ドルから，最高所得の世帯は1,700ドルまで，年間の世帯の所得が増える順に並べられている。全世帯の合計あるいは全国民所得は10,000ドルである。

　表から読み取れるように，最初の5分位は，所得の尺度で底辺20%の国民を表しているが，このグループは全国民所得のたった3.8%を得ているに過ぎない。2番目の5分位（5番目から8番目までの世帯）は全所得の6.8%を得ている。また，国民の底辺40%（1番目から8番目までの世帯合計）は所得のわずか10.6%を得ているだけで，5番目の5分位，国民の頂点20%の世帯は全国民所得（あるいは全世帯所得）の53.3%を占めている。ここで，この国では一部の人口が国の富みの大半を占め，所得分配が不平等であることがわかる。この人口の頂点20%と底辺40%が受け取った所得の比率は5.03である。この比率は，国内の非常に豊かな人々と非常に貧しい人々という両極端な不平等の度合いを計測する一般的な測定基準として使われ，ノーベル賞受賞者サイモン・クズネッツの名を取って，クズネッツ比率とも呼ばれている。

表 3-1　発展途上国の所得の階層分配（設例）

世帯	世帯所得（ドル）	総所得におけるシェア（5分単位）	総所得におけるシェア（10分単位）
1	80		
2	90		1.7%
3	100		
4	110	3.8%	2.1%
5	140		
6	160		3.0%
7	180		
8	200	6.8%	3.8%
9	240		
10	280		5.2%
11	330		
12	380	12.3%	7.1%
13	430		
14	520		9.5%
15	650		
16	780	23.8%	14.3%
17	930		
18	1,200		21.3%
19	1,500		
20	1,700	53.3%	32.0%
合計	10,000	100.0%	100.0%

⑵　ローレンツ曲線

　不平等の計測不平等を示すために最も広く使われている方法は，ローレンツ曲線を用いた方法である。ローレンツ曲線は，所得分布の不均等度を図示するために，アメリカの統計学者ローレンツ（M. O. Lorenz）が考案したもので，それは所得金額の割合とそれに対応する所得受取り者の割合との関係を示すものである。

　図3-1は先の表3-1の10分位データに基づいて作成されたものである。この図では，横軸に所得受取り者の累積度数（百分比）Xをとり，縦軸に所得累積度数（百分比）Yをとって，XとYとの関係を示す曲線を画いた。図3-1のA点では，国民の底辺10%が全所得の1.7%を得ており，B点では3.8%，C点では6.8%となり，真ん中のE点では，国民の半分となる50%の受け取った所得の割合は全所得のわずか15.8%となっている。

　ここで，ある国では誰もが同じ所得を得て，所得分配が完全に平等である場合，ローレンツ曲線をどのように描けるか考えよう。この完全平等の場合，2割の人々は総所得の2割を得ており，5割の人々は総所得の5割を得ることになる。したがって所得受取り者の累積度数と所得累積度数が同じ値であり，描

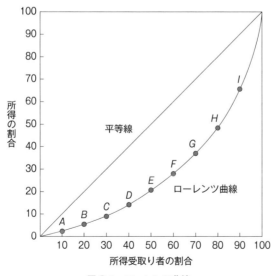

図3-1　ローレンツ曲線

かれた軌跡が45度線の対角直線となる。つまり，完全な平等状態のローレンツ曲線は原点を通る傾斜45度の直線として描くことができる。ローレンツ曲線は対角線（完全平等）から離れるほど不平等が大きくなることを表わしている。したがって，不平等の度合いは対角線からどの程度離れているかによって測ることができる。

(3) ジニ係数と不平等度の指標

ジニ係数は不平等度を数字で示した指標である。この指標は実証研究で多く使われている。ジニ係数は幾何学的には，ローレンツ曲線と対角線に囲まれた部分の面積と対角線下の三角形の面積の比によって表現できる。不平等度を表す指標として直感的にも理解しやすい指標となっている。

図3-2で示したように，対角線とローレンツ曲線に囲まれた面積を，ローレンツ曲線のある正方形の半分の面積で割った比を計算すれば得られる。図3-2で影部分の面積 *BAD* の三角形 *BCD* の面積に対する比である。この比は1922年に初めてこれを編み出したイタリアの統計学者の名にちなんでジニ係数として知られている。ジニ係数は不平等度の集計的測定基準であり，その値は完全平等の0から完全不平等の1まで変化し，1に近づけば近づくほど不平等度が

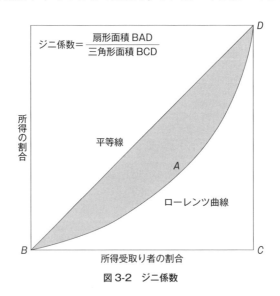

図3-2 ジニ係数

高くなることを意味する。現実には，不平等度の高い所得分布を示す国のジニ係数は 0.50 から 0.70 の間にあり，比較的平等な分布を示す国では 0.20 から 0.35 にある。このことについては次節で改めて詳しく議論したい。

(4)　所得分配の分布パターン

図 3-3 には 4 本のローレンツ曲線が描かれている。ローレンツ曲線 A, B, C, D に対応するそれぞれの経済を A, B, C, D としよう。ローレンツ曲線は不平等になるほど原点を通る傾斜 45 度の直線から遠ざかることから，経済 A は，経済 D に比べて明らかにより平等であると言える。しかし，ローレンツ曲線 B と C が図のように交わる場合，それらに対応する経済 B と C のどちらがより平等かを決めるのは難しい。

図 3-3 から読み取れるように，最富裕層で曲線 B と曲線 C を比較すると，曲線 C の場合がより平等である。また，最貧層で両経済比較すると，こちらも曲線 C の場合がより豊かである。このことから容易に曲線 B の方に対応する経済がより平等な経済状態を表していると結論付けがちである。しかし，貧困問題への取り組みの優先順位という見地から中間層の経済を考慮に入れた場合，この結論は保留すべきであろう。なぜならば，より強力な中流階級（いわ

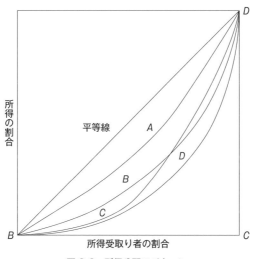

図 3-3　所得分配のパターン

ゆるミドルクラス）をもつ経済は本来より平等であり，経済 *C* に比べて経済 *B* の中間層の経済の不平等度が高いからである。

　この経済 *B* と経済 *C* はどちらがより平等かの問題に決着をつけるには，ジ二係数のような集計的な測定基準を利用する方法がある。しかし，これが常に完璧な方法ではない。なぜなら，理論では互いに交わる2本のローレンツ曲線に対するジニ係数が同じであることが起こりうるからである。この問題を回避するには，変動係数すなわち単に標本（サンプル）の標準偏差を平均値で割って得た値を求める方法がある。統計学では変動係数がより一般的に使われ，それはまた平均寿命や識字率などの開発指数に関する研究にも使われているが，ジニ係数はローレンツ曲線による判定の仕方が便利なため，所得と富の分布に関する研究でしばしば用いられるわけである。

2．クズネッツの逆U字仮説

⑴　逆U字型クズネッツ曲線

　経済発展の進展に伴って所得分配がいかに変化するかについて大きな関心が寄せられてきた。クズネッツは初期の論文では，不平等度が経済成長とともに変化する可能性について，先進国数カ国の長期にわたる所得分配データをもとに，経済発展の初期には所得分配が悪化し後に平等化するという仮説を提示した（Kuznets 1955）。図3-4のように，ジニ係数で計測された所得分配の変化を縦軸に，国民所得水準である1人当たりのGDPを横軸にとり，不平等度の所得の上昇に伴う変化をとると，所得水準が上がるにつれて不平等度が上昇し，その後は不平等度が下がるというグラフが描ける。国民所得水準とジニ係数の関係は逆U字曲線のように示されているので，クズネッツの仮説は逆U字仮説と呼ばれ，図3-4で示した曲線は逆U字型クズネッツ曲線と呼ばれている。

　経済成長段階の始めに不平等が悪化し，成長に伴い最終的には改善に向かうというクズネッツの仮説の有効性は実証的な問題に委ねられているが，この問題に関しては二重経済構造の構造変化の特性と関連づけて議論されることも多い。二重経済構造とは，一国の経済構造の内部において近代的部門（近代的経済）と前近代的産業（伝統的経済）とが並存し，格差を形成している状態を指

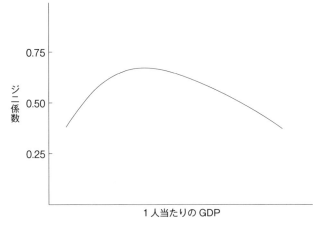

図3-4　逆U字型クズネッツ曲線

している。発展途上国経済のほとんどが二重構造状態にあり，経済開発の初期段階では，雇用は限定されているものの賃金と生産性の高い近代工業部門に集中する近代部門を拡大する成長タイプが多く見られる。日本を含む先進諸国の過去の成長パターンは概ねそれにあてはまり，また韓国などのNIEs諸国もこのような成長パターンである。近代部門拡大型の成長によって不平等が最初は増大し，のちには減少するという過程は避けられないものであるとすれば，クズネッツの仮説は次のような意味を持つ。それはつまり，開発初期の不平等は避けられないことになり，開発戦略としてできることは経済成長をより一層加速して不平等化の時期を縮ませるしかないことである。

(2)　逆U字仮説に関する検証

　先進国数カ国の長期にわたる所得分配データをもとに，クズネッツは前工業化段階からの移行が最も急速な初期の経済成長局面では不平等は拡大し，しばらくすると安定し，それから後の局面では不平等が減少すると説明し，逆U字仮説を提示した。また，発展途上国の所得分配については第二次世界大戦後には先進国よりも不平等であると述べている。その後，アールウォリアは逆U字仮説に対し，60カ国のデータを用いた多変量回帰分析を行った（Ahluwalia 1976)。アールウォリアの結論をまとめると，次のような内容である。

　まず第一に，発展途上国，先進国あるいは社会主義国において，初期の発展段階では相対的不平等は大幅に増えるが，後の段階ではこの傾向は反転する傾向がある。そして，最貧国グループではこのプロセスが最も長引いている。第二に，発展と同時に生じる多数の過程は，所得不平等と相関関係があり，また前者は原因として解釈できる。その過程とは，部門間の生産構造変化，労働力の教育・技能水準の上昇，および人口成長率の低下である。これらの変化は初期段階における悪化を説明することはできないが，発展後期に観測される所得分配の改善はある程度説明できる。第三に，経済発展の中で，低所得層，高所得層の平均所得水準はともに増大しているが，低所得層の上昇トレンドは高所得層に比べて低い。最後に，発展段階において，高い成長率と高い不平等との相関関係は認められないという内容であった。

　上述のように，逆U字仮説はクロス・セクション・データにより検証され，つまり，国際横断面（クロスセッション・データ）から観測されて仮説が支持されてきたが，経済成長の時間的推移に伴う不平等度の逆U字型変化が検出されたものではないことに注意しよう。1990年代になって，この逆U字仮説の有効性に対して疑問を呈する研究が出されはじめた。デイニンガーとスクワィァ（Deininger and Squire 1996, 1998）は，所得分配に関する厳密なデータ・ベースを作成し，それをもとに逆U字仮説を検証し，国ごとの不平等度の違いが著しいものの，各国における所得分配の時系列の変化は少なく，逆U字仮説は一般法則として受け入れられるものではないと結論付けた。

(3)　経済成長と貧困撲滅

　表3-2の貧困の推計では，発展途上国全体を5つの地域に分け，1987年と98年それぞれに関して貧困ライン以下の人々の人数と総人口に対する比率（貧困者比率）を示している。1987年から98年にかけて貧困者比率は28.3％から23.5％に減少し，総人口に占める比率で見ると貧困は大きく減少してきた。しかしその間の人口増加のため，絶対数では11億8,320万人から11億7,510万人へとわずかな減少にとどまっている。

　地域別の貧困者比率を見ると，1998年時点では，もっとも高い地域は南アジアとサハラ以南アフリカで，40％を上回る高い水準となり，東アジア・太平

洋地域は 14.7％，ラテン・アメリカ，カリブ海地域は 12.1％となっている。東アジア・太平洋地域とラテン・アメリカ，カリブ海地域の貧困者比率と比べてそれほど差はないが，後者の1人当たり GDP の水準は前者の4倍となっているので，後者における所得分配の不平等状態の深刻さを匂わせた。

　続いて，経済成長と貧困者比率の変化ならびに貧困削減について 1987 年と1998 年の2つの時点のデータを比較して検討してみよう。東アジア・太平洋地域において，経済成長率の年平均は 8.1％で，貧困者比率は 1987 年の 26.6％に比べて，1998 年は 11.9 ポイントダウンして 14.7％となっている。ラテン・アメリカ，カリブ海地域では，経済成長率の年平均は 3.7％で，貧困者比率は1987 年に比べてわずか 3.2 ポイントの削減で，1998 年の数字は 12.1％となっている。一方，年平均の成長率がマイナスであった東欧・中央アジアでは，貧困者比率はこの 12 年間 0.2％から 3.8％へ拡大した。また，経済成長率が人口増加率を下回ったサハラ以南アフリカの地域でも貧困が拡大し，1998 年時点で貧困層の人数は3億を超え，貧困者比率は 48.1％となっている。表 3-2 に示されたように，貧困を大幅に撲滅したのは東アジア・太平洋地域である。1990年代にこの地域の経済成長率は 8.1％であった。上述の分析から，すぐに経済の高成長と貧困の撲滅は正の相関関係にあるという結論を引き出すにはやや性急過ぎるが，少なくとも経済成長が貧困の解消に大いに役立つことは否定できないであろう。そして経済の低迷や悪化は貧困の状況を悪化しかねないことにも十分留意する必要がある。

表 3-2　貧困推計

地域	人口 (100万人)	1人当たり GNP (US ドル)	経済成長率 (％)	人口増加率 (％)	貧困層の人数 (100 万人)		貧困者比率 (％)	
	1998年	1998年	1990～98年	1990～98年	1987年	1998年	1987年	1998年
東アジア・太平洋地域	1,817	990	8.1	1.5	417.5	267.3	26.6	14.7
東欧・中央アジア	473	2,190	-4.3	0.2	1.1	17.8	0.2	3.8
ラテン・アメリカ，カリブ海地域	502	3,940	3.7	1.9	63.7	60.9	15.3	12.1
南アジア	1,305	430	5.7	2.1	474.4	521.8	44.9	40.0
サハラ以南アフリカ	628	480	2.2	3.0	217.2	301.3	46.6	48.1

（出所）World Bank (1999), *World Development Report 1999/2000*, Oxford University Press；Chen, S. and M. Ravallion (2001), "How did the world's poorest, fare in the 1990s?," *Review of Income and Wealth*, Series 47, No. 3, pp. 283-300.

第3節　開発経済理論の展開

1．初期の開発理論

⑴　ロストウの経済発展段階説

　第二次世界大戦後の50年代，60年代に多くの貧しい国々の経済開発が世界の課題とり，その最中に初期の開発モデルとして注目を集めたのがアメリカの経済史家ロストウ（W. W. Rostow）の経済発展段階説と呼ばれるものである。

　ロストウはヨーロッパの経済史の研究に基づいて，世界の諸国における近代史の展開過程を一般化することを試みた。この理論の趣旨は，すべての諸国はひとつの経済発展の階段を一歩ずつ歩むがごとく進行していくようなものということである。経済発展段階説では，経済発展の段階は，伝統的社会，自立成長への離陸の準備段階，離陸，成熟への過程，大量消費社会の5つに分けられている。

　最初の「伝統的社会」段階は近代化以前の段階であり，農業中心の自給自足社会である。ロストウは世界のすべての諸国がこの段階からスタートすると想定した。次の段階は「自立成長への離陸の準備段階」であり，この段階は近代技術の登場とそれを活用して生み出される富の獲得に特徴づけられる。近代技術は古い生産技術を代替し，収穫逓減を克服する。そして輸送網や通信などのインフラ整備のための投資が行われ，経済圏が拡大し，外国との通商が盛んになる。こうして富が蓄積されると貯蓄への動機が生まれ，銀行制度なども生み出される。しかし，依然として古い社会構造や価値観も根強く残存しているという。

　経済発展における最も重要な段階は「離陸」である。この段階では，農業は商業化し，生産性が向上する。また，工場が生み出した利潤は再投資され，人々の所得が増大するとともに，経済，社会，政治の諸構造が大きく転換することになる。結果として経済成長に対して障害となり得るような古い制度や価値観などが克服され，やがて着実な経済成長が見込まれる。

　ロストウが示した「離陸」に進むための条件は3つである。それは，①投資率（国民所得に占める投資の割合）が従来の5％程度の水準から10％以上に上

昇すること，②少なくともひとつの製造業部門が高率で成長し，一国経済を牽引すること，③経済成長を促す政治的，社会的，制度的条件が備わっているか，それらが急速に形成されつつあることである。また，ロストウの見解によると，世界でいち早く離陸に到達したのはイギリスであり，フランス，アメリカ，ドイツがその後を続いて，日本の離陸期は明治維新の頃であった[5]。

　その後の「成熟への過程」では，常に国民所得の10〜20％の投資が維持され，工業の重点は機械産業や化学産業へシフトしていく。そして，「大量消費社会」に到達すると，社会の関心は，供給から需要へ，生産から消費へ，福祉の充実へと移っていく。ロストウによれば，先進国はすべて「自立成長への離陸」段階を通過したのであり，いまなお伝統的社会または「準備」段階にある発展途上国は，順次自立経済成長へ離陸するために，発展の一連のルールに従い順次離陸していけばよいとしている。そしてロストウは，離陸のために必要になる開発の主要な仕掛けは，経済成長を加速するに十分な投資を生み出すための国内および海外での貯蓄であると指摘した。

　このように経済発展段階説は直線的な経済発展のメカニズムを提示し，発展途上国から先進国化するための条件を具体的に示した点で，その当時は画期的であった。その条件とは投資率がある一定水準に到達することであったが，このことは経済発展には工業化の推進が不可欠であるという当時の開発思想を如実に反映したものであったと言えよう。

　しかし，この理論は分かりやすい反面さまざまな非現実的な前提があった。例えば，この理論ではすべての国が経済発展のための唯一の階段を上ることが求められるが，人口や面積，資源の賦存状況，自然条件，民族構成など諸国は必ずしも同じ特徴を共有していない。また，一定の投資率に到達することに専念することで経済発展が実現できるとはあまりに単純過ぎるという指摘もあった。そうしたなかで登場したのは経済成長のメカニズムを経済学的に示したハロッド＝ドーマー型成長理論である。

5　ロストウ（1961），52頁による。

⑵　ハロッド＝ドーマー型成長理論

　離陸に必要な仕掛けは，経済成長を加速する投資に必要な資本の蓄積である。

　ハロッド＝ドーマー型成長理論は経済成長にはいかなる要素が深く関係しているのかを明らかにし，高い経済成長率を達成するには貯蓄や資本蓄積などに注目しなければならないのかを示している。この理論は1930年代末にハロッド（R. Harrod）が基本的な見解を表し，1940年代半ばにドーマー（E. Domar）が改良したので，両者の名前にちなんでハロッド＝ドーマー型成長理論，あるいはハロッド＝ドーマー・モデルと呼ばれている[6]。

　この理論は，極めて単純化して言えば，経済成長率は貯蓄率に比例し資本・産出高比率に反比例するというものである。ここで，Yは国民所得，sは貯蓄率，kは資本・産出高比率とすれば，ハロッド＝ドーマーの方程式は以下のように定式化される。

$$\frac{\Delta Y}{Y} = \frac{s}{k}$$

　ハロッド＝ドーマーの方程式の経済論理は非常に単純である。国民所得の増加率は貯蓄率に正比例または「正」の関係にあり（すなわち貯蓄または投資が多くなればGDPの伸びが大きくなる），資本・産出高比率とは反比例，または「負」の関係になる（すなわち，kが高いほどGDP成長率は低くなる）という。要するに，成長するためには経済はGDPのある程度を貯蓄と投資に回さなければならない。経済成長率を引き上げるためには（工業化を通じて経済発展を実現するためには），発展途上国は貯蓄率を引き上げさえすれば良いということになる。

　では，貯蓄率をどの程度まで引き上げればよいのか。先ずは，定数として与えられる資本・産出高比率がいかなる水準であるかを知る必要がある。庄田（1975）によれば，高度経済成長期にあった日本の1960年の資本・産出高比率は1.66であり，その他の先進国ではおおよそ2から3の間であった[7]。そこ

6　ハロッド＝ドーマー・モデルについては，Harrod（1939）およびDommar（1946）を参照されたい。

で，資本・産出高比率を2と想定してハロッド＝ドーマーの方程式に代入し，高水準の経済成長率を達成するのに必要な貯蓄率を算出してみよう。5％の経済成長率を達成するためには，10％の貯蓄率が必要ということになる。また，10％の経済成長率を達成するには何パーセントの貯蓄率が必要かを逆算すると，必要な貯蓄率は20％であることがわかる。

　果たして20％もの高水準の貯蓄率を達成することが発展途上国には可能であろうか。1970年代に注目を集め始めたアジアNIEsは20％から50％の貯蓄率を達成していた。また，このような高率な貯蓄率を達成できない場合には，開発援助資金や民間資金を導入することによって不足分を補うことで達成することも可能であった。したがって，発展途上国にとって実現できない水準ではなかったと言える。

　このように，ハロッド＝ドーマー型成長理論は経済開発の促進には高い貯蓄率を達成する必要があることを明らかにした。それは，分析手法はまったく異なるが，ロストウが主張した高い投資率を実現するのと実質的に同じ主張であった。一方で，ハロッド＝ドーマー型成長理論も経済発展段階説と同様に，発展途上国の多様性を捨象しており，現実への適応可能性としてはかなり無理のある議論であった[8]。

2. 構造論的アプローチ

(1) 過剰労働経済とルイス・モデル

　1950年代から70年代にかけて，構造変化の理論とパターンおよび国際従属学派の理論が開発理論の主流となった。先ず1950年代半ばに登場したのがアーサー・ルイスの二重経済発展理論である。この理論は発展途上国の経済を都市と農村に二分して，両者の経済構造面における相互関係に注目して一国の経済発展の過程を説明したものであり，発展途上国の自給経済が構造転換していく側面を捉えたものである。ルイス・モデルとも呼ばれているこの二重経済発展理論は，労働力が過剰な途上国の開発過程を検討する一般的な理論として，1960年代，70年代初期にかけて受け入れられていた。

7　庄田（1975），99頁。
8　辻（2015），64-65頁。

　ルイス・モデルは過剰労働経済に着目している。伝統的な経済理論におい
て，失業は一般には労働の意思と能力がありながら就業の機会が得られない状
態をいう。理論的には労働の総供給と企業による労働の総需要との差が失業で
ある。ケインズ（J. M. Keynes）は失業を自発的失業，摩擦的失業および非自
発的失業の3つに分類したが，それは工業労働者についての観察である。非自
発的失業が発生した場合，労働だけでなく既に設置されている機械・設備・施
設なども同時に遊休しているのが普通である。それゆえ投資や生産物に対する
人々の需要が喚起されれば，これらの生産要素を完全に用いることができ，生
産高にしたがって人々の所得を増大させることが可能であると考える。

　しかし，発展途上国で見られる失業は多くの場合これとは異なった性格と形
態をもっている。途上国経済の多くは伝統的な自給自足の農業に重点を置かれ
たため，そこでは工業労働者とか公共部門に勤めている少数の人々を除いて
は，ほとんどの場合は賃金支払いなどが行われず，生産されたものを全員で分
かち合っている。資本やその他の資源が人口に比して相対的に不足している一
般的な発展途上国の状況においては，労働力が相対的に過剰であり，労働者が
他の雇用機会をみつけることができないため，低賃金・低生産性の農業や中小
企業でやむなく就業している状態を過剰就業と言い，このような経済は過剰労
働経済という。統計的には就業者として数えられるが，実態は失業に近い。こ
れらの労働者が農村部門から引き揚げられてもその部門の生産性に何の損失も
生じないから，限界労働生産性はゼロであるという。ヌルクセ（R. Nurkse）
はこの限界労働生産性ゼロの労働者は偽装失業者ないし余剰労働力と呼んでい
る。

　発展途上国では，このタイプの失業は最も一般的には小規模な家族労働によ
る農業に見られるだけでなく，農村の雑貨店や手工業を営む作業場，屋台を出
す零細な小売商とか港湾労働者や小荷物運び屋などなど，大家族制度が失業の
表面化を防いでいるため，低開発経済の至るところにこの種の失業が潜んでい
る。ヌルクセ（1959）は偽装失業の総動員説を唱え，農業従事者を他産業に転
用しても，農産物産出水準を減少させず，むしろ社会全体の労働生産性を向上
させると説いたのである。

　しかし，発展途上国の労働者はすべて偽装失業の状態にあるわけではない。

生産構造も雇用形態も異なったもの，いわば二重構造が一国の経済に共存している。ルイス・モデルは発展途上国の二重経済構造に着目して，一国の経済に二部門が存在すると想定した。図3-5の二重経済発展理論の模式図で示したように，ひとつの部門は伝統部門（伝統的農村を背景にした農村部門のことを言う）であり，もうひとつの部門は近代部門（都市にある工業部門）である。

　近代部門である工業部門の賃金は利潤最大化行動にもとづく限界生産性原理によって決定され，伝統部門である農村部門の賃金は生存水準賃金ないし制度的賃金水準として決定される。つまり，賃金決定原理の異なった2つの部門として扱われた。そして，モデルでは農村部門において偽装失業が発生し，余剰労働力（偽装失業者）が存在すると仮定した。ルイスは労働生産性の低い部門を伝統部門，生産性が高く利潤を追求する部門を近代部門とし，近代部門の拡大によって伝統部門から余剰労働力が吸収されるプロセスを分析した。

　図3-5で示したように，開発援助と直接投資によって都市にある工業部門で工業化が推進される（図3-5の①）と，工業部門における工業化への新規投資による雇用創出は，農村部門に対する新たな労働力需要を発生させる（図3-5

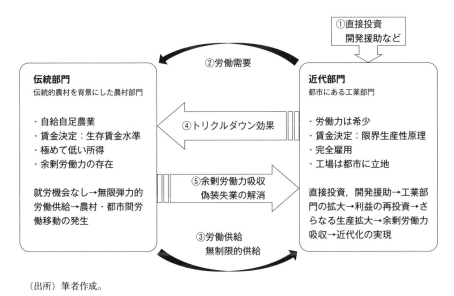

（出所）筆者作成。

図3-5　二重経済発展理論の模式図

の②）。これに対して，農村部門には余剰労働力が存在しているため，労働力
の供給源としての役割が発揮できる。また，農村居住者の賃金水準は制度的賃
金という生存水準賃金に抑えられているため，工場労働者の賃金をそれよりも
若干高めに設定すれば，農村から都市へ出稼ぎ労働者が一気に移動することに
なる。この現象を二重経済発展理論では「無制限的な労働供給」と呼んでいる
（図 3-5 の③）。

　経済発展の初期段階では工業に対する労働の供給は伝統部門から，生存賃金
水準で無限弾力的に供給される。農村部門の余剰労働力が枯渇するまで近代部
門への労働供給は無限弾力的であり，それが資本蓄積に比例した利潤の増加を
保証する。そして，都市にある工業部門において工業生産高が増大し利益が上
がると，その一部を生産能力の拡大のために再投資することによって，工業生
産高はさらに増大する。こうして生み出された利益の一部は，工場で労働する
出稼ぎ労働者の賃金に割り振られ，彼らは賃金の一部を農村部門に居住する家
族へ送金する。工業化により都市の工業部門が先に豊かになり，その後，送金
を通じて工業部門の拡大からもたらした利益が農村部門にも浸透していく。こ
れはトリクルダウンと呼ばれる効果である（図 3-5 の④）。

　資本蓄積が進行すれば，やがて余剰労働力の供給が枯渇してしまう。それ以
上労働が近代部門へ移動すれば，農村部門の賃金は最低の生存水準賃金より高
く上がっていくであろう。この賃金水準が上昇し始める点がルイスのいう転換
点である。ルイス・モデルでは転換点に達するということは農業も限界生産性
原理の働く近代経済の一部となることを意味する。転換点以降，農村では偽装
失業問題が解消して，賃金も上昇し，生活は向上していく（図 3-5 の⑤）。ま
た，工業化も進み，近代経済成長が達成されるという。ルイスは伝統と近代の
2 つの部門の経済発展分析を通して，近代化を達成するメカニズムが発展途上
国に内在していると主張した。

　1960 年代半ば，レイニス＝フェイはルイスの二重経済発展理論を修正し定
式化し，レイニス＝フェイ・モデルを発表した。レイニス＝フェイ・モデルは
発展途上国において，内発的な成長は如何にして実現するかを考えるために，
発展途上国の多くを過剰労働経済として捉え，その経済成長が資源の再配分を
通じて生産性を高めることに帰結するという視点から分析したのである[9]。

　この二重経済発展理論は経済発展のメカニズムを発展途上国の実情に即した形で経済学的に説明した画期的なものと言える。しかしながら，このモデルにも限界がある。第一に，都市部門における資本蓄積およびそれを基にする投資が，一般的に資本集約的労働節約的な性格を持ち，必ずしも雇用増大にはつながらない。第二に，完全雇用という仮定の下で都市部門においては労働力が希少であるとしているが，現実には都市部門においても大勢の失業者が存在し，いわば都市の失業問題を抱えている。第三に，農村部門と工業部門の労働力に質的に差異がないとしているが，現実にはすべての労働者が工場労働者に適した者であるとは言えない。また，より高い賃金を求めて職場を転々と移り渡る労働者（ジョブホッピング）の存在が賃金上昇を引き起こしている。このように，二重経済発展理論は経済モデルとしては精緻化されているが，現実への適用可能性については課題が残っていると言える。

　さらに，二重経済発展モデルでは近代部門の拡大により伝統部門の余剰労働力が吸収され，やがて近代化が実現されるとしたが，インフォーマルセクターの存在は想定しなかった。インフォーマルセクターとは，露店商，力車引きや家政婦など行政的な保護や規制を受けず，公式統計にも把握されていない経済活動部門を言う。農村部門からの流出労働力が工業部門に吸収されずに，その多くは主としてインフォーマルセクターに吸収されるパターンがある。都市経済に占めるインフォーマルセクターの比重は今日予想以上に大きく，都市スラムや不法占拠区域に象徴される東南アジア諸国の都市貧困は，このインフォーマルセクターの存在と不可分である。工業部門の雇用吸収力が弱いにもかかわらず，農村労働力が持続的に都市に向けて流出し続けてインフォーマルセクターに大規模で滞留するのは何故か。トダロ（M. P. Todaro）による農村・都市間の労働移動のモデルは新たな分析視点を呈示してくれた。農村・都市間の労働移動問題については第6章で詳述したい。

(2)　国際従属学派の理論

　1960年代を通じて，発展途上国の成長は目標を下回り相対的地位は一層低

9　レイニス＝フェイ・モデルの詳細紹介の邦訳については，加藤（1974），第5章を参照されたい。

下した。低い経済水準は，少ない貯蓄しか生まず，低い成長に留まるといった悪循環をもたらしている。こうした中で，1970年代に入って国際従属学派の理論は頭角を顕した。この理論は急進的かつ政治的な色を滲ませ，低開発を国際的および国内的な力関係，制度的および構造的な経済の硬直性，国内および国家間における二元的経済あるいは二元的社会の増殖という観点で捉えるものであった。従属学派の理論として，新植民地主義的従属モデル，誤りのパラダイムモデルと二元的開発論の3つが挙げられる。ここでは，従属理論の中心にある新植民地主義的従属モデルを議論しよう。

　新植民地主義的従属モデルと呼ぶ最初の主要な思潮は，マルクス主義的考え方から間接的に派生したものである。従属理論の代表的な論者にはフランク（A. G. Frank）やアミン（S. Amin）などがいる。

　従属理論は発展途上国が低開発に留まっている原因を究明するために，支配者と被支配者を世界経済あるいは途上国経済内において特定して，両者の関係を把握しようと努めている。まず，先進国と発展途上国との関係についてみると（図3-6を参照），従属論者は，資本主義世界は中心国と周辺国に二分されていると考える。そして，中心国が世界の中心に陣取り，周辺国はその周りを衛星のように取り囲んでいるとイメージする。両者の間には植民地支配からの解放後も不平等な関係が維持されており，中心国の多国籍企業が発展途上国で資源開発投資やプランテーション経営を行い，その利益の大半が周辺国から中心国へ吸い上げられるシステムが構築されているとする。したがって，このようなシステムが構築されている限り，発展途上国である周辺国は経済発展の機会が中心国に奪われたと考える。

　こうした関係は発展途上国内にも構築されており，図3-6で示したように周辺国内には先進国の多国籍企業が展開し，さらに現地のエリート集団や買弁集団が私利私欲の充足に専念し，多国籍企業と利益を共有する共同体のようなグループを形成している。これに対して，人口の大部分を占める労働者や一般大衆は多国籍企業に使用される側として搾取され，労働力の提供は執拗に求められるが，それに対する充分な対価を支払われない状況になっている。こうして周辺国内の大多数の人々が貧困のまま留まっているのは，開発の利権を握っている一部の者が富を独り占めしているところにあると考えたのである。

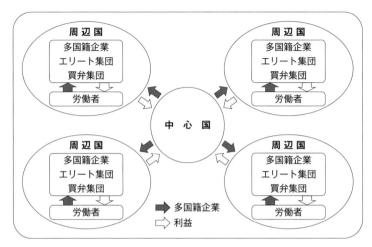

（出所）筆者作成。

図3-6　従属理論の模式図

　このように，従属理論はなぜ発展途上国は経済発展を促進することができないのか，その原因について説明しそれを発展途上国内部の要因に求めるのではなく，外部要因（すなわち多国籍企業ないしそれと結託する現地のエリート買弁集団）の存在に訴えたのであった。第三世界に低開発が存続しているのは，基本的に豊かな国と貧しい国の関係は非常に不平等な国際資本主義システムが歴史的に発展してきた結果であるとしている。

　豊かな国が意図的かそうでないかにせよ，中心国（先進国）と周辺国（発展途上国）の間が不平等な力関係で支配されている国際システムのなかで豊かな国と貧しい国が共存することは，貧しい国が自立し独立しようとする試みを困難に，時には不可能にしている。

　従属理論はこのように，貯蓄や投資の不十分さ，または教育と技能の欠如といった内部的制約を強調する線形段階理論や構造変化理論とは反対に，外部から引き起こされた現象であると見なされている。したがって，従属的な第三世界の国々を，第一世界および国内の支配層の直接的あるいは間接的な経済的支配から自由にするためには，革命的闘争，あるいは少なくとも世界の資本主義システムを大きく再構築することが必要であるとしている。

3. 新自由主義アプローチ

(1) 新古典派のアプローチ

　1980年代に入ってから新古典派流のアプローチが広まった。それは自由市場や開放経済および非効率的で浪費的な公企業の民営化などの役割が有益であることを強調したものである。新古典派の開発失敗の捉え方は従属理論と異なり，搾取の外部的および内部的な力によるものではなく，政府の過度の介入と経済を規制した結果であるとしている。

　1980年代には，アメリカ，カナダ，イギリス，および旧西ドイツでは新保守主義が台頭したため，経済理論や政策に新古典派の反革命がもたらされた。先進諸国では，この反革命は供給側のマクロ経済政策，合理的期待形成理論および公営企業の民営化を支持し，発展途上国では，より自由な市場と公的所有権や国家統制主義的計画および政府による経済活動規制の排除を要求した。彼らは2大有力国際金融機関である世界銀行と国際通貨基金（IMF）の理事会における支配的な権限を獲得した。また同時に，これらより自由な形で第三世界の代表が意見を述べることができる国際労働機関（ILO）や国連開発計画（UNDP），国連貿易開発会議（UNCTAD）といった機関の影響力を失わせることによって，従属論者の介入主義的論争に対する新保守主義自由市場論者の挑戦に弾みがついたのは無理もなかった。

　新古典派の主要議論には3つの構成要素別のアプローチがある。それは，自由市場型アプローチ，公共選択型（あるいは「新政治経済学」）アプローチ，および「市場友好型」アプローチである。

　「自由市場分析」では，効率的であるのは市場だけだと論じ，どんな政府の介入もゆがみを引き起こし非生産的なものになるとしている。「公共選択論」では，政府は何ら正しいことを行うことはできないと論じ，権力者は特別の利益を期待する行動（レントシーキング）のために利用するのみと断じている。一方，「市場友好型アプローチ」では，第三世界の生産物市場や要素市場には不完全なものが多く，政府は物理的社会的インフラ，保健施設，教育機関への投資や民間企業に適した環境の提供など非選択的（市場友好的な）介入を行うことで重要な役割を果たすべきとしている。

(2)　ソロー・モデル──外生的成長理論

　伝統的な新古典派の成長モデルとして挙げたいのはソロー・モデルである[10]。1950年代に発表されたソロー・モデルはハロッド＝ドーマー型成長理論を発展させたものであり，新古典派成長理論の発展に大きく貢献したとされる。ソローはこの功績によってノーベル経済学賞を受賞している。

　ソロー・モデルは，貯蓄率を経済成長の唯一の要素としたハロッド＝ドーマー型成長理論に，第二の要素として労働力を，第三の要素として技術水準を追加することによって3つの要素で経済成長の原動力を究明しようという考え方である。さらに，ハロッド＝ドーマー型成長理論が規模に関する収穫不変を前提としているのに対して，ソロー・モデルは資本と労働について収穫逓減を想定している。また，技術水準は所与として扱い，外生的に与えられるものとしている。そのことによって，ソロー・モデルは外生的成長理論と呼ばれることもある。この第三の要素は「ソローの残差」と呼ばれ，労働や資本ストックの短期的な増減では説明することができない経済成長の要素として捉えられ，技術進歩は長期成長を説明する残差要因となり，この水準は外生的に決定されるとした。

　ソロー・モデルでは，産出量の増加は，労働の量や質の増加，資本の増加，技術進歩の3つの要因によってもたらされる。その結果，貯蓄率が低い場合に経済成長を引き上げるには，閉鎖経済下では，労働力の質を上げることが必要であるが，開放経済下では，外資の受け入れにより，貯蓄不足を補うことができる。これはソロー・モデルの政策論的示唆として捉えられる。

　ソロー・モデルでは，技術水準が残差として位置づけられていながら，この残差自体がブラックボックスのままとなって主体的に分析することができない。また，技術水準が同じであろうとみなされる諸国間でも残差に差異が存在している。これがソロー・モデルの限界であるとも言われている。

(3)　新成長理論──内生的成長理論

　1980年代後半以降に展開された新成長理論は，なぜ急成長する国がある一

10　ソロー・モデルについては，Solow（1956），Swan（1956）およびSolow（1957）を参照されたい。

方で停滞する国があるのか，そして私的市場の新古典派の世界でさえもその開発の過程でいまだに政府が果たすべき重要な役割があるのはなぜか，これらのことを解釈できるように伝統的な成長理論を修正し発展させようと試みているものである。新成長理論は外生的であるとされた「ソローの残差」を決定する要素を検討して，それは生産過程を支配するシステムに内在するとしたことから，内生的成長理論とも呼ばれている。

　新成長理論は内生的成長，すなわち国民総生産の増加がシステムの外からの力よりも，むしろ生産過程を支配しているシステムによって決定されるという分析の理論的枠組みを提供した。新古典派理論では，長期の経済成長については説明していない。先進国の長期間に渡る経済成長は，労働や資本ストック以外の第三のカテゴリーに帰されており，ソローの残差と呼ばれている。この伝統的な新古典派理論に対して，新成長理論のモデルはGDPの増大を長期的均衡の自然の帰結であるとみなしている。そして人的物的資本を一括し，技術を残差とせず明示的に扱うことが検討されている。ここでは，限界収穫逓減の仮定を捨象し，規模に関する収穫逓増を許容し，しばしば資本収益率の決定で外部経済の役割に焦点をあてている。これによって規模に関する収穫逓増から生じた持続可能な長期的成長がもたらされることとなる。

　新成長理論のモデルでは，資本・労働比率が低い途上国が提供する潜在的に高い投資収益率が，人的資本（教育）や社会資本または研究開発（R&D）への補完投資の水準が低いことによって大きく阻害されることを説明した。そして，技術の変化は人的資本および知識集約型産業への公共投資や民間投資によってもたらされた内生的結果として扱われるもので，公共政策は経済開発を促進するための積極的役割をもつと説明したのである。

Column　開発問題における自由とは？

　開発経済学の大きな目標のひとつとして，人々が豊かになることが考えられる。この豊かさとは，国内総生産（GDP）や所得水準などがあてはまるが，「これらの要素のみを追求する伝統的な開発経済学は間違っている」と提唱した経済学者がいる。ノーベル経済学賞受賞者のアマルティア・センである。

　センは，性別は問わず自由に選択できる財・サービスを自由に使用できること（エンタイトルメント）が重要であると述べている。そして，これらを基礎とし，人間は何かを可能にする能力（ケイパビリティ）すなわち潜在能力を手にする。例えば，きれいな水を自由に飲め，健康を維持できる，といった行動である。センはこの潜在能力が不十分である又は欠如している状態が貧困であると指摘した。

　この考えを参考に開発されたのが国連開発計画（UNDP）の『人間開発指数（Human Development Index：HDI）』である。HDI は各国の "人間開発" を4段階に評価し，数値化している。具体的には，健康（平均余命），知識（教育），そして生活水準（国民総所得）から総合的に判断し HDI が作成されている。しかし，あくまでも HDI は国家間の比較であり，国内格差問題を論じる場合は他の指標が必要となることに注意する必要がある。

　『人間開発報告書 2019』では，21 世紀の人間開発格差において重要な問題は「教育と技術」および「気候変動」とし，新世代型の格差が拡大していると指摘している。例えば，人間開発指数が最も低い国々と比較して最も高い国々では固定ブロードバンドの加入者数が約 15 倍，成年人口に占める高等教育を受けた人口の割合が約6倍の速さで増えている。今迄であれば便利という程度であったものが当たり前に存在するようになった社会において，ますます格差が広がることが予想される。これらの格差を是正するためにも，さらなる議論が必要となる。

第4章

経済発展と貿易の役割

第1節　国際貿易の実態

1．発展途上国と国際貿易の関わり

　発展途上国はどの程度，国際貿易に関与しているのだろうか。経済発展の程度が遅れていることは，それに応じて国際貿易への関与も低いのであろうか。この点を知るためにまず，日本経済を例にとってみてみる。日本は貿易立国といわれるほど国際貿易との結びつきが強い国であると一般的には認識されている。日本の貿易の特徴としては，日本は多くの製品を輸出するだけでなく，さまざまな製品を海外から輸入している。日本からの輸出の主力は主に工業製品であり，多くの製品がアメリカ等の先進国をはじめ，世界各地へ輸出されている。また，日本企業の海外直接投資（FDI）を通じて先進国のみならず，東アジア等の途上国にも日系現地工場が設立されたことにより，資本財や中間財の輸出も行われている。一方，日本の輸入品は一次産品から工業製品までその種類は多様である。現在では，たとえ日本メーカーのブランドであっても，家電製品の多くが外国製であるし，我々が毎日口にする生鮮食料品も近隣諸国からの輸入が多くなっている。鉱物資源に至っては日本の消費量のほとんどすべてが輸入に頼っていると言ってよい。

　日本の国際貿易に対する関与は途上国における国際貿易に対する関与の裏返しでもある。日本との間だけをとってみても，途上国経済は国際貿易を通じて諸外国との経済的関係が築かれていることがわかる。伝統的には農産品と工業品の垂直貿易であったが，戦後の経済復興やグローバル化の進展により，工業

品と工業品の水平貿易が世界貿易に占める割合では非常に大きいものとなって
おり，先進国と途上国の間の分業はより活発に行われている。現在では，どの
ような途上国でもその経済活動は，程度の差はあれ，国際貿易と無関係には存
在しておらず，途上国経済は国際貿易に組み込まれていると言えるのである。
　表 4-1 および表 4-2 は所得水準別にみた代表的な国の国際貿易との関係を示
している。これらの表は，各国の GDP に対する輸出および輸入の割合につい

表 4-1　輸出依存度の推移

輸出依存度の推移（GDP 比）

	1960	1970	1980	1990	2000	2010	2016
低所得国							
アフガニスタン	4.1	9.8	n.a.	n.a.	n.a.	10.0	6.9
ネパール	n.a.	4.9	11.5	10.5	23.3	9.6	9.5
ルワンダ	12.4	11.5	14.4	5.6	6.3	12.0	14.9
ウガンダ	27.3	23.4	19.4	7.2	10.7	17.1	18.6
ジンバブエ	n.a.	n.a.	23.4	22.9	38.2	35.2	24.7
下位中所得国							
バングラデシュ	10.0	8.3	5.5	5.9	12.3	16.0	16.6
エジプト	n.a.	14.2	30.5	20.0	16.2	21.3	10.3
インドネシア	11.5	12.8	30.5	27.3	41.0	24.3	19.1
ケニア	31.1	29.8	29.5	25.7	21.6	20.7	14.0
フィリピン	11.9	21.6	23.6	27.5	51.4	34.8	28.0
上位中所得国							
ブラジル	7.1	7.0	9.1	8.2	10.2	10.7	12.5
中国	4.3	2.5	5.9	13.6	20.9	26.3	19.7
マレーシア	64.5	45.8	57.7	74.5	119.8	86.9	67.7
メキシコ	8.5	7.8	10.7	18.6	25.4	29.7	37.1
タイ	16.1	15.0	24.1	34.1	64.8	66.5	68.1
トルコ	2.1	4.4	5.2	13.4	19.4	20.4	22.0
高所得国							
オーストラリア	13.0	13.0	16.4	15.1	19.4	19.8	19.3
フランス	14.4	16.0	21.0	21.0	28.6	26.8	30.2
ドイツ	n.a.	15.2	18.7	22.9	30.8	42.3	46.1
日本	10.7	10.4	13.1	10.2	10.6	15.0	16.1
韓国	2.6	11.4	28.5	25.3	35.0	49.4	42.3
シンガポール	162.9	126.1	202.1	177.2	189.2	199.7	168.2
イギリス	20.2	21.4	26.1	22.6	24.8	28.2	28.3
アメリカ	5.0	5.5	9.8	9.2	10.7	12.4	11.9

（注）n.a. はデータなしを意味している。また，所得水準別の区分は世界銀行 HP を参照しており，
　　その定義は 2018 年の 1 人当たり GNI を基準に低所得国は $1,025 以下の国，下位中所得国は
　　$1,026 から $3,995 の国，上位中所得国は $3,996 から $12,375 の国，高所得国は $12,376 以上の国
　　としてある。
（出所）World Development Indicators より筆者作成。

表 4-2 輸入依存度の推移

輸入依存度の推移（GDP 比）

	1960	1970	1980	1990	2000	2010	2016
低所得国							
アフガニスタン	7.0	11.9	n.a.	n.a.	n.a.	44.9	49.0
ネパール	n.a.	8.3	18.7	21.7	32.4	36.4	39.4
ルワンダ	10.1	15.2	26.4	14.1	24.9	30.0	33.1
ウガンダ	21.8	20.1	26.0	19.4	22.1	28.6	28.6
ジンバブエ	n.a.	n.a.	26.5	22.8	35.9	63.5	38.7
下位中所得国							
バングラデシュ	9.3	12.5	17.9	13.1	17.0	21.8	21.3
エジプト	n.a.	18.8	42.9	32.7	22.8	26.6	19.7
インドネシア	12.6	15.8	22.2	25.6	30.5	22.4	18.3
ケニア	33.7	30.7	35.9	31.3	31.7	33.6	22.8
フィリピン	11.5	21.0	28.5	33.3	53.4	36.6	36.9
上位中所得国							
ブラジル	7.1	7.4	11.3	7.0	12.5	11.8	12.1
中国	4.4	2.5	6.5	10.7	18.5	22.6	17.4
マレーシア	49.0	41.3	55.3	72.4	100.6	71.0	61.0
メキシコ	11.7	9.7	13.0	19.7	27.0	31.1	39.1
タイ	17.4	19.4	30.4	41.7	56.5	60.8	53.5
トルコ	3.7	6.4	11.9	17.6	22.6	25.5	24.9
高所得国							
オーストラリア	14.1	13.2	15.9	17.1	21.6	20.9	21.5
フランス	12.6	15.4	22.5	21.8	27.3	28.1	31.0
ドイツ	n.a.	16.6	23.3	23.1	30.6	37.1	38.1
日本	10.3	9.4	14.1	9.4	9.2	13.6	15.1
韓国	12.0	21.1	37.1	25.9	32.9	46.2	35.4
シンガポール	176.6	145.1	209.0	167.1	176.9	173.7	142.1
イギリス	21.6	20.5	23.9	24.4	26.7	30.8	30.3
アメリカ	4.2	5.2	10.3	10.5	14.3	15.8	14.7

（注）n.a. はデータなしを意味している。また，所得水準別の区分は世界銀行 HP を参照している。
（出所）World Development Indicators より筆者作成。

て表したものであり，途上国の経済活動がどの程度国際貿易に依存しているのかを示している。国の区分は 2019 年時点での世界銀行による基準から，各国を所得水準別に低所得国，下位中所得国，上位中所得国，高所得国と分類したものである。

　この表によると，既に 1960 年代の時点でも輸出および輸入依存度が相対的に高い国がいくつか見られ，その割合は近年になるにつれてさらに高くなって

いる。特に，中所得国で高い輸出入依存度を示している国は，戦後に著しい経済成長を達成した国である。一方，先進国であるアメリカや日本ではこの依存度は相対的にみて低い水準であるが，安定的に推移していることがわかる。このことが意味するのは，途上国では国際貿易の動向が国内経済の行方に大きな影響を与えるのに対して，先進国ではその程度は相対的に小さいということである。輸出や輸入の依存度についてはさまざまな解釈がされているが，過度に海外市場に依存した構造になっている国は，海外市場の景気の影響を受けやすいし，国内の供給規模も需要規模も大きい場合は，この比率はそれほど大きくはならないであろう。貿易依存度の推移からもわかるように，日本は貿易立国と言われるけれども，実態は日本よりも途上国の方が貿易立国としての性質を有していると言える。

　次に，近年の貿易規模の変遷について確認する。表4-3は，表4-1や表4-2同様に，所得水準別に主な国を分類し，1990年代半ばから2010年代半ばまでの輸出額と輸入額の推移についてまとめたものである。これは2000年の数値を基準に指数化したものである。表から明らかなように，低所得国や高所得国を問わず，過去数十年にわたって貿易額は着実に上昇してきている。特に，低所得国と中所得国において，その規模の拡大が顕著に見て取れる。2000年と2016年を比べると，高所得国は輸出入ともに2倍から3倍弱程度拡大している。しかし，低所得国と中所得国はさらに高い数値を示しており，ウガンダやルワンダといった低所得国では輸出で6倍から14倍，輸入で3倍から10倍もの拡大がみてとれる。さらに，アジア諸国の輸出入の拡大も際立っている。その数値は中国では輸出で約8倍であり輸入でも約7倍以上，東南アジア諸国であるタイやマレーシアでは輸出入ともに2倍から3倍の数値を示しており，インドネシアやフィリピンでは輸出で1.5倍から3倍，輸入で2倍から3倍と輸出入ともに近年拡大させているのがわかる。

　第9章で詳細に確認するが，1990年代以降の東アジア地域では日本企業を中心に先進国企業の海外直接投資が加速し，製造業を中心に包括的な生産拠点が設立された。それら生産拠点で生産された部品やコンポーネントといった中間投入財の貿易が活発に行われたことが，1990年代以降の中国や東南アジア諸国での貿易拡大につながったのである。この生産ネットワークの構築に

表 4-3 貿易指数の推移

	輸出額指数 (2000 = 100)						輸入額指数 (2000 = 100)				
	1995	2000	2005	2010	2016		1995	2000	2005	2010	2016
低所得国						低所得国					
アフガニスタン	120.9	100	279.7	282.9	434.4	アフガニスタン	32.9	100	210.1	438.3	555.7
ネパール	42.9	100	107.4	106.4	86.6	ネパール	84.7	100	145.2	326.3	549.8
ルワンダ	97.9	100	235.1	560.9	1404.5	ルワンダ	111.5	100	201.9	671.2	1,075.5
ウガンダ	114.2	100	201.8	401.8	631.3	ウガンダ	68.8	100	133.7	303.7	332.0
ジンバブエ	110.2	100	96.1	166.2	147.1	ジンバブエ	142.3	100	126.1	204.0	198.6
下位中所得国						下位中所得国					
バングラデシュ	54.8	100	145.5	300.4	547.4	バングラデシュ	75.4	100	156.4	313.2	504.7
エジプト	65.1	100	244.7	501.1	482.7	エジプト	80.5	100	154.0	363.0	382.7
インドネシア	69.4	100	133.0	241.7	221.5	インドネシア	93.2	100	173.7	310.4	311.2
ケニア	108.3	100	197.2	298.1	328.4	ケニア	96.3	100	188.3	389.4	454.2
フィリピン	46.0	100	108.3	135.2	150.8	フィリピン	76.5	100	133.7	157.9	232.0
上位中所得国						上位中所得国					
ブラジル	84.4	100	215.0	366.3	336.1	ブラジル	92.3	100	132.4	326.6	244.7
中国	59.7	100	305.8	633.1	841.7	中国	58.7	100	293.3	620.5	705.7
マレーシア	75.2	100	144.2	202.2	192.8	マレーシア	94.8	100	139.5	200.8	205.4
メキシコ	47.8	100	128.8	179.3	224.8	メキシコ	41.5	100	127.2	172.9	221.5
タイ	81.8	100	160.9	280.3	312.4	タイ	114.3	100	190.8	295.4	313.6
トルコ	77.8	100	264.5	410.0	513.2	トルコ	65.5	100	214.3	340.4	364.4
高所得国						高所得国					
オーストラリア	83.2	100	166.1	332.9	299.3	オーストラリア	85.7	100	175.1	281.9	274.2
フランス	92.4	100	141.8	160.3	153.3	フランス	87.8	100	149.1	180.7	169.4
ドイツ	95.1	100	176.4	228.7	243.0	ドイツ	93.5	100	156.7	212.7	212.7
日本	92.5	100	124.1	160.6	134.6	日本	88.5	100	135.9	182.9	160.1
韓国	72.6	100	165.1	270.7	287.6	韓国	84.2	100	162.8	265.0	253.1
シンガポール	85.8	100	166.6	255.3	245.3	シンガポール	92.5	100	148.7	231.0	217.0
イギリス	83.6	100	135.0	146.1	143.7	イギリス	77.0	100	147.9	170.2	183.3
アメリカ	74.8	100	115.2	163.5	186.0	アメリカ	61.2	100	137.6	156.4	178.8

（出所）World Development Indicators より筆者作成。

貢献した企業の海外進出を促した要因のひとつが，1985 年のプラザ合意である。1970 年代から 1980 年代にかけ，世界経済に影響をもたらすさまざまな出来事があった。代表的なものは二度にわたる石油危機であり，それは先進国と新興国あるいは途上国に影響をもたらし，貿易の成長率を鈍化させた。また，中南米やアフリカ諸国では債務危機が勃発し，貿易の成長率は低下するに至った[1]。世界経済はこのような一時的な景気変動や混乱などによって貿易の成長率の低下を経験したことがあったが，貿易そのものは継続的に拡大させてきた。

1　詳細は加藤・辻・陸（2005）を参照。

2. 輸出品の構成

　途上国あるいは低所得国は農業国である，という先入観を我々は持っている
かもしれないが，途上国においてそれは確かに農村人口や農業労働者の割合が
圧倒的に高いのでそう言えるかもしれない。しかし，GDP に対する貢献度で
見ると農業は工業ほど大きな貢献をしていないであろうことは想定できる。で
は，途上国の主要輸出品や輸入品の構成はどのようになっているのであろう

表 4-4　輸出に占める工業製品の割合

輸出工業化率の推移（%）

	1965	1970	1980	1990	2000	2010	2016
低所得国							
アフガニスタン	13.1	10.9	n.a.	n.a.	n.a.	19.6	6.6
ネパール	n.a.	n.a.	30.5	83.5	66.7	71.9	70.7
ルワンダ	n.a.	n.a.	n.a.	n.a.	3.0	8.5	12.2
ウガンダ	n.a.	n.a.	0.39	2.39	3.1	22.8	25.0
ジンバブエ	n.a.	n.a.	30.3	30.9	26.9	36.4	13.3
下位中所得国							
バングラデシュ	n.a.	n.a.	67.6	77.5	90.5	91.7	95.8
エジプト	20.7	27.1	10.9	42.5	38.4	43.4	53.9
インドネシア	2.08	1.2	2.3	35.5	57.1	37.5	47.7
ケニア			12.1	29.2	20.8	34.7	36.9
フィリピン	5.6	7.5	21.1	37.9	91.7	56.8	85.3
上位中所得国							
ブラジル	7.7	13.2	37.2	51.9	58.4	36.6	39.9
中国	n.a.	n.a.	47.7	71.6	88.2	93.6	93.8
マレーシア	5.2	6.5	18.8	53.8	80.4	67.2	68.5
メキシコ	16.3	32.5	11.9	43.5	83.5	76.0	83.0
タイ	2.0	4.7	25.2	63.1	75.4	75.3	78.2
トルコ	2.4	8.9	26.9	67.9	81.2	79.2	80.1
高所得国							
オーストラリア	12.3	17.6	21.5	24.1	29.5	16.6	17.6
フランス	70.5	73.7	73.3	77.0	80.9	78.4	79.8
ドイツ	86.5	86.8	84.2	89.0	83.7	82.2	84.0
日本	90.6	92.5	94.7	95.9	93.9	89.0	88.5
韓国	59.3	76.5	89.5	93.5	90.7	89.0	90.1
シンガポール	30.3	27.5	46.7	71.6	85.6	73.1	79.1
イギリス	81.0	80.1	71.5	79.1	75.7	68.4	79.1
アメリカ	62.0	66.7	65.5	74.1	82.7	66.2	63.5

（注）n.a. はデータなしを意味する。また，輸出工業化率のデータを補うために，ルワンダの2000
　　年は1999年の値，ウガンダの1980年は1976年の値，ウガンダの1990年は1994年の値，ジ
　　ンバブエの1980年は1984年の値，バングラデシュの2016年は2015年の値，インドネシアの
　　1965年は1967年の値，ケニアの2016年は2013年の値，中国の1980年は1984年の値をそれぞ
　　れ使用している。
（出所）World Development Indicators より筆者作成。

か。表4-4は総輸出額に占める工業製品の輸出額の割合を示したものであり，
総輸入額に占める工業製品の輸入額の割合を示したものが表4-5である。これ
らによると，高所得国では輸出工業化率は高い水準で安定的な推移を示してい
る。ドイツ，日本，アメリカといった国では1965年と2016年を比べるとその
比率はほぼ同程度であることがわかる。輸入における同比率は1960年代から
2010年代にかけその比率は高くなっていることがわかる。これは先進国間同

表4-5　輸入に占める工業製品の割合

輸入工業化率の推移（%）

	1965	1970	1980	1990	2000	2010	2016
低所得国							
アフガニスタン	28.5	54.3	46.5	n.a.	n.a.	19.1	24.6
ネパール	n.a.	n.a.	73.1	67.4	49.1	62.1	64.1
ルワンダ	n.a.	n.a.	n.a.	n.a.	57.4	75.7	76.2
ウガンダ	n.a.	n.a.	60.5	75.5	64.7	65.1	66.4
ジンバブエ	n.a.	n.a.	64.3	72.8	74.8	60.0	49.5
下位中所得国							
バングラデシュ	n.a.	n.a.	57.9	55.9	67.6	64.1	63.2
エジプト	53.8	55.8	58.9	56.3	55.7	60.1	60.7
インドネシア	86.0	79.5	64.9	76.9	60.9	63.3	67.0
ケニア	n.a.	n.a.	55.9	65.5	57.9	62.7	61.6
フィリピン	61.1	68.0	47.5	53.2	78.0	67.3	75.9
上位中所得国							
ブラジル	50.3	68.4	40.8	56.5	73.3	74.1	77.1
中国	n.a.	n.a.	69.2	79.8	75.1	61.5	68.2
マレーシア	51.8	56.9	66.6	82.2	84.8	74.2	73.8
メキシコ	82.4	80.6	74.9	64.2	83.5	79.5	80.7
タイ	73.9	74.7	50.8	75.0	76.7	70.0	74.2
トルコ	74.3	76.8	43.1	61.0	70.5	63.3	71.2
高所得国							
オーストラリア	73.3	79.3	74.6	84.6	83.8	74.9	79.4
フランス	46.6	58.3	54.0	74.1	77.2	73.3	78.3
ドイツ	39.2	51.0	52.4	72.0	67.5	67.8	73.0
日本	19.5	24.8	18.7	44.3	56.7	50.5	62.3
韓国	51.6	54.8	43.1	63.4	62.2	56.8	65.3
シンガポール	42.5	56.1	54.1	73.1	81.8	65.7	73.5
イギリス	32.7	43.9	60.7	75.4	76.7	65.9	77.0
アメリカ	46.7	60.7	50.0	73.1	77.3	70.1	79.7

（注）n.a.はデータなしを意味する。また，輸入工業化率のデータを補うために，アフガニスタンの
　　　1980年は1977年の値，ルワンダの2000年は1999年の値，ウガンダの1980年は1976年の値，
　　　ウガンダの1990年は1994年の値，ジンバブエの1980年は1984年の値，ジンバブエの2000年
　　　は1999年の値，バングラデシュの2016年は2015年の値，インドネシアの1965年は1967年の値，
　　　ケニアの2016年は2013年の値，中国の1980年は1984年の値をそれぞれ使用している。
（出所）World Development Indicatorsより筆者作成。

士の工業品の貿易が拡大していることを意味している。低所得国や中所得国の輸出工業化率を確認すると，中所得国でこの比率が高まっているのがわかる。

1960年代や1970年代ではこの比率は極めて低かった。つまり，この時期，農作物や鉱物資源などといった一次産品が主要な輸出品であったことがわかる。しかし，1980年以降工業製品輸出の割合が上昇し始めている。このように，輸出工業化率というデータに照らし合わせると，低所得国や中所得国の多くは農業国であるというイメージは特に1960年代や70年代という時期にはあてはまると言えるが，それ以降，現在の中所得国に区分される国は輸出工業化率を上昇させ，現在では多くの国で工業製品を輸出していることがわかる。対照的に，低所得国の輸出工業化率は中所得国ほど顕著な拡大をみせていない。これが戦後の先進国，新興国，途上国の間でみられる経済成長の差につながっていると言えるであろう。輸出工業化率の上昇を達成した国とそうでない国でのさまざまな経済的差異は何が原因なのであろうか。以下では経済発展のための国際貿易の意義と政策的アプローチについて確認していく。

第2節　経済発展に対する国際貿易の意義

1．プレビッシュ＝シンガー命題

　前節において，経済活動に従事するほぼすべての国は国際貿易の枠組みにしっかりと組み込まれていることを確認したが，国際貿易が経済の発展途上である国に与える影響に関する議論は昔から存在する。この点について以前，貿易擁護派と反対派の相反する見地から激しい論争が繰り広げられた。ひとつは比較優位理論に代表される伝統的貿易理論であり，もうひとつはプレビッシュ＝シンガー命題である。それぞれの論拠について確認していく。

　プレビッシュ＝シンガー命題は1950年代に登場した輸出悲観論である。当時，多くの植民地が独立を果たし，政治的に宗主国から自由になったが，経済的には旧宗主国に依存し，経済発展がうまく軌道に乗らなかった。そうした状況の下で，それはなぜかという原因を南北貿易（途上国と先進国との間の貿易）のメカニズムに注目して，両者の間の不平等な関係を理論的に説明したのがこの命題であった。この命題の基本的認識は，一次産品の生産性向上を目的

とした先進国による投資は，一次産品価格の低下をもたらし，先進国にとっては工業原料価格の値下がりと工業製品の競争力向上につながることによってプラスの恩恵が期待できるのであるが，途上国にとっては単価が低下しても一次産品の需要はそれほど伸びないため，単価の低下は全体での収入の低下につながり，一次産品の生産性向上から何の恩恵も受けないということである。

　この命題は途上国経済が国際貿易に組み込まれることの不利な状況を客観的に示すために商品交易条件を用いて，その傾向を測定した。商品交易条件は分母に輸入商品の物価，分子に輸出商品の物価をとり，この商品交易条件の値が上昇すると改善，下落すると悪化すると読みとり，国際貿易が国内経済によい影響を与えるためにはこの商品交易条件が改善することが望ましいということを示す指標である。商品交易条件を途上国のケースにあてはめてみると（ただし石油は除く），途上国の商品交易条件は長期的に低下傾向にあることが判明した。商品交易条件を計測した別の研究でも同様の結果が明らかにされており，例えば，1972年から1992年までの間の非石油一次産品価格は60％下落し，1990年以降は年平均0.6％低下し続けているという計測結果もある[2]。また，途上国が輸出する工業製品についての計測結果も非石油一次産品価格の動向と同様の傾向を示し，1980年代において年平均3.5％で下落していたことが明らかにされている[3]。

　このことは，途上国経済が国際貿易に組み込まれることは必ずしも途上国のメリットになるとは限らないことを意味するため，当時の途上国の開発政策に大きな衝撃を与えることになった。特に，プレビッシュは国連ラテンアメリカ経済委員会事務局長という要職にあったこともあり（その後，国連貿易開発会議（UNCTAD）事務局長），ラテンアメリカ諸国の経済政策の方向性に大きな影響を与えることになった。その結果，これらの諸国をはじめ，多くの途上国で国内の工業基盤を保護する政策がとられることになり，プレビッシュ＝シンガー命題は工業製品国産化計画（すなわち輸入代替工業化政策）の理論的支柱となった。

2　トダロ（1997）を参照。
3　トダロ・スミス（2004）を参照。

2．比較優位理論

　プレビッシュ＝シンガー命題のような輸出悲観論に対して，もうひとつの対極にある見解が比較優位の理論である。この理論の基本的認識は，各国は生産能力に限界があり，国民のすべての欲求を満たすことはできないが，国際貿易を通じて互いが商品を交換することによって国民の欲求を満たすことを可能とし，その結果として国際貿易に関与したすべての国が恩恵を受けるというものである。比較優位の理論とは，このメカニズムを明らかにするもっとも重要な理論である。

　比較優位理論は，貿易相手国の双方が国際貿易を行う方が自給自足の場合よりも大きな経済的な恩恵を手にすることができるとするものである。この理論を考えるにあたり，途上国と先進国は工業製品と農産品の両方を生産し，貿易を行わず自給自足の状態であるとする。先進国は途上国よりも効率的にどちらの商品も生産できるとしよう（これを絶対優位という）。しかし，そのような状態であったとしても，それぞれの国ではいずれか一方の商品の生産の方が他方の生産よりも相対的に効率的な生産を可能とする場合があるはずである。例えば，先進国では工業製品に，途上国では農産物においてそれぞれ効率的な生産ができると考えられる（これを比較優位という）。

　この場合，途上国は経済資源を農産品の生産に特化し，国内需要を上回って産出された余剰分を先進国へ輸出し，それに見合った分の工業製品を先進国から輸入する。同じように，先進国は工業製品の生産に特化し，国内需要を上回る余剰分を途上国へ輸出し，それに見合った分の農産品を発展途上国から輸入する。これによって，途上国も先進国も，自給自足の場合には達成できなかったより高い水準の消費を実現することができる。すなわち，貿易に従事する諸国はともに比較優位品目の生産への特化と国際貿易から恩恵を得ることができるのである。比較優位の理論では，生産特化と国際分業から，国際貿易をする前よりもさらに高い経済厚生を達成することができるということを理論的に示している。貿易を可能とするということは，その国が何らかの製品や広い意味での産業において比較優位をもっていることを示している。比較優位をもつ製品や産業は国内市場にとどまらず，外国市場をも相手にした生産活動が可能になる。つまり，市場の拡大が図れる。この市場の拡大は企業に対して効率的な

分業を促進させ，高度な技術を受け入れる余地を大きくする。その結果，生産方法の改善などが可能となり，生産性をより向上させることができる。比較優位理論によると，工業製品であれ農産品であれ，自国のみですべての製品を生産するよりも，相対的に効率的に生産できる製品に特化し，外国と製品を交換した方がより多くの消費を可能とするという事を説明しており，これが自由貿易をすることの基本原則のひとつであり，経済発展を導く重要な要素ということになるということである。

第3節　経済発展と貿易政策

1．輸入代替工業化政策

　次に，理論的な枠組みにもとづいて実践された2つの貿易政策についてみていく。ひとつ目の貿易政策として輸入代替工業化政策について確認する。

　輸入代替工業化（ISI：Import Substituting Industrialization）とは，自国の市場に流入してきている外国製品を国産品で代替しようという目的でとられる工業化戦略である。そのためには，外国製品の国内への流入を制限すると同時に，国家の強力な指導の下で国内産業の育成，振興が推進される。

　このISI政策が多くの途上国で採用されたのには，既述のプレビッシュ＝シンガー命題の存在を抜きにして語ることはできない。同命題が問題視した商品交易条件の低下傾向および慢性的な経常収支赤字に代表される先進国と途上国との間の不平等な関係を克服するためには，先進国からの工業製品の輸入を削減し，そして，これまで途上国が輸入してきた工業製品を国産化することが必要であると受け止められ，それらのことが実行されたのであった。

　ISI政策はプレビッシュ＝シンガー命題に加えて，次に2つの根拠からも正当化された。ひとつは，幼稚産業保護論という観点からの説明である。幼稚産業保護論とは，輸入品を国内市場から閉め出し，その一方で国内産業を国際競争力がつくまで保護・育成し，輸入代替が完了した後，この国内産業を中心として製品輸出に乗り出そうというものである。しかし，幼稚産業保護論は，どの産業が規模の経済が実現するかわからないことから保護の対象とする産業を特定しにくいことや，産業保護自体が産業育成に最適であるかどうかは分か

らないことなどの問題点もあり，理論的には正当化できるが，現実的ではない
部分も多いという指摘がある。もうひとつの根拠は，貿易障壁を設けることに
よって経常収支赤字を改善することが見込まれるということである。典型的な
貿易障壁は関税であるが，関税を賦課することによって途上国には関税収入
が入ってくるため，これを経常収支赤字の補填などに充当するというものであ
る。この点についても，関税を賦課することにより結果的に経済が成長すると
いう事例は極めて稀であろうし，国と国が関税障壁を掛け合うことは結果的に
自国経済にとってマイナスの影響が出てくるのである。

　もう少し具体的にいえば，輸入代替工業化とは，高関税障壁，数量統制など
の輸入制限政策を用いて輸入商品を規制し，その結果生まれた国内市場に向け
て，国内企業による生産を次々と開始させながら，輸入を国内生産によって代
替していくという方法である。発展途上国において，まずは非耐久消費財や耐
久消費財などの最終製品から輸入代替される。なぜならば，発展途上国におい
ては，国内市場規模が小さく，産業の高度化の度合いもまだ小さいため，資本
財や原料，素材を加工する中間財の生産から工業化を開始することは基本的に
は困難だからである。

　図4-1から輸入代替工業化のプロセスを確認できる。ある最終財に対して
国内需要（D）が発生する。T_1 までの期間は完全に輸入に依存している。こ
の期間は途上国の初期段階であり，輸入が発生する。T_1 から国内生産が始ま
り，国内生産が伸びていくとともに，輸入を国内生産に切り替えていく輸入代
替過程が進展する。O から T_1 の期間は輸入期である。T_1 から，高関税，輸
入数量制限などの輸入制限政策がとられ，輸入代替工業化が始まり，やがて輸
入が激減する。T_1 から T_2 の期間は輸入代替期である。輸入曲線は M となっ
ている。T_2 の時点になって，国内生産が国内需要を上まわるようになり，輸
出が開始される。輸出曲線は E のように描かれる。T_2 から T_3 の区間は輸出
期である。T_3 以降，国内生産は再び国内需要を下回り，輸入が再開され，T_3
以降は再輸入期であり，曲線 M' は再輸入曲線である。

　輸入代替工業化のもつ重要な戦略的意味は，工業化の誘発力が輸入制限に
よってつくり出されるところにある。ハーシュマン（Hirschman 1958, ch. 7）
によれば，工業化の誘発力は，輸入が従来果たしてきた役割に帰せられる。す

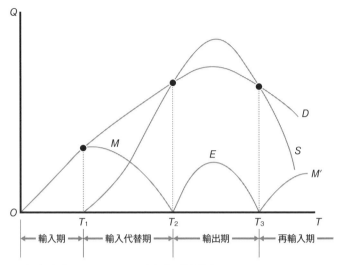

図 4-1　輸入代替工業化

なわち，「輸入の役割とは，需要を国内生産域に近づけるほど増大させること
によって，国内生産への道を徐々に開くことである」。そして，「輸入が行われ
ているという事実は，そこに市場があるということの確実で争う余地のない証
拠である。また，輸入は初期段階でみられる消費者の抵抗を排除し，次第に彼
らを輸入品に馴致させるであろう。このように，輸入は一国の需要を偵察し，
その実体を明らかにするものである。すなわち輸入は，不確実性を除くととも
に販売費用を削減し，そうすることによって，国内生産開始の採算点を目に
見えるほどに近づけるのである」。このような工業の誘発力は後方連関効果で
捉えられる。後方連関効果とは，ある産業の製品需要の拡大はその産業に中間
財を供給している別の産業の生産拡大を誘発することであり，産業連関におい
てその産業に原材料を供給する（後方に位置する）産業に及ぼす波及効果をい
う。これと対照されるのが前方連関効果である。それはある産業の生産活動の
変動はその産業の生産物を中間財として利用している産業に影響を与え，産業
活動において，その産業の前方に属する（原材料として利用している）産業に
与える効果のことである。輸入制限は保護された国内市場にある国内企業の設
立を誘発する。発展途上国の最終財の輸入代替は後方連関効果をもち，中間生

産物の国内生産ならびに基礎的な工業原料の国内生産に強いインパクトを与えたと考える。

　このように，戦後まもなく工業基盤が未整備で市場機能も不十分であった状態から工業化が始まったわけで，途上国においては，産業育成，各種制度面の整備に政府主導で取り組んだ。1960年代を中心に展開された輸入代替工業化戦略を構成する政策手段は，輸入数量割当，高率な輸入関税などの輸入規制，外貨割当，多重為替レート制，為替レートの過当評価などの為替管理が実施され，同時に国内産業育成，生産・販売拡大，雇用安定，外国投資の誘致，技術開発支援等のための各種の優遇課税，助成・育成政策，誘因・規制措置などが導入された。輸入代替工業化は後方連関効果をもち，工業化の推進の初期段階において高い評価が得られたが，この戦略は比較優位にもとづいたものではなく，あまりに工業重視の政策であることから，既存の農業や軽工業が犠牲となり，産業構造が歪められた。国内産業育成に必要な中間財や資本財の輸入が増加する一方で輸出財が限られたため，貿易赤字は回避できなかった。そして，この輸入代替工業化戦略は国内の幼稚産業保護，輸入偏重から非効率的な企業経営を招き，資源配分の歪みが生じやすく，産業保護を長引かせてしまうと，産業と政府の癒着，レント・シーキング，腐敗などの問題も発生しやすく，持続困難な戦略でもあった。

　多くの途上国でISI政策が実施されたが，全般的な評価を下すと，ISI政策は失敗であったといわれている。いくつかの視点からその理由は説明できる。第一に，ISI政策は経常収支赤字を食い止めることはできなかったということである。途上国では，政策の成果を早くあげたかったので，国内産業の育成を実践するときに，最終消費財の組み立て産業の育成に高い優先度が与えられ，手厚い保護が与えられた。例えば，自動車の場合であれば，自動車の組み立て工程である。その一方，最終財の組み立てに必要な中枢的な部品などの中間財や組み立てに必要な機械設備などの資本財を製造する産業については優先度が低く，あまり保護の対象として注目されなかった。その結果として，国内市場向けの最終財の生産が拡大すると，それに応じて部品や産業機械の輸入が増えることになり，経常収支の好転にはつながらなかった。

　第二は，国内の輸入代替産業が非効率な生産を継続したことである。それ

は，こうした産業が輸出を前提とせず，国内市場にある外国製品の代替ということを主目的としているため，国内市場向けを前提とした生産であったが，国内市場の規模はそれほど大きなものではなかった。また，国内では競争相手は全く存在せず，競争の欠如をもたらした。その結果が国内産業の非効率性であり，国内経済に恩恵どころか大きな負担を強いることになった。

　第三は，為替相場の自国通貨高への設定が自国の既存産業の国際競争力を低めることになったことである。途上国では当局が為替相場を市場相場よりも高めに設定したが，これは，先進国から輸入する中間財や資本財の支払金額を自国に有利にするための戦略的な判断にもとづくものであった。しかし，自国の為替相場を高めに設定するということは，輸入はしやすくなるが，その反面として輸出がしにくくなる。ISI 政策を通じて生産された製品は原則として国内市場向けであり，外貨獲得にはつながりにくい。そのため，資本財や中間財を輸入するために必要な外貨は従来の一次産品の輸出で賄わなければならなかったが，自国通貨の為替相場が切り上げられたということは，一次産品価格が輸出先市場で上昇することであり，途上国からのこうした伝統的な輸出品の輸出が難しくなったのであった。

　こうして，輸入代替工業化戦略は，その野心的な目標とは裏腹に，国内産業を途上国で育成しようとすればするほど先進国との結びつきが強くなり，経常収支赤字の改善にも効果的にはつながらなくなり，期待されたほどの効果を上げることはできなかったのであった。

2. 輸出志向工業化政策

　輸出志向工業化政策（EOI：Export-Oriented Industrialization）とは，積極的な輸出を通じて経済発展を実現しようとする政策である。ただし，いかなる商品を輸出するのかに応じて，EOI 政策の有効性に違いがある。以下では，一次産品の輸出を中心にする場合と工業製品の輸出を中心にする場合とに分けて論じていく。

　まず，一次産品を輸出する場合について考えてみよう。表4-4の輸出に占める工業品の比率からもわかるように，1970 年代から 1980 年代初頭くらいまでは多くの途上国で輸出に占める工業品の比率は高くはなく，一次産品が主要輸

出産品であった。現在でも依然として一次産品が主要輸出産品である途上国も
あるが，多くの途上国で輸出工業化率が上昇している。なぜ，一次産品輸出は
廃れた（低下した）のであろうか。一次産品の輸出がうまくいくかどうかにつ
いては次の2つの点が重要となる。ひとつは，一次産品の需要である。輸出
が順調に伸びるためには，一次産品の輸入国における需要の所得・価格弾力性
が高い（すなわち弾力的である）ことが望ましい。一次産品の需要の所得弾力
性に関する研究をみてみると，砂糖，ココア，お茶，バナナなどの食料品は
0.3～0.5 と推計されており[4]，これは輸入国の所得が上昇しても，あまり消費
量は増加しないことを示している。一次産品の価格弾力性も類似の傾向を示
し，価格が下がったからといって消費量が拡大することはあまり見込めないの
である。そこで，一次産品生産国の間で，輸出収入の維持，向上を目標に，国
際商品協定ないし生産国同盟を締結する動きが出てきた。

　国際商品協定とは，特定の一次産品の数量や価格をコントロールするための
条項に合意する加盟国間で構成する協定である。原則として，3年ないし5年
の時限協定であることになっているが，現実にはそれを超えて存在する協定も
ある。代表的な国際商品協定としては，小麦（1949年発足），砂糖（1954年発
足），すず（1956年発足），コーヒー（1963年発足）などがある。消費国も加
盟国となる国際商品協定に対して，生産国同盟は特定の一次産品の生産国のみ
が構成メンバーで，生産国のみの共通の利益を積極的に増進することを目指し
たものである。具体的には，石油輸出国機織（OPEC）（1960年発足），ココ
ア生産者同盟（1962年発足），アラブ石油輸出国機織（OAPEC）（1968年発
足），銅輸出国政府間協議会（1968年発足），天然ゴム生産国連合（1970年発
足）などがある。しかし，国際商品協定や生産国同盟は，合成代替品（綿花，
ゴム，皮革など）が先進国で開発されたり，先進国が農業保護政策を強化した
りで先進国における一次産品の輸入需要はあまり拡大せず，OPECを除いてあ
まり顕著な成功を収めなかった。

　もうひとつは一次産品の供給能力に関するものである。特に農産物に関して
途上国の一部ではプランテーション経営により，商業的な生産も行われていた

4　トダロ（1997）を参照。

が，途上国における農業の大部分は小規模かつ自給自足的なものである。そういう伝統的な農業は世界の農産物市況の変化に即座に対応することは困難であり，弾力的な農業経営を途上国に求めることは一部を除き不可能であった。こうした供給側の要因も一次産品の輸出促進戦略の実現を阻む要因のひとつとなっていた。

では，工業製品の輸出志向戦略についてはどうであろうか。本章で既に確認したが，途上国による工業製品輸出はますます重要になってきていることから考えると，工業製品輸出は一次産品輸出よりも有利と言えるのであろうか。

アジア NIEs は工業品の輸出を通じて経済発展を遂げた。1980 年代以降，当時のアジア NIEs は労働集約的な製品に優位性をもち，その強い輸出競争力によって先進国の市場に深く入り込んでいった。労働集約的産業とは，製品のコストに占める賃金費用が相対的に高い産業のことである。NIEs の輸出の中心は，当初はこうした労働集約的な製品であった。労働集約製品の特化に成功した後，船舶，石油化学製品，鉄鋼製品などの重化学工業分野において世界市場シェアを伸ばし，さらに近年では，エレクトロニクス製品や自動車などの高度技術分野においても世界の有力な輸出国へと変貌している。

この輸出志向工業化を成功させるためには，そのための政策，つまり，輸出志向工業化政策が必要であった。低利融資を提供したり事業所得税を軽減したりして，輸出産業の投資拡大を奨励するという政策がそのひとつである。また補助金給付や輸出関税率の引き下げなどにより輸出の拡大を促すという政策もある。輸出製品を生産するためには機械，設備，部品などの輸入が必要になり，それらの輸入に対しては，輸入関税率を引き下げた。さらに，国内企業による輸出が困難であれば，輸出競争力をもつ外国企業を積極的に導入し，外国企業に輸出の中心的な役割を演じさせるというのも重要な政策である。輸入代替から輸出志向への転換にあたって，国内企業に対する一連の保護政策を排除する必要があった。輸入代替産業は高い輸入関税や輸入数量制限，為替制限などにより手厚く保護された。その意味では，輸入代替工業化は，輸入製品との国際競争から切り離した保護の下での工業化であった。保護された狭い国内市場向けの生産では「規模の経済」が容易に働かず，非効率性を累積せざるをえなかった。広い国際市場に向けての生産を企業に促すためには，そうした保護

政策を排除しなければならない。

　既述した一次産品と工業製品の輸出の比較を所得・価格弾力性という点から
みると，一次産品よりも工業製品の方がその値は高いことが常識的に知られて
いる。先進国における需要の所得弾力性は，石油およびその他の燃料について
は2.4，工業製品については1.9と推計されている[5]。しかし，だからといって
工業製品の輸出に全面的に依存すればよいというように簡単には結論づけられ
そうにもない。その理由は，先進国が一方で自由貿易を標榜しておきながら，
他方で保護貿易主義を強化しているからである。

　途上国が対先進国輸出を急激に増加させたことが貿易摩擦を引き起こし，先
進国は相手国に対して輸出自主規制を強要したり，途上国の輸出数量をコント
ロールしたりしていることも現実的に観察されているし，さらに，関税につい
ても完成品に対してより高い関税を賦課して，途上国からの完成品の輸出攻勢
を牽制している。現在では途上国が日本やアジアNIEsが経験してきたのと同
じように積極的な輸出に依存することは極めて難しくなってきている。そうい
う意味で，工業製品を加工，輸出すればよいという輸出志向工業化は戦後の復
興や新興国の成長の時代では通用したが，これからの時代では通用するとは限
らないと考えるべきであろう。

3. 望ましい貿易政策はISIかEOIか？

　ISIとEOIはどちらの政策が優れていると言えるのだろうか。

　貿易政策の展開について，Krueger（1978）やBhagwati（1978）は5つの
フェーズ分類を紹介している。それによれば，貿易政策の第一フェーズは国際
収支危機に対応した輸入数量の全面的規制，第二フェーズが管理システムの複
雑化，差別化傾向により輸出不利化のバイアスが増幅，第三フェーズ期におい
て為替レートの切り下げ，量的規制の緩和が行われ，第四フェーズの自由化
の進展を経て，第五のフェーズにおいて自由化が完了する。Krueger（1978）
やBhagwati（1978）は，輸入代替工業化は第一，第二のフェーズに対応し，
第三フェーズ以降が輸出志向型工業化段階に対応するとしている。また，太田

5　トダロ（1997）を参照。

（2003）によれば，産業政策としての輸出志向型工業化政策は通常，輸出品タイプによって2つの段階に分けられる。第一の段階は，既存の比較優位に依拠した労働集約的製造業品を輸出する段階であり，第二の段階は，当該国が獲得した動態的比較優位に基づいた資本集約的，知識・技術集約的製品を輸出する段階である。第一段階の産業政策は輸出振興策を中心とするもので，中間財・資本財の輸入数量規制が緩和されると同時に，選択的な輸出金融などの輸出優遇措置が設けられた。また，単一為替レートの採用と切り下げといった輸出障壁の撤廃も含まれ，輸出競争的な為替レートと輸出助成からなる産業政策によって労働集約財産業，非熟練製造業を主導的産業に育て，輸出向け生産を増強することによる輸出の推進が図られた。第二段階において，成長は第一段階の需要決定型とは異なる供給依存型の成長で，技術の創造，技術革新が求められ，熟練労働が必要とされる。この段階の産業政策は，国際収支改善をみたあと規制緩和，関税の段階的引下げなどが実施される。

　ラテンアメリカ諸国では，特に第二次世界大戦後，ISI政策が開発戦略として推進されてきた。そこでは国家の経済活動に対する介入が積極的に推進され，財政資金を投入して国営企業が相次いで設立された。プレビッシュ＝シンガー命題はISI政策の理論的支柱となり，同命題の登場後，ISI政策は一層強力に推し進められることになったが，ラテンアメリカ諸国は1980年代に入り大きな経済的破綻をきたすことになった[6]。しかし，一方で，東アジア諸国は1960年代ないし1970年代以降EOI政策を採っており，それが1980年代におけるアメリカ経済の景気回復の波にうまく乗って経済発展を加速させていくという対照的な結果になった。その後，ISI政策を採っていたラテンアメリカ諸国もその行き詰まりとEOI政策の利点を理解し，EOI政策へ転換している。そういう意味で，すべての途上国がいずれか一方の戦略のみを継続して採用していたわけではなく，時代背景や世界経済の動向にも大きな影響を受けていたのである。

　さらに，ISIとEOIの2つの貿易政策を同時並行的に進めた国もある。例えば，日本の経済発展のプロセスに関する研究によると，第二次世界大戦前に繊

6　加藤・辻・陸（2005）を参照。

維工業が日本の輸出を中心に担っていた頃，機械工業については国家の強力な指導の下で輸入代替が着々と進められていた[7]。その後，繊維工業が日本経済において成熟してくると，今度は機械工業が競争力をつけてきて，日本の主要輸出産業として台頭してきたのであった。

　貿易政策と途上国の所得水準との関係からしても，どちらか一方の政策に圧倒的な優位性を見いだすことはできない。ISI 政策を採用したラテンアメリカ諸国では，貧困問題は依然として深刻であるが，EOI 政策を採用した東アジア諸国では，韓国や台湾など確かに一部の国では貧困問題の解決に顕著な実績をあげているものの，東アジアのすべての国で貧富の格差が解消したわけではない。そういう意味では，ある政策がもう一方より常に優れているというものではないと言える。

第4節　国際貿易理論の進展——国家から産業，そして，企業の視点へ——

1．伝統的貿易理論

　国際貿易に従事することは，一国の経済発展に大きく寄与することに繋がる。これは世界経済の歴史的変遷からも確認することができ，貿易の拡大は貿易参加国の厚生を改善するということが学術的にも証明されている。このシンプルな理論的フレームワークの含意は，国際分業と貿易の利益がもたらす経済的利点について示唆している。ではなぜ長い間に同じ議論がされてきているのであろうか。世界経済は時代とともに大きく変化してきており，特に近年ではその変化のスピードが著しく加速してきている。これはつまり，国際取引のパターンも同程度のスピードで変化してきていることであり，国際貿易のメカニズムを説明する貿易理論もまた，学術的なフレームワークの中で現実をキャッチアップし続けている。

　産業革命以降，世界経済は大きく変化してきた。その頃に登場したリカードの貿易理論やヘクシャー＝オリーンの貿易理論などという伝統的な貿易理論は，技術の相違や相対的要素賦存の相違という点から国際貿易の原因を説明し

7　大川・小浜（1993）を参照。

た。そこでは比較優位に沿った分業のもと，国家という視点から製品貿易による利益を明らかにしている。以下ではこれら伝統的な貿易理論の特徴を整理する。

　リカードの貿易理論は二国間の相互比較において，それぞれの国が相対的に低い生産費で生産可能な財，すなわち比較優位にある財に特化し，他の財の生産は相手国にまかせるという形で国際分業を行い，貿易を通じて特化した財を相互に交換すれば，貿易参加国は双方とも貿易を行わなかった場合よりも利益を得ることができるという理論である。アダム・スミスによる，両国の単位当たり生産費を比較し，絶対的に安い製品を輸出財とし，生産性の劣る産業の製品は他国から輸入することから貿易の利益を得る，という絶対生産費説とは異なり，リカードの比較生産費説は，一国が絶対生産費では2財とも劣位であっても，劣り方の少ない財の生産を分担し，優位である国は優位の差が大きい財の生産に特化すれば，両国の経済効率が高まるという考え方である。そこでは国家間の貿易の発生要因を国家間の技術の差（生産費用の差）であるとしている。

　ヘクシャー＝オリーンの貿易理論は，単一の生産要素の考え方から脱却して，生産要素と比較優位との関連を貿易理論に組み入れた。そこでは生産要素の賦存が国によって異なることが比較優位の差異を生み出し，各国の生産要素の相対的な量の差異が貿易パターンを決めるということを理論的に説明している。これは，資本と労働を使用して財の生産を行うとすれば，労働者1人当たりの資本量（資本・労働比率）が多い国は，資本集約財（資本をより多く使って生産する財）を生産し輸出し，一方で，労働者1人当たりの資本量が少ない国は，労働集約財（労働力をより多く使って生産する財）を生産し，輸出するということである[8]。

　戦後の国際経済はその特徴が短期間で大きく変わってきた。戦後直後の世界経済の状況から判断すると，アメリカは他国よりもより多くの資本を保有している国であった。上述したヘクシャー＝オリーンの貿易理論に沿えば，アメリカの輸出している製品は資本集約財のはずであり，労働集約財を輸入している

　8　ヘクシャー＝オリーンの貿易理論に関しては，ヘクシャー＝オリーンの定理，要素価格均等化定理，ストルパー＝サミュエルソンの定理，リプチンスキーの定理なども確認しておくこと。

はずである。しかし，アメリカが輸出している製品は労働集約財である，という驚くべき研究結果（レオンチェフ・パラドックス）が示され，それまでの貿易理論では説明できない経済現象が観察されることとなった[9]。ヘクシャー＝オリーンの貿易理論とアメリカの国際貿易に関するこの結果については，さまざまな視点から議論がなされてきた。そのひとつには貿易理論での強い仮定に対する再考察が指摘され，国際間の需要構造の差異や労働者の質の違いなどがそれにあたる[10]。

2. 近代貿易理論

　伝統的な貿易理論では，ある国はどこに比較優位があり，比較優位をもつ製品をその国は輸出をしている，という貿易のメカニズムに対する視点であった。しかし，レオンチェフ・パラドックス以後，貿易理論上で種々の論議をかもしだし，それが近代的貿易理論の発生の契機となった。つまり，世界経済の劇的な変化を説明するには，より具体的な現実性のある要素を考慮に入れた理論の構築が必要となってきた。代表的な議論としては，①研究開発論（完全競争の仮定や生産要素の国際移動の有無に対する疑問を指摘し，多額の研究開発費を支出している産業が比較優位をもつという考え），②技術格差論（同一の生産関数の仮定に対する疑問を指摘し，特定製品の生産における諸外国間の技術格差が貿易発生の原因となるという考え），③プロダクト・サイクル論（製品には生成期，成長期，成熟期，衰退期というライフサイクルがあり，各期においてそれぞれ重要となる要素が異なることを踏まえ，国内生産，輸出，現地生産，輸入という貿易と投資のパターンに時間的要素を導入した考え），そして，④代表的需要理論（需要構造が類似している国同士で国際貿易は活発に行われるという考え）などがある[11]。

　①から③は主に供給面の視点から戦後の国際貿易の特徴を捉えようとしたものであるのに対し，④は需要面の視点から戦後の国際貿易，特に，産業内貿易という新しい国際貿易を説明しようとしたものである。④の代表的需要理論

9　レオンチェフ・パラドックスについては国際経済論の標準的なテキストを参照すること。
10　加藤・南・陸（2003）を参照。
11　同上。

はリンダーにより提唱され，貿易論の革命とまで言われたことがあった。リンダーは一次産品貿易については従来の要素賦存比率理論の妥当性を認めている。代表的需要理論は，1人当たりの所得が需要構造を決定する重要な要因としてとらえ，その需要構造が似ている国同士の貿易が盛んになることを解いたものである。しかも所得が高い国同士であれば，ますます貿易が盛んになるといわれる。リンダーはある工業製品が輸出財となるための前提条件として，国内需要の存在（リンダーはこの需要を代表的需要と呼んだ）を指摘している。そして，製品はまず，この国内市場に存在する需要を対象にして生産が開始される。国内需要が満たされると次に外国市場に目を向け始める。その際，この自国と外国は所得構造の類似した国同士であるというものである。戦後の国際貿易では従来の垂直貿易（農産品と工業品の貿易）ではなく，水平貿易（工業品と工業品の貿易）の大きさが拡大した。リンダーによる代表的需要理論はその水平貿易を説明しているのである。

3．新貿易理論と新々貿易理論

　リンダーによる提唱から，先進国間の貿易の拡大を理論的に説明したのがKrugman（1980）等であり，嗜好や技術が類似している国であっても国際貿易が生じることを理論的に説明している。1950年代から80年代にかけて顕著にみられるようになった先進国間の工業品同士の貿易（産業内貿易）を，それまでの伝統的貿易理論から説明することは困難であった。Krugman（1980）の産業内貿易の理論では，消費者は多様な製品を消費することから効用を高める（love of variety）という観点や，生産における規模の経済が働く独占的競争という観点を取り入れている。

　独占的競争市場とは次のように考えることができる。ある製品を供給する企業の生産に規模の経済性があるとき，その製品は一企業によって独占的に供給される。しかし，その製品と同じような特性を持つ製品であっても，デザインや品質が異なる製品は数多く存在しているので，それぞれ差別化された製品として扱うことができ，独自の市場で取り引きされることになる。しかし，製品間には代替性があるため，市場での競争関係も維持されることにもなる。このように差別化された製品を規模の経済を有する企業が独占的に供給する市場で

は，独占的競争が実現することになる。市場に参加する同一産業内の企業がそれぞれ差別化された製品を生産するということは，消費者にとってより多様な製品の消費を可能とすることになり，貿易を行うことはその消費可能な製品の種類を増やすことになる。つまり，新貿易理論は，国際貿易によって海外の製品が輸入されることによりこれまで以上に多様な消費を可能とすることから厚生が上昇するということを説明している。国際貿易を通じた消費可能な製品の種類の増加による貿易の利益という考え方は，それ以前の伝統的な貿易理論にはなかった観点である。

　新貿易理論による産業内貿易は，異なる産業間での貿易を説明している伝統的な貿易理論とは異なる含意をもたらした。産業内貿易とは，例えば，ドイツ産の自動車と日本産の自動車の貿易，というような，同一産業内での差別化された製品の双方向貿易のことである。つまり，財の特性が類似している製品同士の貿易（水平的産業内貿易）であり，所得水準が相対的に類似している日本とドイツの間の工業品貿易はこの貿易にあたる。対照的に，所得水準が相対的に離れている国同士，例えば，日本と東南アジアの国など，では産業内貿易が生じないのであろうか。現実の貿易を観察してみると，日本と東南アジアの国であっても産業内貿易を行っている。特に，1990年代以降，この産業内貿易が拡大しており，同一産業内であっても品質の異なる工業品の双方向貿易（垂直的産業内貿易）を行っており，その背景には，企業の海外進出や自由貿易に向けた政策の促進などがある。

　貿易理論の展開に戻るが，新貿易理論の仮定のひとつに，代表的企業というものがある。これはすべての企業は同一の費用関数をもつという企業の均質性の仮定のことである。この仮定はこれまでの貿易理論では説明できない現象を分析するには非常に新しい理論ではあったが，現実の企業行動からは乖離してしまうものであった。現実の市場では，すべての企業が貿易に従事するわけではなく，輸出を行う企業と行わない企業が併存している。この企業の異質性の概念を導入したものがMelitz（2003）や，Helpman, Melitz and Yeaple（2004）などによる新々貿易理論である。この理論は新貿易理論と同様に，規模の経済性と独占的競争を仮定しているが，企業の生産性については異なる仮定を置いており，これは生産性の高い企業ほど高い利潤を獲得し，そうでない

企業は市場から撤退するということを説明している。この理論は，同一産業内で活動する企業間で生産性が異なれば，それぞれの企業の生産性に応じて，国内供給，海外輸出，海外直接投資を行うことになり，企業は非国際化企業，輸出企業，多国籍企業に分かれることを明らかにした。

　また，費用についても，企業が生産活動を行う際に必要とする固定費用を国内供給の固定費用，海外輸出の固定費用，現地生産の固定費用に分別し，貿易が行われる場合にはさらに輸送費用がかかるとしている。この輸出にかかる固定費用を賄えない企業，つまり，生産性が低く高い利潤を獲得できない企業は輸出をすることはできないとし，さらに，海外直接投資には輸出よりも大きな固定費用が生じてくることから，その費用が賄えない企業は輸出は可能であっても海外直接投資はできないことをこの理論は説明している。つまり，非国際化企業よりも輸出企業の方が，輸出企業よりも多国籍企業の方が高い生産性をもっているため，輸出や直接投資を行うことになるということである。

　新々貿易理論の主な含意は以下の通りである。一つ目は，貿易の自由化，あるいはグローバル化が推進されることにより，貿易費用が低下するため，より多くの企業が海外市場に参入しやすくなり，国際化できなかった企業にとって輸出がしやすくなるということである。つまり，生産性が低い企業であっても海外市場に参入することができるようになる。二つ目は，グローバル化の進展に伴い企業の参入が加速すると，生産性の低い企業は競争に勝つことが困難になり，市場から撤退することになるということである。つまり，特定の市場では相対的に生産性の高い企業が生き残るため，産業の平均的な生産性は改善されることになる。この理論は，貿易が行われることにより，生産性の低い企業から生産性の高い企業への再配分が起こり，生産性が上昇する再配分効果という新しい貿易の利益の存在を示している。また同時に，国内産業に過度な保護を与えると，それぞれの産業における自然淘汰が機能せず，生産性の上昇が阻害され，自国にとっても不利益となる可能性があるということを示唆している。

・・

Column　知的財産権の保護と輸出企業の問題

　特許や商標などの知的財産権は，新たな発明，ノウハウ，著作権など権利の所属を確定するためのものであるが，国際貿易においてもこのルールは非常に重要な役割を担っている。

　今日，多くの先進諸国では知的財産の創造（知的想像力：intellectual creativity）が企業の成長にとって重要となっている。この知的想像力には発明，設計ノウハウ，美術創作を想像する力が含まれ，企業はこれらを駆使し，自らの知的財産を創造している。そして，これらの発明等には多くの研究・開発費用を費やしているため，特許，商標などとして登録し自らの知的財産を守っている。これは，発明した技術やアイディアが盗まれてしまうと誰も新しい技術などを発明しなくなってしまうため，これらの盗用などを未然に防ぐことが目的とされている。しかし，自国の特許法に基づいて特許権などを取得したとしても，その効力は自国に限られるため，海外への進出や輸出を考えている場合はこれに加えて国際特許の出願が必須となる。ところが，これらの知的財産権保護に関連する法律は国によって違いがあり，必ずしも自国と同じ水準で知的財産権が保護されるわけではない。

　そこで，世界貿易機構（World Trade Organization：WTO）はこの問題を解消するために，1995年に加盟国における知的財産権保護の水準を均一化することを目指し，「知的所有権の貿易関連の側面に関する協定（TRIPS協定）」を発行した（外務省ホームページ参照）。しかし，現在も加盟国間での知的財産権保護の水準はバラつきがあり，所得の高い国ほど知的財産権保護の水準が高い傾向となっている（若杉・伊藤（2011）参照）。つまり，先進国と途上国の間で知的財産権保護の水準に大きな違いがあるため，先進国にとっては自分たちの発明が使用されている商品などを途上国で販売すると，自国での販売とは異なりアイディアなどが盗まれてしまう恐れがある。結果的に，この知的財産権保護の水準が異なることが，企業の海外進出や輸出に対して障壁となる危険性がある。

　新々貿易理論の観点からは，貿易障壁が高まることで生産性の低い企業が自然淘汰されず，結果的に産業全体の生産性も停滞してしまう可能性が考えられる。各国の知的財産権保護に関する法律の多くは，海外からの輸入を妨げることを意図して制定されたものではないかもしれない。しかし，現実的には国際的に知的財産権保護の水準が統一されていないため，意図されない形で非関税障壁となってしまっている恐れがある。そのため，自由貿易協定や経済連携協定の中に知的財産権保護の

議論を含めたりすることで，グローバル・スタンダードか，少なくとも自国と同水準の知的財産権保護を設定することが求められている。

第**5**章

開発戦略の展開とキャッチアップ

第1節　産業政策の展開──輸入代替から輸出志向へ──

1．工業部門の重要性と輸入代替

　発展途上国にとって工業部門は必須の産業である。開発経済学の二重経済発展理論においては，発展途上国の農業部門を後進的な伝統部門，工業部門を近代部門として扱い，工業部門を農村からの余剰労働力を吸収する都市部門として捉え，工業化の重要性が強調されてきた。一時，これを経済発展のためのドグマとしてしまっているという批判もあったが，東アジアの奇跡は工業部門が経済発展に占める役割は重要であることを改めて教えてくれた（世界銀行『東アジアの奇跡』1994年）。この節において，先ずは輸入代替工業化と輸出志向工業化といった工業化の戦略展開を中心に，アジア諸国の工業化パターンの経験を踏まえながら議論を進めていきたい。

　一般的に経済発展に伴い労働者の就業構成のウエイトが第一次産業から，第二次産業，第三次産業へと移っていくと見られる。そして産業発展においても各国の産業の中心がより高次のものへと移っていくものであり，このようなプロセスにおいて工業部門の果たした役割は極めて重要である。この工業部門の経済発展段階での重要な変化について分析したのがドイツの経済学者ホフマンである（Hoffmann 1958）。ホフマンは，長期の時系列データから消費財産業と投資財産業の付加価値の比率（いわゆるホフマン比率）は経済の発展につれて，すべての国で連続的に低下するという法則を発見した。つまり，経済発展により投資財産業の比率は消費財産業と比較して増加する。ホフマンはこの比

率を基準として工業段階を4つに分類した。工業化の初期の段階では消費財と
生産財との比率は4対1と消費財が高いが，経済発展が進むにつれて1対1へ
と減っていくという。こうした消費財から生産財への生産の中心の推移をホフ
マン法則と呼んでいる。

　軽工業部門は食品，繊維，皮革製品，紙製品など非金属の有機物質等を加工
対象とし，比較的軽い消費財を生産する工業部門であって，生産設備に大量の
資金を必要とせず，工業化の初期の段階から発達する分野が多く，軽工業部門
の発展は主として内需の拡大によるものである。これに対して，重工業は中間
財，資本財といった他の産業部門での生産のために購入される部品や機械設備
などの財の生産，および需要の所得弾力性の高い耐久消費財の生産に携わって
いる部門である。工業化の初期段階の担い手は軽工業部門である。経済発展が
進むにつれて，軽工業から重工業へと工業部門の主構成要素が変化することは
日本などの先進国で観測され，韓国，台湾などのアジアNIEsでも観測されて
いる。

　第二次世界大戦後，「援助され開発されるべきもの」としての発展途上国
は，輸入代替工業化戦略を採用した。渡辺（2001）によれば，植民地とは宗主
国が需要する特定の食糧や工業原材料を供給するために，宗主国の資本と技術
をもって開発された地域のことであり，ほとんどの発展途上国はかつて列強の
植民地であって，植民地的な偏向の経済構造といった初期条件をもち，工業基
盤は極めて貧弱であった。したがって，途上国経済は一次産品を宗主国の需要
によって輸出し，工業品を宗主国からの輸入に強く依存する非自立的な経済で
あった。このような初期条件を考慮して，発展途上国の工業化戦略を検討する
際に，2つの想定がありうる。ひとつは一次産品を通じての工業化であり，も
うひとつは輸入代替工業化と呼ばれる保護主義的な工業化である。

　戦後の先進国における急速な技術進歩による合成品や代替品の供給拡大，国
内農業への手厚い保護政策を採用することによる食糧などの自給率の引き上げ
などによって，農作物，天然ゴム，天然繊維，錫製品や木製品といった一次
産品の輸出数量は伸びず，価格は低迷した。旧植民地の政治的独立と開発志向
が高まる国際経済環境の変化のなか，ローゼンシュタイン・ローダンの「ビッ
グ・プッシュ」論やアーサー・ルイスの二重経済発展理論といった「構造主

義アプローチ」の後押しもあった。こうした時代の背景のもとでは，旧宗主国に一次産品を輸出し工業品を輸入する非自立的で偏向的な経済構造をもつ途上国経済にとっては，一次産品輸出を通じての工業化の方式を断念せざるを得ない。こうして輸入代替は1950年代から60年代にかけて発展途上国の代表的な工業化の型として形成してきた。

輸入代替工業化政策は保護主義的な工業化であり，大半のアジア諸国がこのような戦略を採用した。外国からの輸入を制限して国内企業を保護し，保護された国内市場のなかで国内企業による「内向き」の工業化を意図したのである。かつて欧米諸国であってもこのような保護主義的な貿易政策を採用した。また，この輸入代替工業化政策は幼稚産業保護の問題と関連して大いに議論された。韓国や台湾などのアジアNIEsの経験からわかるように，幼稚産業保護政策は多くの発展途上国において輸入代替工業化政策として実施されている。この輸入代替工業化政策は，如何にして一次産品依存型の経済構造から脱皮していくかに力点を置いた政策であろう。輸入代替工業化については，第4章の関連部分を参照されたい。

2．輸入代替の問題点と輸出志向への転換

輸入代替工業化は後方連関効果をもち，工業化の推進の初期段階において高い評価が得られたと同時に，多様な問題を抱えながら一国の経済構造に歪みを与えたことも事実である。この輸入代替工業化戦略は主に次のような問題を抱えている。

まず第一の問題として挙げたいのは所得格差と市場の制約である。発展途上国の国内人口は中国，インドといった人口大国を除けばそれほど多くはない。1人当たりの所得水準は低く国内市場の規模も小さい。それに貧富の格差は大きい。輸入によって満たされた国内市場を国内企業のものにするために，輸入制限政策によって輸入品を減らし，国内企業がその代替品を生産して市場を充填するのは輸入代替であるが，国内市場を満たすまでの輸入代替の進展は順調であるが，市場の制約を受けることで，それ以上に拡大することは困難である。

第二の問題は貿易収支の悪化である。輸入代替の進展とともに貿易収支の赤

字幅が拡大する。その要因のひとつは投入財の輸入偏向である。最終財の輸入
代替が進むことによって，それを生産するための原材料，中間財，資本財など
の投入財の需要が増え，それは輸入に頼らざるを得ない。関税はすべての輸入
商品に対して高い税率を課すのではなく，輸入代替を目指す最終財は高税率，
投入財は低税率のような「傾斜関税」構造になっている。こうして輸入代替は
投入財の輸入偏向をもたらしたわけである。もうひとつの要因は一次産品とそ
の他の工業製品の輸出潜在力の低下である。輸入代替部門に外貨と資本を集中
させ，輸入代替以外の産業部門や農業部門はそれらの資源へのアクセスが阻害
された。そして輸入制限によって交易条件[1]が輸出不利に変わり，それはまた
伝統部門から輸入代替部門への資源移転を発生させ，伝統部門の停滞が起こさ
れた。こうして輸入代替以外の部門の輸出競争力が奪われた。1960年代の発
展途上国の現実から，以上の原因によって貿易不均衡に陥る国は少なくないこ
とがわかる。

　第三の問題は雇用吸収の面にある。発展途上国の多くは余剰労働力を抱えて
おり，余剰労働力の吸収は工業化の課題である。しかし，輸入代替を支える投
入財の輸入は先進国からのもので，先進国の機械設備等は資本技術集約的・労
働使用節約的になっているため，これらの資本財の輸入促進によって，輸入代
替工業化は却って労働力を節約的に使う生産方式に導かれた。したがって，輸
入代替工業化の雇用吸収力はそれほど強いものではなかった。

　このように，輸入代替工業化戦略は様々な問題を抱え，一国の経済構造に歪
みを与えた。所得格差と市場の面，貿易収支の面および雇用吸収の面におい
て，輸入代替工業化戦略の抱えた問題が深刻化し，輸入代替を続けたアジア諸
国において，工業化は市場の制約を受けて進まず，貿易収支不均衡も著しいも
のとなり，労働者の雇用吸収速度は鈍く，失業者が減少することもなかったの
である。

　1960年代に入って輸入代替を続けるアジアでは，工業化は市場の制約を受
けて低迷し，貿易収支のアンバランスも著しいものとなった。ここに至ってア

1　交易条件とは輸出品1単位と交換しうる輸入品の量であって，商品交易条件ともいい，一国の貿
　易利益の変動をみるうえに重要な指標である。現実には，輸出物価指数と輸入物価指数との比によ
　る交易条件指数で表され，これが100を超えたときは交易条件が改善した場合に当たる。

ジア諸国は，輸入代替工業化から輸出志向工業化への転換を余儀なくされた。1960 年代後半以降主として 70 年代に始まった輸出志向工業化は，製品のコストに占める賃金費用が相対的に高い労働集約的産業から始まった。韓国，台湾，香港，シンガポールなどの NIEs は輸出志向工業化により高度経済成長を実現した。このように他の発展途上国とは異なり，アジア NIEs は早くも 1960 年代の後半から輸出志向工業化を開始した。輸出志向工業化および貿易政策展開については，第 4 章の産業貿易政策の関連部分を参照されたい。

3．輸出志向工業化戦略と政府の役割

　多くのアジア諸国は発展の初期段階において，資本，労働，技術といった生産要素が不足ないし未熟であったため，西欧で生まれた技術や生産方法を導入するのは容易なことではない。政府主導の輸入代替の保護的産業政策セットは初期段階の経済発展に大きな役割を果たしたことは疑う余地はない。輸入代替期に続く開放的な輸出志向工業化戦略については，アジア NIEs の成功によって一般に肯定的に評価される。

　1960 年代後半に展開された新古典派アプローチは，この輸出志向工業化戦略を強く推し進めた。新古典派アプローチは，主として輸出悲観論や市場の失敗論に批判の矢を向けて生まれたものであり，その特徴は政策志向性の強さにあった。1960 年代の発展途上国側の援助要求が強まるなか，発展途上国の開発における自助努力を促す狙いがあったと考えられる。

　1980 年代以降，多くの発展途上国が輸出志向工業化戦略の採用に踏み切ったが，アジア NIEs 以外の大半の発展途上国の経済パフォーマンスは悪化した。ラテン・アメリカ諸国は深刻な累積債務の罠に陥り，サハラ以南のアフリカ諸国や南アジア諸国では貧困問題を解決できないままの状態で対外債務が劇的に膨らんだ。新古典派アプローチは市場の普遍性原理をもとに「市場の自由化」を求めているが，市場が未発達な状態にある発展途上国に市場の完全性を仮定するには無理があり，一定の政治的・制度的な前提条件を置く必要がある。輸出志向工業化政策もあらゆる国，また発展段階に対して普遍的に適用可能とは思われない。輸入代替期における管理的貿易政策等の手厚い保護のもとに幼稚産業が育成され，その後の外向型の輸出志向工業化政策による成長が可

能になったのである。しかし，外向きの開放政策もあらゆる状況に妥当性を
もつものでもない。自由貿易にとって好ましい国際経済環境に恵まれない時期
とか，世界市場の需要が低迷しているときには輸出拡大は期待できないのであ
り，この政策が必ずしも成功するとは限らない（Gray and Singer 1988）。そ
して1990年代に入って，外部経済が再び注目されるようになり，経済政策の
選択と実行にかかわる政府の役割，政府介入の必要性が議論されるようになっ
た。

第2節　新たなキャッチアッププロセスの出現

1. 市場志向型政策の実行と新興国のキャッチアップ

　1980年代の先進国における資本自由化の推進に相俟って，東アジア新興諸
国は，貿易障壁の引き下げによる貿易自由化，企業を国際市場で競争させる
市場重視の政策，輸出志向型工業化戦略に傾斜しはじめた。世界銀行やIMF
も新興国に対して貿易自由化，市場経済化のための経済構造調整を融資条件
（IMF Conditionality）にして，経済構造改革を促した。1980年代後半から90
年代初めにかけての東欧社会主義国の崩壊もまた自由化政策への転換と構造調
整を加速させることになった。また，中国やベトナムなどアジア旧社会主義経
済圏の市場経済化の動きもまさにこの流れに沿ったものと言える。貿易自由化
は1980年代半ばからアジアやラテン・アメリカ諸国に広くゆきわたったが，
自由化のアプローチや進展状況，経済開放度は国によってさまざまである。ア
ジアでは韓国，台湾がすでに1960年代初めに輸出向けの軽工業品生産をはじ
め，工業化の進展につれて前化学工業製品輸出の比重が次第に高まっていっ
た。1960年代以降1997年までのアジア経済は概して政府主導型の経済発展で
あったが，1980年代後半になって政府による産業政策介入は弱まり，規制緩
和とともに市場志向型政策が施行され，経済開放度が高まった東アジア新興諸
国は先進国の直接投資の受け皿となり，キャッチアップの成功に繋がったとも
言える。
　1993年の世界銀行レポート『東アジアの奇跡─経済成長と政府の役割』に
おいて，「産業政策」の有効性について検討を行い，政府の役割を認めるよう

になった。その主な結論は以下の3つである。①優秀な官僚がいる日本や韓国では「産業政策」は有効であり，これらの国々に経済成長をもたらしたが，もし優秀な官僚がいないとすれば，途上国では「産業政策」は必ずしも有効ではない。②東アジア諸国が採用した，輸出を梃子にした成長促進策を，他の地域の途上国にも適用することは有効である。③低金利融資政策（政策金融）は，有効な場合も有効でない場合もあるという事実を見出した。そして，世界銀行では東アジアの国々のなかで日本，アジア NIEs4（大韓民国，台湾，香港，シンガポール），ASEAN3（インドネシア，マレーシア，タイ王国）を HPAEs（High-Performing Asia Economics）として取り上げ，そのうち日本とアジア NIEs4 を高度成長と不平等の減少を同時に成し遂げた最も公平な国々としている。

　しかし，その後1997年のアジア通貨危機は多くのアジア諸国を巻き込む事態となり，それを機に，『東アジアの奇跡』の結論に大きな疑問が投げかけられた。2001年に『東アジアの奇跡再考』（*Rethinking the East Asian Miracle*, edited by Joseph E. Stiglitz and Shahid Yusuf (2001), New York: Oxford University Press for the World Bank）が刊行され，また，一部の学者は「アジア経済メルトダウン」論を唱え始めた。

　結果としてアジア経済のメルトダウンはなかった。通貨危機は短期間で収まり，そして V 字型回復を見せた。その回復要因については，西口（2004）は「東アジア諸国の経済が回復する契機となったのは，皮肉なことに，危機そのものがもたらした貿易収支の大幅黒字であった。経済危機→経済収縮→輸入激減が，貿易収支の大幅黒字をもたらし，外貨準備が増加し対外債務ポジションが改善されるにつれて，各国経済は安定を取り戻していった。この通貨安定を背景に，これまでの緊縮的な財政金融政策を是正する余裕が生まれてきた。かかる状況の改善に IMF の政策転換が加わって，マクロ経済政策が変更されたことが経済回復につながった」（pp. 3-4）と分析したが，貿易収支の黒字化は輸入激減が一因ではあるが，アジア地域における国際分業の深化による貿易の拡大が大きく寄与すると考える。90年代後半以降，アジア経済がアジア化するなか，新たな国際分業関係が形成されている。本節は新たなキャッチアップのプロセスに注目したい。

２．雁行形態型経済発展[2]

　1997年のアジア通貨危機の発生要因および回復については，渡辺（1998）は，通貨危機は長期的な経済成長の過程で生じた調整局面に過ぎず，2〜3年のうちに再び高度経済成長軌道に復帰するという見方を示し，その論拠として2つを挙げた。ひとつは，短期資本の急激な流出入が通貨危機の主原因であり，ファンダメンタルズは良好であることから混乱は一時的で回復は速い。もうひとつは，東アジアにおいては「雁行形態的経済発展」，すなわち日本→アジア NIEs → ASEAN →中国，さらにベトナムやミャンマーなどへと，いわば中心から周辺へと経済発展が波及するプロセスを有するため，程なくして成長軌道へ復帰するということである。

　この渡辺氏の楽観的な見解に対して，西口（2004）は，通貨危機を引き起こした根本的な原因は外資依存の輸出志向工業化戦略による成長が限界にきているためだとしている。西口（2004）が明らかにした輸出志向工業化戦略の限界は，以下の4点である[3]。第一に，80年代半ばの，当時戦後最大といわれていた経済不況から脱出するためにこの戦略（それは外資に対する大幅な規制緩和と有利なインセンティブの提供，一言でいえば多国籍企業への「門戸開放」を意味する）を採用した，ないし採用を余儀なくされたという歴史的経緯があること。第二は，輸出志向工業化戦略は外国資本の導入とそれによる製品輸出が「成長のエンジン」であって，この型の工業化に必要な中間財や資本財の輸入が必要なことを加えると，もともと外的ショックに脆弱なものであるということ。第三は，「雁行形態的発展」においては中心から周辺への経済発展の波及＝連鎖が生ずるとしているが，そのためには当然のことながら先発国は比較優位産業あるいは高付加価値産業へとシフトし経済構造を高度化していかねばならない。もしそれに失敗ないし遅れれば後発国からの追い上げによる輸出の減少と外資の撤退（後発国への移転）という形で「成長のエンジン」が減速するという特徴をもっていること。第四に，資本の流入は輸入に有利に輸出に不利に働くはずであり，輸出志向工業化戦略のもとでは外資の導入と製造品輸出の

2　この項の雁行形態論に関する説明は陸（2017），57-59頁および98-99頁の一部を援用し加筆修正したものである。

3　西口（2004），53-56頁。

拡大とは矛盾することとなる。西口（2004）は，以上の検討を踏まえて，東アジア経済再出発のためには，これまでの「外国直接投資主導型成長」から「自力主導成長」へと発展戦略を転換すべきだという小島（1998）の雁行形態論の主張を踏襲した。

　雁行形態論について，ここでまず理論的に整理しておきたい。赤松要（1896-1974）によって提唱され，後に赤松の門下生であった小島清（1920-2010）により拡充・精緻化された。1935年に赤松の発表した「吾国羊毛工業品の貿易趨勢」の中で提唱されたが，この理論は長い間埋没した。1961年，1962年に赤松が発表した英語論文は，1966年にハーバード大学のレイモンド・バーノン（Raymond Vernon）がプロダクトサイクル論を提唱したことなどから注目を集めるようになった。雁行形態論はさまざまな意味をもつが，共通しているのは後発国が先進国に追いつこう（キャッチアップ）とする発展プロセスである。

　小島の雁行形態論は主に3つのモデルから構築されている。その第1モデルは一国（国内的）の雁行発展モデルである。これは基本型と変型（ないし副次型）に分けて考えることができるが，後に小島清は基本型を「生産の能率化」，副次型を「生産の多様化，高度化」としている。産業移転と雁行形態的キャッチアップについては図5-1のようなイメージで捉えられる。

　一国の経済を見ると，低付加価値の消費財はまず輸入され，次に輸入されたものと同じもの（輸入代替品）が生産されるようになり，最終的に輸出されるという産業発展のプロセスを経る。例えば布だとまずは輸入製品が国内市場に入り込む。その後，自国で生産するようになり，さらにその製品を輸出するようになる。このような産業の発展形態を雁行形態論の基本型と呼ぶ。

　また，その低付加価値の消費財を生産するための低付加価値の生産財も輸入，輸入代替品，輸出のプロセスを経て，更にその低付加価値の生産財を生産する高付加価値の生産財も同じようなプロセスをめぐり継起的に繰り返される。また，消費財を見ると低付加価値な消費財の輸入，輸入代替品の製造，輸出を追いかけるように高付加価値な消費財も同じプロセスをめぐる。これは図5-1のように，横軸の矢印の方向で端的に産業が移り変っていくそのイメージが示されている。

　例えば，布が雁行形態論の基本型の発展形態を遂げる上で布を生産する機械

をもまた基本型の発展形態を歩む。更には，その布を生産する機械を生産する機械も基本型の発展形態を歩む。このような順次に基本型発展形態が起こっていく模様を雁行形態論の副次型と捉えている。

　小島モデルの第2モデルは，生産拠点の移り変わりのモデルである。図5-1の縦軸の矢印の方向で示している。先進国は第1モデルの副次型を経て資本集約的産業を比較優位化させていき，比較劣位化された労働集約的産業は企業の直接投資を通じて後発国への生産拠点の移動を余儀なくされる。これを受け後発国の経済発展が起こる。

　そして第3モデルの世界経済の雁行発展のモデルでは，赤松がいう「世界経済の同質化と異質化」という洞察の精緻化である。後発国がキャッチアップをしている状態（世界経済の異質化）であれば，第1，第2モデルがうまく回り，先進国が新しい製品を生み出せずに後発国のキャッチアップが追いついてしまっている状態（世界経済の同質化）では第1，第2モデルはうまく回らない。小島（2003）は，パクス・ブリタニカではイギリスの技術革新，産業構造の高度化，多様化が著しく世界経済は異質化し自由貿易の黄金時代であったと

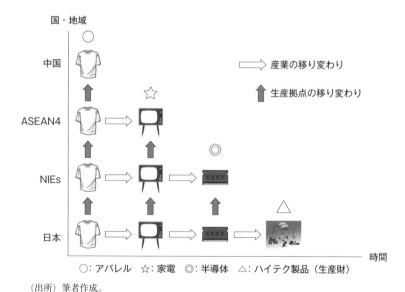

（出所）筆者作成。

図5-1　東アジアにおける産業移転と雁行形態的キャッチアップ

し，両大戦間期には世界経済は同質化し，世界恐慌，関税競争へとつながった
と小島は説明し，世界経済の同質化を防ぐためには世界的に合意的な協業体制
の確立，目下のところ，アメリカ，ヨーロッパ，アジア圏内での合意的な協業
体制の確立が必要不可欠であるとしている。

　雁行形態論においては，投資国の海外直接投資がその比較劣位産業から順次
に行われると想定している。すなわち発展段階の格差を前提に，投資国の比較
劣位にある産業が移転され，この産業は投資受入国では比較優位または潜在
的に比較優位となる産業になると想定している。さらに，小島は海外直接投資
を「順貿易志向的海外投資」と「逆貿易志向的海外投資」の2つに分け，日本
の「順貿易志向的海外投資」が東アジア地域の経済成長の主因であると主張す
る。小島（2003）によれば，「合意的国際分業」が実現できれば，受資国の比
較優位産業，或いは一押しすれば比較優位を獲得できる産業に直接投資を行い
その生産性を改善すれば，お互いにより大きな利益の得られる貿易を拡大する
ことができる（小島 2003, iii 頁）。つまり，この「合意的国際分業」は投資国
主導によって，どのような産業が海外移転するかが決定され，FDI 受け入れ
国側は単に受身的にそれをキャッチするという。したがって，新興国にとって
の雁行形態は一種の受身的キャッチアップのプロセスであったと言えよう。

3．ポスト雁行形態のキャッチアップ

　経済産業省『通商白書2002』によれば，雁行形態的発展の終焉が迎えられ
た。1990 年代後半以降，東アジア地域において，地域全体を結ぶネットワー
クが形成され，相互依存関係が深まり，域内の経済関係は深化の度合いを増し
ているといった域内経済連携の活発化によって，企業生産活動のグローバル化
とその結果から生ずる部品や中間財の貿易の増大による新しい国際分業が現わ
れ，東アジア新興国の新たなキャッチアップのプロセスが始まった。この東ア
ジア新興国の経験をダイナミックキャッチアップ[4] として捉えられる。ダイナ

4　ダイナミックキャッチアップは，陸亦群（代表者），辻忠博，呉逸良の3名による共同研究報告
　「東アジア新興国の経験の中央アジア経済発展への適用に関する一考察」（日本貿易学会第50回全
　国大会，2010 年5月）から生まれた概念である。ダイナミックキャッチアップ・モデルの詳細に
　ついては，陸（2011a）及び陸・辻（2011）を参照されたい。

ミックキャッチアップは経済発展の国際的波及を柱とする雁行形態とは異なり，経済環境を整え，自ら世界経済のダイナミズムを如何にキャッチしていくかを示すものであり，東アジア新興国の経験から見出した新たなキャッチアップのプロセスである。なお，東アジア新興国の経験に関しては後の第9章で詳述する。

中国経済の台頭により，アジア地域とりわけ東アジアでは生産輸出拠点としてのアジアと消費市場としてのアジアが重なり，「アジア経済のアジア化」が進行している。これまで，日本，NIEs の直接投資によって近隣の新興諸国に生産拠点が展開され，これら直接投資の受け入れ国は輸出の増加が実現し，産業移転の国際的伝播効果は日本から NIEs へ，NIEs から ASEAN へ，さらに中国へといった順序に浸透し，東アジア地域においては雁行形態的キャッチアップのプロセスが見られたが，1990 年代後半以降，経済のグローバル化が進み，貿易自由化や技術進歩は，財・サービスの空間的移動を容易にし，企業のロケーション間の生産工程細分化を可能にしている。その結果として先進国，途上国間の産業間貿易という従来の貿易パターンに変化が見られ，多国籍企業の立地選択・生産活動のグローバル化が絡む新しい形の分業体制が現れた。これは，従来の垂直的分業ではなく，EU 型の水平的分業とも異なるフラグメンテーション型分業として捉えられる。ダイナミックキャッチアップは新たなアプローチであり，このモデルは新興国が世界経済のダイナミズムと新しい国際分業形成のメカニズムにおいて，経済活動のグローバル化を如何にアクセスして新しい成長拠点を形成させるかに注目している。

図5-2はダイナミックキャッチアップのイメージが描かれている。図5-2で示したように，「産業集積」，「企業生産活動のグローバル化」，「インフラネットワークの形成」の3つの要因の相互作用によって世界経済のダイナミズムと新しい国際分業が形成される。このモデルの詳細は以下の通りとなる[5]。

(1) 産業集積

Krugman（1995）の議論は Murphy = Shleifer = Vishny モデル（Murphy,

---

5 ダイナミックキャッチアップについての説明は陸（2011a），163-165 頁を一部援用したものである。

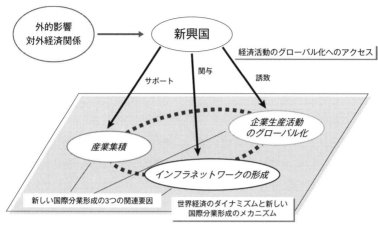

（出所）筆者作成。

図 5-2　ダイナミックキャッチアップ・モデル

Shleifer and Vishny 1989）に依拠して，産業集積の考え方を経済開発問題に
組み入れた形で現代版「ビッグ・プッシュ」論の有効性を説いた。この空間経
済学的な視点で捉え直した「ビッグ・プッシュ」論において，初期条件あるい
は歴史的偶然が産業立地に重要な役割を果たし，政府による産業立地への介入
はある地域に産業集積が形成される過程で大きな影響を与えること，また経済
開発プロセスは低開発地域に新しい成長拠点が形成される過程であることを明
らかにした。生産活動の空間的分布については，呉（2006）は，生産活動の空
間的分布は国際的には分散，国内的には集中の傾向にあると指摘し，国内産業
は国境付近地域に集中することにより，対外輸送コストが相対的に安い地域，
すなわち「国境付近地域」に産業集積力が生まれることを明らかにした。

　経済開発理論に産業集積理論を組み入れたことによって，新興国ないし発展
途上国におけるキャッチアップに新たな方向性が見えてくる。すなわち，受身
的に先進国からの産業移転を待つことではなく，自ら環境を整えて世界経済の
ダイナミズムをキャッチし新しい成長拠点を形成させることがキャッチアップ
成功につながると言えよう。

　新しい成長拠点の形成については，産業の空間的集積効果，生産工程の分散
立地選択，自国の要素賦存状況の3つの要因が関わる。キャッチアップが始

まった際には，産業の空間的分布がいかなる特徴で現れるかは，技術格差，生産要素の賦存状況，そして産業の初期分布などの初期条件に依存するため，これらの初期条件は産業集積パターン（労働集約的生産部門か資本集約的生産部門か）の形成に影響を及ぼす。一般的にいえば，資本に比べて労働が相対的に豊富である発展途上国において労働力供給が持続的であれば，内部的な規模の経済との相互作用で外部経済が働きやすくなり，これもまた生産工程別レベルでの企業の分散立地選択にインセンティブを与える。産業集積は企業生産活動のグローバル化による生産拠点の分散立地選択を伴いながらその集積力が増していくわけで，このようなプロセスにおいて集積が発生すれば，新しい成長拠点が次第に形成されていくと考えられる。

(2) 企業生産活動のグローバル化

　国際分業の担い手は企業であり，企業生産活動のグローバル化は新しい国際分業形成の一因となっている。1990年代後半から多国籍企業の生産工程間の細分化が進み，これまで1カ所で行われていた生産活動を工程ごとの技術特性などを踏まえて，その生産工程を細分化して，直接投資を通してもっとも低コストで生産できる国に移転させるフラグメンテーションが顕著に現れている。

　フラグメンテーションはCheng and Kierzkowski（2001）によって詳細に説明された理論であるが，フラグメンテーションは企業生産活動のグローバル化による生産拠点の立地選択の結果として捉えられ，分散して移転した生産ブロックの間を結ぶサービス・リンク・コストが十分に低いかどうかが，フラグメンテーションを通じた全体の生産コスト低下が可能かどうかに効いてくる。このサービス・リンク・コストには電気通信費，輸送費（＝対外輸送費用），通関費用などの構成要素が含まれ，これらの構成要素には規模の経済性を有するものが含まれているため，サービス・リンク・コストの低減は企業の立地選択にインセンティブを与えている。

　図5-3にフラグメンテーションのイメージが描かれている。フラグメンテーションの出現によって，企業の生産活動は一括化してすべて一国に立地する必要性はなくなり，細かい生産工程に分けて各ブロックの生産コストに応じて，先進国，新興国ないし発展途上国の双方に分散して立地することになる。例え

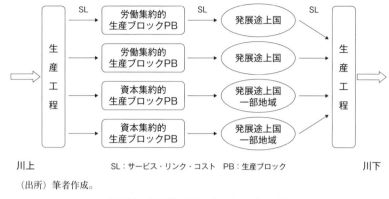

（出所）筆者作成。

図5-3　フラグメンテーションのイメージ

資本技術集約型産業であっても，その労働集約的な生産工程は新興国ないし途上国側に移転することになれば，水平分業として捉えることができなくなる。その意味では，フラグメンテーション型分業は従来でいう水平分業ではなく産業内垂直的分業とも言うべきであろう。フラグメンテーションは生産工程を細分化し，垂直的な産業内貿易への特化が進む結果，生産要素の賦存状況が異なる国同士での貿易利益や生産の集中がもたらす規模の利益を確保できるようになる。したがって，企業生産活動のグローバル化は産業集積の形成にも大いに影響を与え，企業生産活動のグローバル化による生産拠点の国際的分散（フラグメンテーション）と一国における新たな生産拠点の集積（アグロメレーション）の相互作用は，新しい国際分業を形成させていると言える。

(3)　インフラネットワークの形成

　新しい国際分業形成のもうひとつ欠かせない要因はインフラである。インフラネットワークの形成は国際貿易と直接投資のトータル・コストに影響を与え，このインフラネットワークの形成は政策的インフラと物流的インフラの両側面から捉える必要があると考える。

　先ずは政策的インフラについて考えよう。EPA/FTA による東アジア経済のシームレス化を新しい国際分業形成を促す重要な要素として挙げたい。ASEAN と周辺の対話国（主として ASEAN+6 の国）との間でリージョナル

な交渉が進められ，ASEAN 自由貿易協定（AFTA），そして二国間協定の FTA/EPA などによって，ASEAN をハブとする東アジアないしアジア地域全体を結ぶネットワークが形成されている。こうした政策的インフラが進み，域内経済連携が活発化するなか，フラグメンテーション型分業が東アジア地域に顕著に現れたと言える。経済のシームレス化を受け，企業の生産活動のグローバル化が活発になり，経済活動の集積が大きくなる。経済活動の集積が大きくなればなるほど生産コストが低下し，産業集積のもたらした利益も一層大きくなる。こうした市場のグローバル化をベースとした循環メカニズムは経済のダイナミズムを引き起こす一方，地域経済統合を促すひとつの要因にもなっている。東アジア地域で見られた開かれた地域主義をコンセプトとする経済統合の動きは世界経済のダイナミズムと新しい国際分業形成の特徴に合致するものであろう。

　次に，新しい国際分業形成に関わるもうひとつの重要な要素として物流ネットワークの発展を挙げたい。新しい国際分業体制が形成されつつある東アジア地域において，東アジア諸国に展開された各生産拠点間の物流ニーズが高まっている。また，東アジア新興諸国は自国の集積拠点としての魅力を高めようとして，利用者のニーズに対応できる物流インフラの整備に積極的に力を入れている。例えば，中国－ASEAN 間，ASEAN 域内各国，ASEAN 各国－インド，そして中国－インドをつなぐ高速道路，鉄道，航路など，こういった物流インフラ網の整備はアジア経済のダイナミズムにマッチしている。

　経済のシームレス化と物流ネットワークの整備によるインフラ基盤の形成は企業生産活動のグローバル化にインセンティブを与え，企業生産活動のグローバル化による生産拠点の国際的分散は産業集積の形成に大きな影響を及ぼしていく。また，インフラ基盤の強化によって産業集積力が増していき，経済活動の集積が大きくなればなるほど生産コストが低下し，産業集積の利益をもたらすことになる。さらに，生産コストの低下は企業進出の誘因となり，企業生産活動のグローバル化が一層活発化することにつながる。

　このように，経済のシームレス化と物流ネットワークの整備によるインフラ基盤の形成は多国籍企業を中心とするグローバル企業的な立地選択にインセンティブを与えている。新興国ないし発展途上国への直接投資つまり立地が選択

されれば，生産拠点の新興国への分散として捉えられ，これは企業生産活動の
グローバル化である。グローバル企業の直接投資によって新興国においては産
業集積が始まる。インフラ基盤の強化によって産業集積効果が大きくなり，経
済活動の集積効果が大きくなればなるほど生産コストが低下し，産業集積の
利益をもたらすことになる。さらに，生産コストの低下は企業進出の誘因とな
り，企業生産活動のグローバル化が一層活発化になる。この3つの要因の循環
作用で新しい成長拠点が形成されるわけである。これらの3つの要因のいずれ
も新興国ないし発展途上国の政府の役割を背景にして互いに関連しており，さ
らに，新興国政府は国際経済情勢などの外的影響，自由貿易協定や地域経済
協力といった対外経済関係の影響を受けながら，世界経済のダイナミズムを
キャッチしていくと考える。

　ダイナミックキャッチのプロセスは雁行形態的発展を前提としない「自力主
導成長」である。「外国直接投資主導型成長」から「自力主導成長」へと開発
戦略を転換すべきであるとすれば，ダイナミックキャッチのプロセスにおける
政府の役割について検討する必要があり，次節においては開発戦略の時代的推
移と政府の役割の変化について注目したい。

第3節　開発戦略の時代的推移と政府の役割

1．開発戦略の主要なアプローチとパラダイムシフト

　1940年代後半から60年代前半にかけて，「構造主義的アプローチ」と呼ば
れた経済開発理論が一世を風靡した。「構造主義的アプローチ」においては，
発展途上国と先進国の経済構造の違いを捉えて，両者の経済格差いわば南北格
差を解消するためのさまざまな政策手段行使の必要性が論じられている。ロー
ゼンシュタイン・ローダンの1943年の論文（Rosenstein-Rodan 1943）は，工
業化が経済発展のきっかけとなることを論じており，「ビッグ・プッシュ」の
必要性を強調したのである。

　ローゼンシュタイン・ローダンの唱えたのは，貧しいがために教育もろくに
受けられず多産でますます貧しくなるといった「貧困の悪循環」という低水準
均衡の罠から逃れるため，つまり経済発展を軌道に載せて開発を加速させるた

めには，その経済開発の初期において思いきった大量の幅広い投資を大いに押して，いわゆる「ビッグ・プッシュ」が必要だという開発戦略であった。その後のハーシュマン（Hirschman 1958）が唱えた経済発展の戦略は，こうした大々的投資には少し距離を置いて，もっと効率的な重点的産業を選択するような投資戦略をとる必要を主張するものであり，「外部経済」という産業の相互連関性を重視する考え方ではあるが，やはり大規模投資の必要性を訴える勇ましい開発戦略の推奨と結びつくものであった。

　この「ビッグ・プッシュ」論に続いて1950年代に注目されたのは，ルイスの二重経済発展論である。ルイスの二重経済発展理論において，発展途上国の農業部門を後進的な伝統部門，工業部門を近代部門として扱い，工業部門を農村からの余剰労働力を吸収する都市部門として捉え，工業化の重要性を強調してきた。ルイスの二重経済発展論に導かれたのは工業化戦略であり，工業化戦略として具体化して展開されたのは輸入代替工業化戦略であった。「構造主義アプローチ」の考え方によれば，途上国経済は先進国経済とは異なった構造をもち，発展途上国では市場機能は働かない。また，先進諸国との貿易はますます途上国を不利にするという輸出悲観論が一般化され，その結果として豊かな「北」と貧しい「南」との経済格差は拡大するとし，その是正には政府の積極的な働きかけが必要であるとした。

　1960年代後半になると，開発経済学分野において新古典派アプローチが注目されるようになった。新古典派アプローチは，「市場の失敗」仮説を前提にした構造主義アプローチに対して徹底的な批判を行い，先進国経済と発展途上国経済を同質的に扱い，価格メカニズムによる需給調整が機能する同一の経済学の原理が，発展途上国でも先進国でも適用される考え方を呈示した。新古典派アプローチは，経済発展の真のボトルネックは資本の量ではなく資本の効率性であり，「市場の失敗」よりも政府による計画の失敗や公企業の非効率性による「政府の失敗」こそ，経済発展にとっての真の阻害要因であると指摘し，市場メカニズムの導入と民間企業の活性化の必要性が強調された。新古典派流の開発戦略は，発展途上国の経済成長につながる輸出増加にとっての決定的に重要な要因は，世界需要の低迷ではなく，むしろ発展途上国が採用した貿易政策であると批判し，輸入代替化工業化戦略のような「内向きの」開発戦略の妥

当性が認められず，「外向きの」開発あるいは輸出志向工業化が有効的である
と宣言した。

　新古典派アプローチは小さな政府が理想的であり，政府介入を最小にし，民
間の自由競争に基づく市場メカニズムを促進することこそが経済成長の鍵で
あって，貿易自由化が最適な戦略であると唱えた。

　一方では，雇用の増大，公正な所得分配を重視するベーシック・ニーズ・ア
プローチが新古典派アプローチと並んで登場し，改良主義アプローチとも呼ば
れているこの考えが大きな影響力をもつようになった。構造主義を批判する改
良主義アプローチは新古典派アプローチとは対照的に，構造主義を批判しなが
らも，教育，健康サービス，雇用促進等の分野における政府の果たすべき役割
を強調した形で，雇用志向開発戦略を提唱した。

　1960年代後半に展開された新古典派アプローチは，主として輸出悲観論や
市場の失敗論に批判の矢を向けて生まれたもので，その特徴は政策志向性の強
さにあり，1964年の第1回 UNCTAD 総会，プレビッシュ報告，発展途上国
側の援助要求の強まりといった背景もあって，発展途上国の開発における自助
努力を促す狙いがあったと考えられる。一方，改良主義アプローチの台頭には
「新国際経済秩序」を強く求める時代の雰囲気があったと思われる。開発の目
的を問う姿勢を最大な特徴とする改良主義アプローチは，1980年代に入って
発展途上国の債務危機問題の発生により，「新国際経済秩序」形成運動の収束
とともにその影響力が失った。やがて IMF・世界銀行の構造調整借款が始ま
り，構造調整プログラムの支えとなる新古典派アプローチは全盛期を迎えたの
である。

　開発戦略にとって「市場の自由化」と「輸出志向」が2つの不可欠の要素で
あると論じられた。しかし80年代後半から，新古典派アプローチの有効性に
対する疑問と批判が湧き起こった。多くの発展途上国が抱えている貧困問題，
雇用問題，環境問題，分配問題，人権問題等の解決策が重要視され，ふたたび
「市場の失敗」に注視する議論が注目されるようになっているなか，改良主義
アプローチはこれらの諸問題の解決策を取り組み，新たな成長と再分配に関す
る開発戦略を提示したのである。

　そして1980年代半ば以降，資本の自由化，市場の自由化の影響を受け，

「外部経済」を重視した現代版ビッグ・プッシュ論が注目を集めた。Murphy, Shleifer and Vishny (1989) や Krugman (1995) は，産業集積の考え方を経済開発問題に組み入れた形で現代版「ビッグ・プッシュ」の有効性を説いた。Krugman (1995) は，空間経済学的な視点で捉え直した「ビッグ・プッシュ」において，経済開発プロセスは低開発地域に新しい成長拠点が形成される過程であることを明らかにした。この現代版ビッグ・プッシュ論は「収穫逓増」と「産業集積」の視点から産業政策の有効性と政府介入の必要性を評価し，開発戦略に新たな視点を提供したのである。

2．市場補完アプローチ

　1990年代に入って新古典派アプローチに徹していた世界銀行の姿勢に変化の兆しが見られた。1993年の世界銀行レポート『東アジアの奇跡―経済成長と政府の役割』において，東アジアの経済的成功と政府の政策との関係，つまり市場と政府の関係についての再検討結果を公表した。同レポートはまず，東アジアの高成長と政策の関係についての2つの代表的な見解を整理した。ひとつは，C・ウォルフ（Charles Wolf）やE・チェン（Edward Chen）らに代表される新古典派の見解であり，もうひとつは，H・パク（Howard Pack），L・E・ウェストパル（Larry E. Westphal），A・H・アムスデン（Alice H. Amesden），R・ウェイド（Robert Wade）らによる「修正主義（revisionist）」の見解である。その上，いずれの見解も東アジアの経済的成功について十分に説明できていないとして両見解を退け，世界銀行1991年版『世界開発報告』（World Bank 1991）が提起した「市場補完アプローチ（Market-Friendly Approach）」を採用したのである。

　この1991年版『世界開発報告』によると，政府のなすべきことは次の4つである。第一に，初等教育，保健衛生，家族計画など人的資本を蓄積し改善するための投資。第二に，民間部門の競争を促進するための規制緩和および必要なインフラストラクチャーの整備。第三に，輸入保護撤廃や外資規制緩和を通じる対外開放。第四に，マクロ経済安定。これらの政策は一括して「基礎的政策」と呼ばれている。

　そして，開発戦略における市場機能補完各要素の相互作用については，図

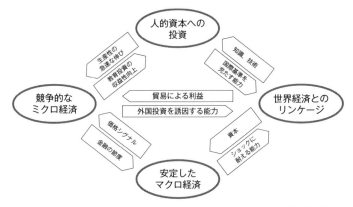

(出所) World Bank (1991), *World Development Report*, p. 6 を参考し筆者作成。

図 5-4　開発戦略における市場機能補完各要素の相互作用

5-4 で示したように，①人的資源への投資（教育，保健および人口抑制を含み
人間に投資すること），②競争的なミクロ経済（競争を促進しインフラに投資
することにより国内市場を十分に機能するよう支援すること），③世界経済と
のリンケージ（貿易と外国投資を自由化すること），および④安定したマクロ
経済（過剰な財政赤字と高いインフレを回避すること），の4つの要素から構
成されている。政府は成長のために4つの機能，すなわち十分な人的投資の確
保，民間企業にとって競争的な環境の提供，国際貿易に対して開放的な経済の
維持，マクロ経済の安定を果たすべきであるとし，これらの役割を超えた場
合，政府介入は効果よりもむしろ害をもたらすとしている。市場が効果的に機
能するところは市場に任せ，それが機能しないところでは政府が迅速かつ的
確に介入する。政府介入は個々の産業や企業を優遇あるいは差別するのではな
く，市場経済の枠組みを全体として改善するために行われるべきである。他方
で，政府が国有企業を設立して生産活動への直接介入，保護や規制を通じての
特定産業の振興は望ましくないという考え方は「市場補完アプローチ」であ
る。

　1993 年の世界銀行レポート『東アジアの奇跡─経済成長と公共政策』は，
この市場補完アプローチを東アジアに適用し，開発政策を考えるフレームワー
クとして，図 5-5 のような「成長のための機能的アプローチ」を新たに開発し

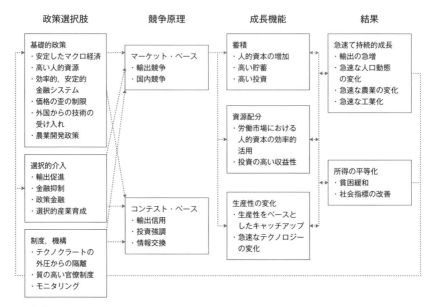

（出所）World Bank（1993），*The East Asian Miracle: Economic Growth and Public Policy*, p.
88 を参考し筆者作成。

図 5-5　成長のための機能的アプローチ

た。同書は，東アジアの経済的奇跡と呼ばれる「結果」である急速で持続的成
長と所得の平準化をもたらしたのは，人的・物的資本の蓄積と資源の効率的配
分による生産性の上昇という「成長機能」であることを明らかにし，この「成
長機能」に，①基本的政策と②選択的介入という2つの「政策選択肢」が，ど
のように寄与したかを明らかにすることが同書の取り組む研究課題であるとし
ている。

3．ダイナミックキャッチアップにおける市場と政府

　世界経済のダイナミズムと新しい国際分業の形成は市場原理に基づくもので
ある。すでに述べたように，「産業集積」，「企業生産活動のグローバル化」，
「インフラ基盤」の3つの要因の相互作用により新しい国際分業が現われ，世
界経済のダイナミズムが形成される。自ら経済環境を整え，経済のグローバル
化をアクセスして世界経済のダイナミズムをキャッチすることが重要であり，

如何にして新しい国際分業の一翼を担うかを示したのがダイナミックキャッチアップである。このキャッチアップのプロセスは，政府の役割を重要視し，市場ベースの競争とコンテスト・ベースの競争にかかわる競争原理においては市場補完アプローチと合致する。しかしながら，新興国の新しい成長拠点形成においては，産業集積効果が極めて重要であり，初期条件によって左右されるので，市場補完アプローチおよび成長のための機能的アプローチで否定された産業政策について，ダイナミックキャッチアップにおいてはそれを必要とし，一時的な政策的誘導有効であると主張する。また，市場補完アプローチは国際経済環境の変化やグローバル化の圧力と政府の対応については十分触れていない。ここで本書は，新しい国際分業に形成に欠かせないひとつの要因であるインフラネットワークの形成への政府の積極的な関与に注目したい。

　これまでの政府の役割は，政策面においては主として，産業政策介入，輸出振興，マクロ安定，為替管理などが挙げられ，経済発展は政府主導もしくは政策主導のもとで実現したとしている。ダイナミックキャッチアップは市場をベースとし，国際分業の展開，世界経済ダイナミズムの形成は市場原理に基づくものであり，市場原理が働く結果として産業集積が発生し成長拠点が形成されるわけで，政府は国際経済環境の変化などの外的影響を受け，対外経済関係あるいは国際経済とのリンケージを重視しながら市場を補完する役割を果たすべきである。我々はインフラを物流的インフラと制度的・政策的インフラの両側面から捉える。インフラネットワークの形成は国際貿易と直接投資のトータル・コストに影響を与えている。

　アジア経済がアジア化するなか，域内相互依存関係が深まり，新しい国際分業体制が形成されつつ，東アジア新興諸国は自国の集積拠点としての魅力を高めようとして，利用者のニーズに対応できる物流インフラの整備に積極的に力を入れている。中国－ASEAN 間，ASEAN 域内各国，ASEAN 各国－インド，そして中国－インドをつなぐ高速道路，鉄道，航路など，こういった物流インフラ網はアジアのニーズにマッチした形で整備された。制度的・政策的インフラについてであるが，関係国は地域経済協力関係に注視している。ASEAN+3，ASEAN+6，APEC そして TPP など，枠組みが重層化しているものの，東アジア新興国は強力な協力関係で結ばれている。すでに ASEAN

自由貿易協定（AFTA），そして二国間協定のFTA/EPAなどによって，ASEANをハブとする東アジアないしアジア地域全体を結ぶネットワークが形成されている。こうした制度的・政策的インフラが強化されるにつれて，域内経済連携が一層活発化する。経済のシームレス化を受け，生産活動のグローバル化がより活発になり，経済活動の集積効果が大きくなる。集積効果が大きくなればなるほど生産コストが低下し，産業集積のもたらした利益も一層大きくなる。こうして市場ベースの循環メカニズムは経済のダイナミズムを引き起こす。したがって，政府の役割はグローバル化に対応できる市場のプラットフォームを作ることであり，市場を補完するものであると考える。

Column　アジアの奇跡とクルーグマンの視点

　1994 年，ポール・クルーグマンによって急速に成長したアジア経済に関して，その原動力を明らかにする論文が発表された。1980 年代後半からアジア通貨危機までの間，アジア地域の国々では飛ぶ鳥を落とす勢いで経済成長が続いており，本論文は非常に注目を浴びることとなった。一般的に，経済成長の主な原動力は労働や資本の増加などによる生産要素の増加と技術革新や新たな技術を導入することによる生産性の上昇であると考えられる。それでは，クルーグマンはアジア経済の急成長の要因はどこにあると考えたのか。

　まず，クルーグマンは経済成長のタイプを 2 つのタイプに分類した。ひとつ目は発想やひらめき（Inspiration）に基づく経済成長であり，主に技術革新などによる生産性の上昇が原動力となる。2 つ目は，汗（perspiration）をかくことにより経済成長するという理論であり，生産要素を増加させることで経済成長を達成するという視点である。クルーグマンはアジア経済の急成長は後者によるものだとし，汗かき型又は発汗理論（perspiration theory）と呼んだ。彼のメッセージは何であったのか。彼の主張はこの発汗理論は旧ソ連が経験した経済成長と同様のものであり，長期的経済成長を達成するためには新たな発想やひらめきを伴う生産性の上昇が必要であることを指摘した。

　この主張に対して，次のような批判が行われた。まず，クルーグマンが使用した生産性の指標である「全要素生産性」の計測が非常に困難であることが指摘された。各国で取得できるデータには違いがあり，この全要素生産性を使用して生産性上昇を確認することには懐疑的であるとされた。次に，発汗理論は途上国の成長過程としては一般的なものではないか，という主張であった。途上国において，技術革新や新たな考えの創出は容易ではなく，「後者の利益」によって成長することは必然的であったためである。もちろん，クルーグマンが指摘する生産性上昇による経済成長は「長期」での経済成長には必要である。経済成長を一過性のものにしないためにも，各国の経済政策はこれらの問題に取り組む必要があるという議論は今なお存在している。

第6章

経済発展と人口問題

第1節　世界の人口規模と人口増加の趨勢

1. 世界の人口規模

　国連人口基金（UNFPA）によれば，世界の人口は今 77 億人を超えるほど大規模になっているが，歴史を遡って世界の人口を調べると人口の急激な増加は比較的最近の現象であることがわかる。人類が地球上に出現し始めたとされる紀元前 1 万年の世界の人口はわずか 100 万人であったと推計されている。その後世界の人口は増加し続け，2004 年には約 63 億人に到達している。この 1 万数千年という途方もなく長い期間に世界の人口は相当な規模にふくれあがったが，人口の増加のペースは一様ではなかった。表 6-1 に示されているように，紀元前 1 万年から 1650 年までの間，人口増加は極めて緩やかであったと言える。しかし，その後，人口増加のペースが上昇し始め，そのピークを迎えるのは 1950 年から 1970 年の 20 年間で，年平均人口増加率は 2.09％に達した。その後の増加のペースを見ると増加率は低下しているが，依然として比較的高水準にとどまっている。

　このような世界の人口増加の激しさは人口の倍増期間という点からも明らかである。表 6-1 の長期的推移から見ると，人口増加のペースが極めて緩やかな紀元 1 年から 1650 年までの間は世界人口が倍増するのに要する期間は約 1200 年間であったが，その後この倍増期間は急速に短くなり，年平均人口増加率のピークを迎えた 1950 年から 1970 年の期間ではわずか 37 年で地球上の人口が倍増するという驚異的な数値を記録している。その後，増加のペースは緩やか

表 6-1　世界人口の長期的推移

	人口 （百万人）	各期間の 平均増加率（%）	倍増期間 （年）
紀元前1万年	1	–	–
紀元1年	170	0.05	1.363
1650	470	0.06	1,167
1750	629	0.29	241
1800	813	0.52	135
1850	1,128	0.66	106
1900	1,550	0.64	109
1950	2,526	0.98	71
1970	3,691	1.91	37
1980	4,449	1.89	37
1990	5,321	1.81	39
2000	6,128	1.42	49
2010	6,916	1.22	57
2020	7,717	1.1	64
2050	9,551	0.71	99

（出所）辻（2015），86頁を参考し筆者作成。

になってきてはいるものの，人口増加の趨勢は衰えを見せていない。また，1950年辺りを境に開発途上地域において人口が急激に増加している[1]。この頃に人口爆発が起こっていたと考えるが，これだけ急激な人口増加が発展途上国を中心に生じたのであるから，人口爆発が途上国経済・社会に何らかの歪みを与えたのではないかと類推できる。次項において，その特徴を明らかにしたい。

2．発展途上国における人口増加の特徴

　人間は天然資源や機械設備と同様に重要な生産資源であるから，「人的資源」という言葉がよく使われる。しかし，発展途上国では人口増加率が高く，1人当たりの天然資源量は急激に減少しつつあり，人口の成長とそれに伴う天然資源の相対的な枯渇の問題に当面している。経済開発を進めるには，経済の規模に対して人口の最適規模が求められている。また，実際から見て，発展途上国の国民の大部分が人的資源として有効に活用されず，十分な所得が得られ

1　トダロ・スミス（2004），325頁，図7.1から読み取れたものである。

る機会も保障されていない場合が多い。このことから，発展途上国の経済開発
には，雇用を創出し十分な所得が生み出せるように，教育や職業訓練を行い，
労働者の質を高める必要があると考えよう。

　発展途上国の人口増加はどのような特徴があるのか。それは世界人口の長期
的変化の視点から先進国の歴史的経験と比較すると見えてくる。現在の発展途
上国は2.5％に近い（低所得国では3％を越える）平均成長年率で，歴史に類
を見ない急速なスピードで人口増加している。2.5％の成長率が28年ほど続け
ば，その国の人口規模は2倍になる。これは「人口爆発」とも言われる。クズ
ネッツの推計によれば，発展途上国のいわゆる「人口の爆発」は第一次世界大
戦（1914～18年）終了後の10～20年間に生じたと考えられる。1960年代から
90年代の間，アジア，アフリカいわゆる非ヨーロッパ地域の平均成長年率は
2.5％に近い水準に達した。一方，18世紀末から20世紀初頭にかけてのヨー
ロッパを中心とした近代経済成長において，先進国の人口成長は加速した。ロ
シアは1.5％でもっとも高く，オランダは1.4％，ドイツは1.2％，平均成長年
率は1％をわずかに上回る程度であり，2％を越えたケースはほとんどなかっ
た。

　先進国における人口成長の加速が主として経済成長により誘発された内生的
な現象であったのに対し，発展途上国のそれは外生的な性格が強い。先進国が
産業革命に始まる生産力の上昇に支えられた雇用と所得の上昇にもとづくもの
であったのに対し，発展途上国は，先進国で開発された衛生や医療の技術を輸
入することによって生じた面が強い。人口成長が経済成長に先だって外生的に
引き起こされ，しかもその速度が爆発的に大きいとすれば，その克服が先進国
と比較してはるかに困難となるのは当然であろう。

　発展途上国のいわゆる「人口の爆発」は戦後に始まった新しい現象ではな
い。表6-2の平均年成長率で示されたように，1930年代から発展途上国の人
口爆発が始まったことがわかる。さらに，ヨーロッパ系と非ヨーロッパの2つ
の地域に大別して，地域間の人口成長を比較すると，近代経済成長のもたらし
た影響は明らかである。18世紀中葉までには，この両地域の差異は率約0.1％
程度で，それほど大きくはなかったが，産業革命が始まって以後の150年間に
ヨーロッパ系地域においては人口成長率が急速に加速し，19世紀後半から20

表 6-2　世界人口長期的変化の地域別比較

平均成長率	世界合計	ヨーロッパ系地域	アジア	アフリカ
1000-1750	0.13	0.13	0.14	0.09
1750-1800	0.44	0.64	0.49	(0.21)
1800-1850	0.50	0.81	0.42	0.21
1850-1900	0.64	1.10	0.44	0.37
1900-1930	0.76	1.09	0.50	0.96
1930-1960	1.34	1.02	1.52	1.63
1960-1990	1.89	0.63	2.43	2.47
1990-2025 （予測値）	1.30	0.76	1.17	2.84

（出所）速水佑次郎（1995）『開発経済学』創文社，59 頁を参考し筆者作成。

世紀初頭にかけて成長率は約 1.1％の水準に達した。それは非ヨーロッパ系地域の約 2 倍の速度となった。そして，ヨーロッパ系人口の世界人口に占める割合も 1930 年には 4 割近く大幅に上昇した。

　このように，18 世紀半ば以降の近代経済成長に先駆けた現在のヨーロッパ先進国の経験した人口成長は，経済成長によって引き起こされた内生的なものだったことはほぼ間違いないと考える。19 世紀末から 20 世紀初頭の 1.1％の人口成長率をピークに，1930 年代に入ってからは成長率の低下に転じた。一方，非ヨーロッパ系地域において，20 世紀に入ってから「人口爆発」が始まり，人口成長率が急上昇し始めた。1930 年代以降，ヨーロッパ系との人口成長の格差を逆転したアジアとアフリカでは，0.5％強の人口成長率から 2.5％強の水準へと 4 倍近く上昇した。現代の発展途上国の人口成長が，先進国が近代経済成長の初期に経験したのと比べて急激であることはひとつの特徴である。発展途上国の人口成長のもうひとつの特徴は，人口成長が特に速いのは 1 人当たりの所得水準の極めて低い最も貧しい国々に集中していることである。この事実から，低所得国の人口成長は経済成長という内生的な要因によるものではないことがわかる。

3．従属人口負荷

　発展途上国を中心に起こった人口爆発は先進国と途上国との間の年齢構成にも大きな違いを生み出している。表 6-3 は人口の年齢構成を地域別に示したも

表6-3　人口指標（2017）

世界／地域データ	人口 （百万人） 2017	年平均 人口増加率 （%） 2010 － 2017	0－14歳 人口の割合 （%） 2017	10－24歳 人口の割合 （%） 2017	15－64歳 人口の割合 （%） 2017	65歳以上 人口の割合 （%） 2017	合計 出生率 2017	平均寿命 （年） 2017 男　女
アラブ諸国	359	2.1	35	28	61	5	3.4	68　72
アジア・太平洋	3,960	1.0	24a	24a	68a	8a	2.1a	70a　73a
東ヨーロッパ・中央アジア	243	0.9	23	22	67	10	2.1	70　77
ラテンアメリカ・カリブ海地域	641	1.1	25b	26b	67b	8b	2.0b	72b　79b
東・南アフリカ	581	2.7	42	32	55	3	4.5	61　65
西・中央アフリカ	424	2.7	44	32	53	3	5.2	56　58
先進工業地域	1,260	0.3	16	17	65	18	1.7	76　82
開発途上地域	6,290	1.4	28	25	65	7	2.6	68　72
後発開発途上国	1,002	2.4	40	32	57	4	4.0	63　66
世界全体	7,550	1.2	26	24	65	9	2.5	70　74

（注）a Excludes Cook Islands, Marshall Islands, Nauru, Niue, Palau, Tokelau, and Tuvalu due to data availability.

b Excludes Anguilla, Bermuda, British Virgin Islands, Cayman Islands, Dominica, Montserrat, Saint Kitts and Nevis, Sint Maarten, and Turks and Caicos Islands due to data availability.

（出所）国連人口基金（UNFPA）『世界人口白書2017』129頁を参考し筆者作成。

のである。

　表6-3に示されたように，先進工業地域では14歳以下の子どもの割合は約16%であるが，発展途上国ではおよそ28%である。この割合が極めて高い国はいずれもサハラ以南アフリカの諸国であり，40%を超える人口が14歳以下の子供という歪な人口構成をしている。14歳以下の子どもと65歳以上の人口は被扶養者であるという意味で従属人口と呼ばれる。ここで，従属人口負荷という概念を通じて，人口増加の意味を国単位で考えよう。従属人口負荷とは次の式，

$$従属人口負荷 = \frac{非生産年齢人口}{生産年齢人口}$$

で表されるように，生産年齢人口（15歳から64歳までの労働人口）が非生産年齢人口（すなわち，0から14歳までの若年層と65歳以上の高齢層）を扶養する負担の程度を示すものである。従属人口負荷の値が小さければ，これは負担が軽いということを意味するもので，一般的には軽い方が望ましい。生産年齢人口の拡大によって負担が低下する場合は人口ボーナスと呼び，生産年齢人

口の減少または非生産年齢人口の増加によって負担が上昇した場合は人口オーナスと呼んでいる。一般的には，発展途上国の場合は若年層の規模が相対的に大きく，先進国の場合は高齢者層の規模が相対的に大きいとなっている。

　日本の従属人口負荷の推移をみると，1920年から1950年頃にかけて，日本の従属人口負荷の水準は値が70前後と高水準である。高度成長期の60年代に入ると，従属人口負荷の水準の水準は急降下し，その値が45前後で推移する。これは生産年齢人口が拡大し，人口ボーナス期を迎えたと言える。この状態が80年代末まで続いたが，1990年代に入ってから再び上昇している。日本においては少子高齢化が進み，従属人口が拡大し始め，人口オーナス期に入ったと言えよう。この従属人口負荷の推移は，当初は0から14歳までの若年層の全人口に占める割合が高かったことによるものであるのに対して，現在では65歳以上の高齢層の割合が高まっていることに起因している。したがって，若年層にしろ，高齢層にしろ，従属人口負荷を高める場合には，何らかの人口対策が必要であることが示唆される。

　図6-1の人口ピラミッドで示したように，日本は「釣鐘型」から「つぼ型」へ変化し，若年層が少なく，高齢者層が多い少子高齢化が進んでいることがわかる。

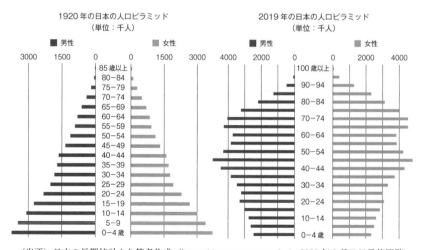

（出所）日本の長期統計より筆者作成（https://www.e-stat.go.jp/，2020年2月7日最終閲覧）。

図6-1　日本の人口ピラミッド

　他の先進国地域の推移を見ると，OECD 加盟国は基本的には日本とほぼ同水準で推移しているが，発展途上国では従属人口負荷が高い水準で推移している。先進国と比較して従属人口の割合が高いため，その分労働人口である 15 歳以上 64 歳以下の人口に負担がかかるわけであるが，先進国よりも小さな割合の労働人口で，先進国よりも大きな割合の従属人口を養わなければならないという皮肉な状況となっている。一方，これは発展途上国が近い将来に人口ボーナス期を迎えることも意味している。すでに東アジア太平洋諸国およびラテンアメリカ・カリブ海諸国では 1970 年を境に従属人口負荷は急降下し，人口ボーナス期を迎えていると言える。

　また，若年層の割合が大きいということはそれだけ将来の人口増加に対する懸念も大きいということであり，雇用吸収を如何に実現するかが喫緊の課題である。それもまた人口抑制政策が発展途上国で求められる所以となっている。人口抑制と人口政策の在り方については次節で詳述したい。

第2節　人口増加と経済成長

1．人口転換

　発展途上国の人口爆発は何によってもたらされたのであろうか。これは「人口転換」（Demographic Transition）と呼ばれる理論によって説明されている。

　人口に対する出生児数は出生率（BR）と定義され，人口に対する死亡者数の比は死亡率（DR）と定義される。出生率と死亡率の差，（$BR - DR$）は自然成長率（NR）と呼ばれる。この自然成長率は人口転換理論を理解するために必要な概念である。

　人口転換理論は，経済開発初期の人口成長加速とその後の減速を出生率と死亡率の変化を説明したものである。この理論では，一国の人口転換は転換前→第1局面→第2局→第3局面→転換後のように，3つの局面を経過して変化し完了すると説明している。

　転換前においては，出生率と死亡率がともに高く，人口成長率が低位で安定する。前近代社会の人口動態はこのような特徴をもつ。近代経済成長が始まると高い出生率のままで死亡率が低下する第1局面を迎え，人口転換に入る。次

の第2局面において死亡率が下げ止まるが，高出生率が維持されて人口の高成
長率が継続する。その後の第3局面では，出生率が低下し，それが死亡率を上
回って成長率が低下する。この第3局面を経て，出生率と死亡率および人口成
長率のいずれもが低い水準に落ち着き人口転換は完了する。

　このように，一国の人口動態はその人口成長率の低位安定の状態から始まっ
て，高位の局面を経て再び低位の状態にもどるという「転換」のプロセスで推
移していることがわかる。このような人口転換は近代化にともなって一般的に
見られる現象である。その変化のプロセス図6-2のように描かれる。

　この人口転換が最初に見られたのは近代経済成長の先駆けとなったイギリス
である。イギリスの人口転換の第1局面は産業革命期（1770−1820年）でも
ある。出生率の増加と死亡率の低下が人口成長に対してほぼ同程度の貢献をな
したことはイギリスの人口転換の特徴である。これは第1局面における高い出
生率のままで死亡率が低下する通常の人口転換の説いたものとは異なるので，
若干の説明の修正を要する。理論的に考えれば，経済成長にともなう雇用や所
得の増大は，衣・食・住などの改善や上下水道など社会的な衛生基盤の整備な
どを通して死亡率を低下させる一方，結婚年齢の引下げなどを通して出生率の
増加をもたらすことがわかる。さらに，ヨーロッパの歴史において，14世紀
のペスト大流行によって人口・労働力が減少し，賃金率が高騰したあと出生率
の増加と死亡率の低下とが生じ，その後16世紀にかけて，人口が回復するに

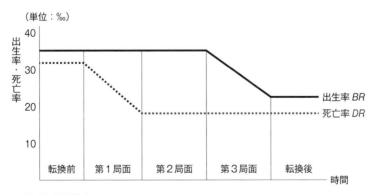

（出所）筆者作成。

図6-2　人口転換モデル

つれ賃金は食料価格に比して低下し，17世紀には人口成長の鈍化がもたらされたこともあり（Birdsall 1988），イギリスの第1局面における人口成長の加速化は，前近代社会から生じていた循環的変動の延長にあると考えられる。

　図6-2でわかるように，第2局面においても出生率が高く維持され続けた。それは近代的経済成長の最中で労働力の需要，雇用の増加に見合った人口成長であろう。この局面において死亡率が下げ止まったのは，工業化の副産物でもある都市のスラムへの人口集中がこのような結果をまねいたと説明した説があった（安場 1980, 53-54頁）。

　第3局面の時期に，医療・衛生技術においては，伝染病の予防や細菌医学の確立に一定の成果をあげ，死亡率の低下に貢献した。それと同時期の1878年に，英国の工場法（Factory Act）が成立し，児童の就労に制限が加えられるようになり，労働立法と初等教育普及によって子どもの就労開始が遅れるほど親にとっては子どもを持つ負担は重くなり，子どもから期待される収入は減少する（Hicks 1960, Chapter 5）。さらに親が子どもに期待する老後の生活保障の重要性においては，社会保障制度の充実によって家族ベースでの保障の役割は代替され，子どもを多く持つことの意味が大きく低下した。したがって，第3局面では出生率が死亡率の低下を上回るスピードで低下し始めた。

　イギリスの第1局面に出生率の加速ケースとは異なり，デンマークなど北欧諸国では，高い出生率のままで死亡率が低下する第1局面のような「古典的」な人口転換の歴史的パターンをもつ。また人口転換にはフランスやアメリカなどのような，死亡率の低下からあまり時間を置かず，出生率の低下が生じているケースもある。さらに，発展途上国では人口転換のスピードが速く，第2局面が観察されず，第1局面から第3局面へ移行するケースも多い。したがって，国によって人口転換の歴史的パターンは異なると考えよう。

2. マルサスの人口論

　人口と経済の相互作用を初めて経済理論化したのはイギリス古典学派の一人ロバート・マルサス（1766〜1832年）であった。マルサスは1798年の著書『人口論』において，人間は本能に従ってねずみ算的に子どもを生む性向を持ち，人口は幾何級数的に増加するのに対して，食料生産は土地資源に制約さ

れ，算術級数的にしか増加しないため，過剰人口ならびに貧困が発生すると説いた。

　このマルサスの理論を経済学的に表現すれば，図6-3のように図解できる。食糧生産部門には，土地と労働が主に使われると仮定して，農業生産 $F(N)$ と表す。ここで N は食糧生産部門の雇用量である。図6-3の横軸は食糧生産部門の雇用量を，縦軸は1人当たりの産出量 $Y = F(N)/N$ を表す。食糧生産部門では「収穫逓減の法則」にしたがうと考えよう。財の生産に投入される生産要素の組合せから，1種類の生産要素を除く他のあらゆる生産要素の投入量を一定に保ち，特定の生産要素の投入量を追加的に等量ずつ増加していくとき，追加的に得られる産出量の増分が次第に減少する場合を一般的に収穫逓減の法則と呼んでいる。食糧生産の場合，肥沃な土地が限られ，雇用量が増えても生産量の方はそれほど増加しないため，1人当たり産出量は雇用量の増加につれて次第に減少するであろう。図6-3の1人当たり産出量の右下がりはこの「収穫逓減」現象を反映している。

　1人当たり産出量が生存水準を上回っていると人口が増加する。それに伴って雇用量も増えるから，収穫逓減の法則によって1人当たり産出量は低下する。このため，労働者の生活水準も下がり，生存水準以下になると人口は減少する。1人当たり産出量が生存水準 Y^* まで低下したところで生存可能な人口

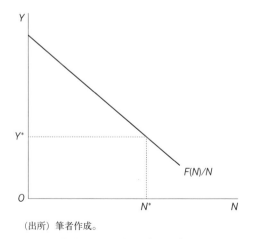

（出所）筆者作成。

図6-3　マルサスの人口モデル

N^* も決まる。産出量を労働者全員で均等で割って分配される場合，1人当たりの分け前は1人当たり産出量に等しくなる。仮に1人当たりの分け前が生存水準を上回った場合，労働者は世帯を構えて家族を養うことができるので，人口は増加し，食糧生産部門の収穫逓減のため，やがて1人当たりの産出量は再び生存水準まで下がってしまう。結局，生存水準以上の産出量に達しても，人口が増えてしまうのであれば，長期間にわたって高水準に維持することはできず，人々の生活水準は最低生存水準で低迷し，貧困という状態から罠にはまったように抜け出せない。これが「マルサスの罠」である。

「マルサスの罠」は，人間社会が長期にわたって人口増殖と食糧供給という2つの力の「せめぎ合い」のなかにおかれ，1人当たり食糧を容易に増加させることができずにいたという事実を反映している。食糧供給の如何は，長い歴史において人間の生存と増殖を決定する最も重要な要因であったことがわかる。「マルサスの罠」は18世紀後半に始まる産業革命から約百年の間のイギリスの現実を理論化したものではあるが，アフリカやアジアの最貧国では，今なおこのような罠の状態におかれているのが現実である。

先進国や東アジアの経済が「マルサスの罠」を抜け出して，経済成長の「離陸」を果たすことができた経験は，「罠」がそれほど強固なものではなかったことを教えている。韓国や台湾などNIEs諸国，タイやマレーシアなどの東南アジア ASEAN 諸国，中国沿海部の住民の多くは「罠」とは無縁の豊かな生活を営んでいる。これらの国々はいかにして「罠」からの脱却に成功したのかを考えよう。我々はここで2つの変化に注目しよう。

ひとつの変化は人口成長の変化である。マルサスが生きた時代は，ヨーロッパにおけるかつてない人口増加期であったが，産業革命により人々の生活水準が大きく上昇して以降，実は人口増加率は次第に逓減していったのである。そして人口増加率はやがてピークを迎え，次いで減少期に入った。つまり人口は一時的に急速に増加するものの，その増勢は次第に弱まる。これは先ほどで説明した「人口転換」の経験則である。

もうひとつの変化は，食糧生産の面で生じたものである。食糧生産に必要なものは，基本的には土地と労働である。土地を耕す農民労働によって小麦や米が生産されるのである。人口はマルサスのいうように幾何級数的に増加すると

しよう。他方，可耕地はまぎれもなく有限である。それゆえ，人口増加ととも
に1人当たりの可耕地は減少せざるをえない。一方，有限で希少な可耕地に対
する人口圧力が農業の技術進歩を促す要因にもなっている。ヨーロッパや日本
における農業革命ならびにアジアの「緑の革命」はその重要な例である[2]。こ
の技術進歩を通じて人間社会は「罠」に捕らわれることなく持続的な増加が可
能となるのである。

3．人口増加の経済開発に対する含意

　発展途上国の人口増加のメカニズムについて，図6-4のように発展途上国の
人口転換モデルを用いて説明する。発展途上国における人口動向のパターンに
は2種類あることが知られている。

　人口転換のひとつのパターンAは，多産多死の第1局面，多産少死の第2
局面を経て，少産少死の第3局面へと移行し，一時的に人口は爆発的に増加す
るが，経済発展とともに人口の増加が効果的に抑制されるパターンであり，も
うひとつのパターンBは，第3局面の時期になっても多産少死という第2局
面の特徴を維持し，人口増加に歯止めがかからないパターンである。前者のよ

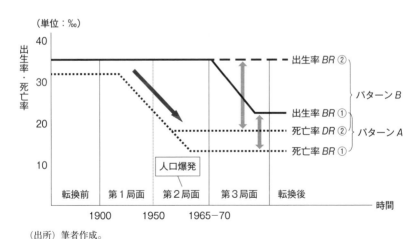

図6-4　発展途上国の人口転換モデル

2　「緑の革命」については，本章のコラムを参照されたい。

うな人口抑制が利いている発展途上国はアジア NIEs など経済発展が相当進ん
でいる国々である。一方，後者のような人口爆発が引き続いている発展途上国
は，早急な人口増加抑制策が求められている。中国やインドがこうした発展途
上国の代表的な例とも言える。

　では，こうした発展途上国ではなぜ早急な人口対策が必要とされているので
あろうか。それは出生率，死亡率の関係が単年度でバランスを保ったとして
も，それだけで毎年の人口増加の幅の拡大が制止するわけではないからであ
る。この点を明快に説明するのが置き換え水準という議論である。

　置き換え水準とは，1組の夫婦から2人の子どもしか産まれてこないという
水準のことを指している。この置き換え水準が成立する限りでは人口増減のバ
ランスが保たれている。しかし，人口増加圧力が大きな国で仮に今すぐに置き
換え水準に到達しても国全体としての人口増加は収まらない。それは従属人口
（特に若年層）の割合が大きいことと関係している。つまり，若年層の人口割
合が大きいということはそれだけ多くの組の夫婦が形成されることであり，そ
の結果として人口は増加し続けることになる。したがって，仮にいま直ちに人
口抑制策が講じられ，その効果がすぐに現れ，そして近い将来に置き換え水準
に到達するとしても，いくつかの国では現状の人口の3倍増になると見積もら
れている。こうした驚異的な人口増加圧力がこれらの国々の経済発展に大きな
影響を与えることは容易に推察できるであろう。このことは人口抑制策が直ち
に求められる理由である。

　これまでのところ人口増加の「原因」については幅広い合意があるが，人口
増加の「結果」については2つの有力な解釈がある。ひとつは，人口増加こそ
が発展途上国における貧困の真の原因であるとする見解である。これは，発展
途上国が抱える開発問題の根本的原因を人口増加（特に急激な増加）に求め，
途上国の経済・社会問題の解決のためには早急な人口抑制策が必要であるとい
う見方である。

　こうした見解は「マルサスの罠」に関する議論と結び付いている。つまり，
食糧供給は算術級数的にしか増加しないのに対して，人口は幾何級数的に増加
するため，人口増加がそのまま維持されると食糧の増産が増加する人口の食糧
需要に追いつかなくなり，人々の暮らしは低水準に維持されてしまう。そのた

め，マルサスは出生の抑制を通じて人口増加をコントロールしなければならないと主張したのである。その他，途上国政府の能力不足のために，人口が急激に増えるとそれに対応した教育機会の提供が追い付かず，人口の集中などによって環境問題が引き起こされるなどという社会的問題が引き起こされ，急激な人口増加によって様々な経済的社会的問題が引き起こされている。したがって，こうした諸問題を回避するためには急激な人口増加を抑制する政策的措置を取る以外に方法がないということになる。

　もうひとつは，人口増加は発展途上国における開発問題の原因ではないとする見解である。この議論は主に以下の4つの点から構成されている。

　第一に，発展途上国が現在抱えている貧困問題は人口増加によって引き起こされたものではなく，人口増加はむしろ発展途上国が貧困であるからこそ引き起こされた現象であるということである。つまり，上記の議論とは因果関係が全く逆転していて，貧困が原因で，人口増加が結果であるということになる。したがって，人口の急激な増加を抑制するためには発展途上国の貧困問題を解決すればよいのであって，それは発展途上国における経済発展を促すことによって自ずと解決されることになるというものである。

　第二に，人口の世界的な分布から見ても，人口は途上国地域全域に不均一に分布しているということである。途上国における人口集中地域は東および南アジアや発展途上国の大都市であるが，サハラ以南のアフリカ諸国やアマゾン地域では逆に人口が希少である。そういう意味では，途上国人口がこうした人口希少地域にもむらなく分布しているとすればそれほどの問題は引き起こさないのではないかという意見である。

　第三に，人口問題の本質は環境問題である。発展途上国において先進国並みの高い生活水準が達成されたときの天然資源の浪費に対する脅威が人口問題としてすり替えられただけであるというものである。天然資源の絶対的な消費量は先進国の方が圧倒的に多いが，環境破壊と天然資源の枯渇の懸念から先進国では天然資源の効率的な使用が進められている。一方で，発展途上国では天然資源の使用量は絶対的な水準では未だ低いものの，消費量の伸び率では先進国を凌駕している。さらに，開発と環境保全との両立に対する認識や天然資源の効率的使用に関して発展途上国は認識不足である。そのため，先進国側は途上

国側に対して資源の効率的利用や環境配慮に対して一層の理解を望むのであるが，発展途上国にとってはそうした先進国側の要求は経済発展を遅らせることにつながるということで，双方の間で国際政治問題化している。

　第四に，人口の急増と女性の地位とを結びつける議論である。多くの発展途上国で女性の地位は低く，経済的な貢献に対する女性の役割はほとんど重視されておらず，むしろ労働力としての貢献や男児を生むことが重要な役割として見なされている。こうした前近代的な伝統が発展途上国における多産につながっており，女性の地位を向上させることが必要であるとするのである。女性の地位の向上が人口急増問題の解決のカギを握るということで，前述の貧困が所以とする議論と関連している。

　このように人口増加の「結果」の解釈には対立する見解があるなかで，発展途上国は人口問題に如何に取り組むことができるのであろうか。次項において，人口政策の在り方について触れておきたい。

4．人口政策の在り方

　発展途上国における人口問題については，短期的な人口抑制政策と長期的な貧困問題解決策を組み合わせる必要があると考える。先ず発展途上国における急激な人口問題そのものに対する処方箋についてであるが，人口の増加と貧困との因果関係についてはさまざまな見方があるにせよ，短期間における人口の急増はさまざまな歪みを発展途上国の経済，社会に与えるのは確かである。そこで，中国の一人っ子政策のような人口抑制策をとること（人口抑制），都市部に集中している人口を農村部に向かわせること（農村開発），女性に経済力をつけさせることを通じて女性の地位を向上させ，多産を抑制すること（エンパワーメント）の3点が挙げられる。

　次に，発展途上国の貧困問題を解決するための長期的な開発政策についてである。人口急増が発展途上国における貧困問題の主因ではないという見解から見いだしたのは，雇用の増大，教育機会の拡大，公衆衛生の改善など発展途上国の生活水準の向上を主目標にした政策である。多くの発展途上国の人々がこれらの政策の恩恵を受けてより健康でさらに高い付加価値を生み出すことになれば，これまで同様にたくさんの子どもを産む必要がなくなるのであろう。

　さらに先進国としても発展途上国の人口問題に対して果たすべき役割がある
と考える。先進国の取り組みのひとつとして，我々が今すぐにでもできること
は生活様式や生活習慣を簡素化するというものである。先進国は天然資源を浪
費しており，地球上の有限な資源の枯渇という危機を感じている。我々先進国
の居住民は発展途上国の資源利用の非効率性に責任を押し付けるのではなく，
有限の天然資源を独り占めせず発展途上国の人々とも貴重な天然資源を共有
し，効率的な利用の促進を図るべきであろう。もうひとつの取り組みは，対途
上国支援が挙げられる。発展途上国が人口問題を克服し，経済発展を促そうと
しても，それは途上国内のみの取り組みで実現できるものではなく，すでに第
4章で触れたように，発展途上国は貿易を通じて先進国に製品を輸出し，外貨
を獲得することによって経済的に豊かになることである。先進国はこうした発
展途上国の経済発展に対する努力を封じ込めるようなことをしてはいけない。
グローバル化時代において，先進国は保護貿易主義を慎み，資金援助，技術移
転など発展途上国の経済発展にさらに協力することが求められている。

第3節　農村・都市間人口移動

1．農村・都市間人口移動とインフォーマルセクター

　二重経済発展モデルを前提にすると，一国の経済発展にとっての重要な課題
は，近代部門の雇用吸収力をいかに高めるかにあることがわかる。近代部門が
強い雇用吸収力を発揮することによって，はじめて伝統部門の余剰労働力が消
滅し，そのインパクトによって伝統部門の近代化が促されるからにほかならな
い。しかしながら，近代部門の拡大が労働使用的な経路をたどるのか，逆に労
働節約的な方向に進むのかを考察する必要がある。なぜならば，それによって
近代部門の雇用吸収力と，それに応じて発生する農工間の労働移動が異なるか
らである。

　一般的に言えば，資本稀少労働豊富の発展途上国にとって，ルイス・モデル
でいう転換点によりはやく到達するには，近代部門がより労働集約的な拡張経
路に従って拡大することが必要であると考えられる。さらに，転換点後におけ
る伝統部門の拡大も労働使用的な拡張経路をたどるとすれば，転換点後の賃金

上昇の速度はいっそう速く，経済近代化へのインパクトもそれだけ大きくなろう。しかし，発展途上国の工業化の現実はそうではない。先進国の資本集約的で労働節約的な工業技術を導入する機会に豊富に恵まれ，近代部門は往々にして労働使用の経路とは逆の労働節約的な拡張経路をとりがちである。

　アジア NIEs と ASEAN の雇用工業化率の比較を見てみよう。総就業者に占める工業部門就業者の比率を「雇用工業化率」といい，1960 年と 1980 年の2時点での比較では，韓国の9％→29％，台湾の11％→37％に対して，フィリピンは15％→17％，インドネシアは8％→12％となっている。一方，同じく 1960 年と 1980 年の2時点での工業化率（国内総生産に占める工業部門生産高の比率）で比較すると，韓国20％→41％，台湾29％→48％，フィリピン28％→37％，インドネシア14％→42％となっている。明かに，アジア NIEs の韓国と台湾の場合，生産工業化率の急上昇が同時に雇用工業化率の急上昇となっているが，ASEAN の場合，工業化の急上昇に雇用の拡大が見合っていない。このことは，アジア NIEs の工業化が労働使用的経路をたどる一方，ASEAN はむしろ労働節約的方向に進んだことを類推させる。

　このように，工業化の雇用吸収力において，アジア NIEs と ASEAN 諸国との間に，工業化の雇用吸収力の格差が生まれたわけである。それはもはや採用された開発戦略の違いによるものであろう。東南アジアの ASEAN 諸国をも含めて，ほとんどの発展途上国の工業開発を支配したのは輸入代替工業化と呼ばれる保護主義的な開発戦略であった。前章で既に述べたように，輸入代替工業化とは，高関税障壁，数量統制等の輸入制限政策を用いて輸入最終財を締め出し，その結果生まれた国内の保護市場に向けて生産を行うという工業化のタイプである。輸入代替生産に必要な機械などの投資財，原材料や中間財などの生産財，さらに技術は有利な為替レートのもとで先進国から導入された。加えて輸入代替生産は，低金利資金の供給便宜を享受することもできた。先進国から輸入される投資財，生産財および技術は先進国の労働不足・資本過剰の状態を反映したものであって，労働節約的・資本集約的なものである。かくして輸入代替生産の雇用吸収力は，さして強くはなりえないのである。

　一方，韓国と台湾は 1960 年代中頃まで，他の発展途上国と同様に輸入代替の工業化戦略を採用した。しかし，60 年代後半に入って，こうした保護的な

政策を覆す自由化政策に転換して，輸出志向型工業化を試みた。労働過剰であった両国の経済において，労働集約財に比較優位をもつ。両国はそれぞれの国の要素賦存に適合する労働集約財に特化する生産方法と貿易パターンを採用することによって，保護でもたらした資源配分の歪みは是正された。こうした労働集約財の輸出志向工業化は工業化の雇用吸収力をいっそう強くした。

　近代部門の雇用吸収力の差異は，産業間労働移動パターンの違いをもたらした。アジア諸国の事例では，韓国と台湾では農村部門からの流出労働力の大半を工業部門が吸収しているが，フィリピンとインドネシアではサービス部門がその吸収の中心なっている。この4カ国の観測では，それらの国において異なる2つの産業間労働移動パターンが存在することが明らかになった。ひとつは，農村部門からの流出された労働力は主として強い雇用吸収力をもつ工業部門へ，他の一部は工業部門の派生需要を受けたサービス部門に流出するパターンである。もうひとつは，農村部門からの流出労働力が工業部門に吸収された比率は相対的に低く，その多くは主としてインフォーマルセクターに吸収されるというパターンである。インフォーマルセクターとは，露店商や力車引き，家政婦など行政的な保護や規制を受けず，公式統計にも把握されていない経済活動部門をいう。フォーマルセクターに比べ，不安定性を特徴とし，一般に女性の就労が多い。1970年代，ILOによってこの概念が採用されたが，実際には多様な意味で用いられている。韓国や台湾の事例は前者であり，フィリピンとインドネシアの事例は後者に属する。

　インフォーマルセクターはこれまでの二重経済発展モデルではまったく想定されることのなかった部門であるが，都市経済に占めるその比重は，今日予想以上に大きく，都市スラムや不法占拠区域に象徴される東南アジア諸国の都市貧困は，このインフォーマルセクターの存在と不可分である。工業部門の雇用吸収力が弱いにもかかわらず，農村労働力が持続的に都市に向けて流出し続けてインフォーマルセクターに大規模で滞留するのは何故か。トダロ（M. P. Todaro）による農村・都市間の労働移動のモデルは新たな分析視点を呈示してくれた。

　二部門経済発展理論に対して，ハリー・オーシマ（Oshima 1963）はアジア諸国の余剰労働力状態を例に，農村・都市間の労働移動の問題に関して，次の

ように指摘した。第一に，二部門理論の転換点以降も最低生存賃金水準が続く可能性がある。第二に，余剰労働力のかなりの部分は工業ではなく都市に流出して，都市の零細な小売業に就業している。続いて，L・G・レイノルズは1965年に発表した論文（Reynolds 1965）で，1950年から1960年にかけてのプエルトリコの考察をもとに，途上国の余剰労働力は近代工業にはほとんど吸収されずに，都市の小規模な家族経営や零細企業等への就業機会によって吸収されていると指摘した。そして，これを都市の「インフォーマルセクター」と名づけた。

　このレイノルズの論文がきっかけとなって，農村・都市間の労働移動と関連してインフォーマルセクターの研究が行われるようになった。M・P・トダロ（Todaro 1969）はケニアの労働移動を観察して，労働移動が農村から都市のインフォーマルセクターへ，また，その中の一部が都市のインフォーマルセクターから近代工業へと移動するという二段階的パターンを見つけ，労働移動の理論モデルを構築した。トダロの理論では，農村部門からの労働供給は農村と都市の所得格差によって起こると考え，農村から都市への労働移動が両部門の長期的所得格差と工業部門の雇用吸収力によって決定されると主張した。

2．ハリス＝トダロの労働移動モデル

　ハリス＝トダロの労働移動モデルは，発展途上国の経済を伝統部門，都市伝統部門あるいは都市インフォーマルセクターおよび近代部門のような3つの部門に分けた農村－都市間の労働移動を分析した。このモデルにおいて，農村・都市間の労働移動は都市農村間の所得格差と都市期待所得によって起こり，移動労働者の近代部門への参入は確率的に決定されるものと仮定している。そして，モデルではインフォーマルセクターを都市に移動してきた農村労働力の近代部門へのさらなる移動の待機の場，つまり予備的就業の場としている。ハリス＝トダロの人口移動モデルは次のように説明される[3]。

　伝統的な新古典派労働市場モデルのように，農村と都市の賃金が等しいとするのではなく，都市の期待賃金と農村の平均所得の間での均衡を前提として失

3　ハリス＝トダロ・モデルに関する解説は，トダロ・スミス（2004），414-417頁によるものである。

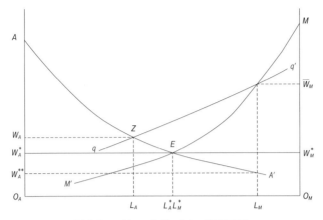

図6-5 ハリス＝トダロの人口移動モデル

業均衡状態が達成されるこのプロセスは，基本的にハリス＝トダロ・モデルの図解において説明できる。図6-5はその図解である。

まず，農村の農村部門と都市の製造部門の2部門のみを考えるとしよう。農村部門における労働需要（労働の限界生産量曲線）は，負の勾配をもつ曲線 AA' で与えられる。製造業の労働需要は曲線 MM'（右から左へと読むものとする）で与えられる。総労働力は直線 $O_A O_M$ で与えられる。新古典派の伸縮的賃金と完全雇用の市場経済においては，均衡賃金は $W_A^* = W_M^*$ の点で達成され，農村部門には $O_A L_A^*$ の，また都市製造業部門には $O_M L_M^*$ の労働者が雇用される。したがって，就業可能な労働者はすべて雇用されることになる。

このモデルには途上国の都市賃金水準 $\overline{W}_M$ は制度的に決定され，W_A^* に比べて飛び抜けて高く保たれていることを組み込んである。さしあたり，失業者がいないという仮定を続けるならば，$O_M L_M$ の労働者は都市に雇用を得るが，残る $O_A L_M$ の労働者は自由競争市場で得られる $O_A W_A^*$ の水準を下回る $O_A W_A^{**}$ の賃金で農村での雇用に甘んじなければならない。このモデルでは二部門間賃金格差が認められている。ここで都市賃金が制度的に $\overline{W}_M$ に固定された場合の，都市と農間の実質賃金のギャップ $\overline{W}_M - \overline{W}_A^{**}$ が得られる。中国を除くほとんどの地域のように農村労働者の都市への移住が自由であるとすれば，$O_M L_M$ で示される雇用しかないにもかかわらず，農村労働者はこのくじ引きにも似た都市の雇用機会に運を試そうとするであろう。好む職に就ける

機会（確率）が総都市労働要員 L に対する製造部門の雇用量 L_M の比で表せるとすると，下式は農業所得 W_A と都市における期待所得 $(L_M/L_A)(\overline{W_M})$ が等しくなる場合を表しており，この場合に都市への移住が生ずるのであり，農村のいずれで仕事を得るかは関係ない。

$$W_A = \frac{L_M}{L_A}\,(\overline{W_M})$$

　そのような無差別点の軌跡は図6-5中の曲線 qq' で与えられる。新たな失業均衡点はいまや点 Z で生じ，都市と農村の実質賃金ギャップは $\overline{W_M}-W_A$ となり，$O_A L_A$ 相当の労働者は依然として農村部門に就業し，$O_M L_M$ の労働者は近代的な（公式）部門で仕事に就き，$\overline{W_M}$ の賃金を得る。残る $O_M L_A - O_M L_M$ は失業状態にあるか，または低所得のインフォーマルセクターでの経済活動に従事する。

　このモデルによって，都市の失業の存在と高い失業率にもかかわらず農村から都市への人口移動が継続することに関する個人レベルでの経済合理性を説明できる。そのうえ，ハリス＝トダロの人口移動モデルは都市の労働市場がどのように働き，この労働市場に移民労働者がどのように吸収されるかについていくつか強い主張を行った。第一に，移民労働者はすでに都市にいる労働者よりも低い所得しか稼げないし，有利な都市の仕事は後者が先に獲得する。第二に，移民労働者の方が失業率は高い。第三に，インフォーマルセクターの賃金の方が工業部門よりも低い。第四に，移民労働者は都市に流入した当初，農村で得ていた所得よりも低い所得しか稼いでいない。

　ハリス＝トダロ・モデルやフィールズ・モデルはいずれも発展途上国の経済発展における一断面の現象をつきとめ，三部門の概念を呈示し，それを理論的に定式したが余剰労働力が順次に吸収されていくプロセス示すものではなかった。それらのモデルでは，都市伝統部門であるインフォーマルセクターにおいて，そのインフォーマル的な活動は所得創出効果をもつか，また，このような部門の存在は経済発展にどんな意味をもつかについて，経済学的意義の解明はしなかった。それに，トダロのいう二段階的移動については，実証的なサポートはなかった。

　人口移動の起因は農村にあり，農村の貧困が都市へ人口を送り出す根本的な要因となり，期待所得と就労の確率で人口が移動してしまう。これによって，都市部に新たな都市の失業問題やスラム化問題が生じてくる。これらの問題を解消するためには，工業化を合理的に推進するとともに，送り出す側の貧困問題を解決しなければならないと考える。そして，発展途上国における人口爆発は外生的要素が強いゆえに，余剰労働力を如何に吸収させるかという難しい課題に直面している。そのため，農村問題と都市化の経済の推進の両面からアプローチすることが不可欠であろう。次章では，経済発展と農村問題について考えよう。

• •

Column 中国の「一人っ子政策」

　中国は 2018 年末の時点において 13 億 9,538 万人の人口を抱えており，人口規模では世界最大の国である。大雑把に言えば，日本の人口の 10 倍の人口が一国の中にあるというほどの想像を絶するような規模の国である。なぜ世界で人口が最も多い国となったのか。今後も増え続けるのか。

　中国は 1950～60 年代，毛沢東の出産奨励政策に支えられ，人口が爆発的に増加した。当時，「人が多くなれば生産性も高くなる（人多勁大）」というスローガンで出産を奨励したが，中国の経済力では食料，雇用，教育などの面で人口の爆発的な増加に対処する余裕がなかった。そのため，将来の人口規模の急拡大に対する危惧から 1978 年に入って，それまでの放任状態から一転して人口抑制することになった。最初は大都市を中心に「一人っ子」政策が始まり，1980 年からは，これを法制化して，強力な出産制限を推進した。「一人っ子政策」とは，農村部や少数民族に対しての一定の例外措置を除いて，原則として一組の夫婦から産まれる子どもの数を1 人に限定するというものであり，ピンポイント型人口抑制政策である。

　「一人っ子政策」には，いくつかの問題点が明らかになっている。第一に，出生性比の問題である。図 6-6 の人口ピラミッドで読み取れるように，通常では出生時の比率は男児がやや高く（女児＝100 の時，106），加齢とともに女性の方が高くなる。しかし，中国の出生性比は 174（1981 年の 5 から 9 歳の男児）と圧倒的に男児の比率が大きい。

　第二に，無戸籍児問題である。1990 年の人口センサスで，1,513 万人の無戸籍児が存在することが判明した。それは，「一人っ子政策」を厳守しなかったことによる罰金逃れのためである。こうして違法に生まれた子は，戸籍に載らず，戸籍のない無戸籍児童（黒孩子）と呼ばれることもあった。彼らは教育，医療など，すべての社会保障から排除されて，人権の死角地帯に置かれるが，今日までも中国社会の暗い一面である。

　第三に，高齢化問題である。若年人口が多すぎるとして人口抑制策を講じてきたが，これが却って，高齢化社会の到来を加速するという矛盾した結果に中国を陥れることになった。2001－10 年の平均人口増加率は 0.51％となり，大都市上海では2003 年に人口増加率がマイナス 3.24％を記録した。そのため，少子高齢化に対応するために，2014 年以降，「一人っ子政策」は段階的に緩和され，2016 年には一組の夫婦が 2 人目の子どもを産んでよいとする，「二人っ子政策」が全面的に実施さ

れ，人口の少子高齢化に対処する積極的な政策が開催された。しかし，制度的に生むことはできても教育費や不動産価格の高騰等の経済的な理由から，必ずしも全ての夫婦が2人目の子どもを望むとは限らない。

　2019年1月，中国社会科学院は報告書「中国の人口と労働問題」で，中国の人口が2029年に14億4,200万人でピークに達した後，2030年から縮小すると予測した。2018年末の時点で13億9,538万人の中国が2050年には13億6,400万人，そして2065年には12億4,800人に縮小するというものである。要するに，「一人っ子政策」により当初の目的には対応することができたものの，その副作用として，現在は人口過剰ではなく，少子高齢化や生産年齢人口の減少を懸念する時期を迎えることになったと言えよう。

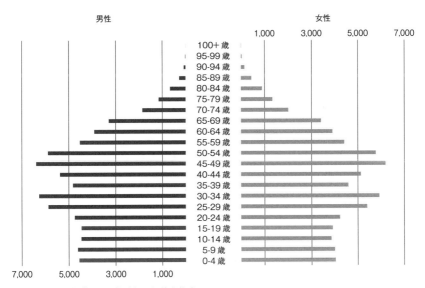

（出所）総務省『世界の統計』より筆者作成。

図6-6　中国の人口ピラミッド（2018年，単位：万人）

第7章

経済発展と農村開発

第1節　農業の実態

1. 農業労働力の規模と生産性

　発展途上国の農村はこれまで，途上国の経済開発を主体的に担うことはでき
ず，都市部における工業化の振興のための労働力の供給源程度の意義しか見い
だされてこなかった。しかし今では，農村部における開発なくして途上国の
貧困問題は解決できないとまで認識されるようになっている。本章では，途上
国の貧困問題を解消するために求められている農村開発の在り方について考え
る。まず，農業および農村生活における貧困の実態を概説し，次に，農村生活
における疲弊の原因を特定する。そして，農村開発が求められる理由を明らか
にした上で，その可能性について整理する。

　途上国や低所得国は一般的に農業国と言われるが，本当にそうなのであろう
か。この点をいくつかの統計資料から確認する。まず，表7-1から，途上国に
おける農業労働者の規模から見ていく[1]。農業労働力の大きさについて確認す
ると，全労働力に占める農業労働力の割合が高く，途上国が農業国であるとい
われる所以がわかる。しかし，中南米では他の途上国と比べるそれほど農業労
働者の割合は高くない。国によって程度の差はあるが，むしろ高所得国（先進

　1　表7-1の数値は世界銀行の World Development Indicators をもとに作成しているが，農業労働
　　力は全雇用に占める農業の従事者を表している。男性および女性の比率については男性の全雇用に
　　占める農業従事者の割合，女性の全雇用に占める農業従事者の割合を示している。また，GDP に
　　対する寄与は，GDP に占める農業・林業・漁業の付加価値額を用いている。

国）型の労働力構成を示していると言えるが，これは中南米諸国が早い段階か
ら工業化が進められてきた工業国であるからと言える。

　では，農業国としての途上国は，GDP に対する寄与でも農業のウェイトが
大きいのであろうか。同じく表 7-1 によると，GDP に対する寄与の大きさは
必ずしも農業労働力の割合には対応していないことがわかる。一方，中南米で
は寄与率が小さく，相対的にみて先進国に近い数値を示している。また，農業
の GDP に対する寄与は低下傾向にあることもわかる。

　農業労働者の割合に比較して GDP に対する農業の寄与が低いのは，途上国

表 7-1　農業部門の労働力

	農業労働力比率 (全体)		農業労働力比率 (男性)		農業労働力比率 (女性)		GDP に対する寄与 (GDP 比)	
	1991	2018	1991	2018	1991	2018	1991	2018
低所得国	71.4	62.8	67.9	59.7	75.6	66.7	37.7	26.0
下位中所得国	57.4	39.8	55.0	37.7	62.7	44.6	24.8	14.9
上位中所得国	47.7	21.7	49.0	23.5	45.9	19.1	16.1	5.8
東アジア・太平洋州（高所得国を除く）	59.2	29.0	60.9	30.8	57.1	26.7	23.0	8.1
中国	59.7	26.8	62.2	28.8	56.7	24.2	24.0	7.2
マレーシア	22.0	11.1	23.0	13.8	20.4	6.6	14.4	7.5
フィリピン	45.3	25.2	54.3	31.4	30.5	15.2	21.0	9.3
タイ	60.3	30.7	59.9	33.0	60.8	27.9	12.6	8.1
南アジア	62.2	43.6	57.4	38.6	76.9	59.6	27.3	15.2
バングラデシュ	69.5	40.2	64.1	31.9	90.7	59.4	31.7	13.1
パキスタン	44.1	41.7	40.6	33.2	66.6	72.7	22.9	22.9
中東・北アフリカ（高所得国を除く）	31.9	21.1	29.5	19.3	43.9	29.0	15.4	9.3
エジプト	38.6	24.9	35.0	21.8	52.9	36.7	17.0	11.2
アルジェリア	23.6	9.3	25.1	10.5	14.2	3.1	n.a.	12.0
欧州・中央アジア（高所得国を除く）	24.9	15.7	25.2	16.0	24.6	15.3	16.1	5.0
トルコ	47.8	19.2	34.5	15.2	77.0	27.9	15.2	5.8
ポーランド	25.6	10.1	25.1	11.3	26.1	8.8	5.5	2.1
ルーマニア	29.8	22.6	26.4	23.0	33.7	22.1	18.9	4.3
サブサハラ・アフリカ（高所得国を除く）	62.5	54.6	60.4	54.4	65.1	55.0	20.7	15.6
ケニア	46.9	57.5	38.1	51.4	57.1	63.9	24.3	34.2
コートジボワール	49.5	48.0	51.8	53.5	44.8	40.1	33.3	19.8
ザンビア	72.3	53.9	65.9	46.3	80.0	62.1	15.8	2.6
中南米（高所得国を除く）	23.5	14.3	29.0	18.8	13.1	7.6	8.0	4.8
メキシコ	25.9	13.0	32.6	18.3	9.8	3.7	6.5	3.4
ブラジル	22.4	9.4	26.7	13.2	14.3	4.2	6.8	4.4
チリ	19.1	9.2	25.2	11.9	6.2	5.3	9.3	3.6
高所得国	6.6	3.0	7.3	3.8	5.7	2.0	n.a.	1.3
日本	6.7	3.4	6.0	3.8	7.8	3.0	1.9	1.2
アメリカ	2.8	1.4	4.0	2.0	1.3	0.8	n.a.	0.9

（注）GDP に対する寄与の値において，低所得国，高所得国および中東・北アフリカの 2018 年の値
　　は 2017 年の数値を用いている。また，ポーランドの 1991 年の値は 1995 年の数値，日本の 1991
　　年と 2018 年の値はそれぞれ 1994 年と 2017 年の数値，アメリカの 2018 年の値は 2017 年の数値
　　をそれぞれ用いている。
（出所）World Development Indicators より筆者作成。

における農業生産性（1人当たりの付加価値額）が先進国と比較して低いことによるものである。表7-2は各地域の農業生産性の比較を表している[2]。農業労働力の割合でみると低所得国，つまり途上国の割合が先進国（高所得国）の

表7-2　農業生産性

	一人当たり付加価値額（$US）（2010年価格）	
	1991	2018
低所得国	460.1	622.6
下位中所得国	1,036.8	2,157.9
上位中所得国	1,335.8	4,926.0
東アジア・太平洋州（高所得国を除く）	852.2	3,510.9
中国	714.2	3,830.4
マレーシア	11,534.3	18,008.2
フィリピン	1,495.9	2,556.9
タイ	1,412.0	3,344.0
南アジア	800.6	1,593.8
バングラディシュ	416.9	976.4
パキスタン	1,557.0	1,683.8
中東・北アフリカ（高所得国を除く）	3,525.0	5,089.8
エジプト	2,839.6	5,371.0
アルジェリア	n.a.	20,820.7
欧州・中央アジア（高所得国を除く）	4,315.6	8,527.7
トルコ	5,549.0	15,493.4
ポーランド	4,269.8	5,879.5
ルーマニア	3,285.9	6,449.3
サブサハラ・アフリカ（高所得国を除く）	843.7	1,514.8
ケニア	1,663.0	1,288.9
コートジボワール	n.a.	2,528.8
ザンビア	943.4	476.3
中南米（高所得国を除く）	3,807.8	6,957.5
メキシコ	3,313.6	5,816.0
ブラジル	3,314.1	13,213.7
チリ	3,279.3	12,369.6
高所得国	16,203.6	31,540.5
日本	20,672.0	23,933.8
アメリカ	n.a.	79,054.8

　（注）高所得国とポーランドの1991年の値は1995年の数値であり，
　　　　アメリカの2018年の値は2017年の数値である。
　（出所）World Development Indicators より筆者作成。

2　この数値についても表7-1同様，農業・林業・漁業の付加価値額を使用しており，ここでは労働者1人当たりの付加価値額を代替値として用いている。

それを上回っているが，農業生産性についてみると先進国の方が途上国を圧倒的に上回っている。その生産性の格差は非常に大きいものであることが分かる。低所得国は高所得国と比べると，その格差は 1991 年時点で約 35 倍以上であり，2018 年では 50 倍以上であることがわかる。途上国の中でも相対的に労働生産性が高い中南米と比較しても，先進国との格差は 4 倍以上である。さらに，先進国と中所得国との生産性を比較すると，1991 年において，下位中所得国は約 15.6 倍であり上位中所得国は約 12.1 倍，2018 年においては，下位中所得国は約 14.6 倍であり上位中所得国は約 6.4 倍となっている。高所得国との生産性格差は低所得国においては拡大しているが，中所得国では低下している傾向にある。

2．農村部における雇用の特徴

農村部における雇用状況はいかなるものであろうか。Visaria（1998）はインドの農村部における失業率についてまとめている。それによると，インドにおける農村失業の実態は，驚くべきことに，いずれの時期においても極めて低い失業率であるとされている。これは同時期の都市部における失業率と比較しても遥かに低い値である。この農村失業率の極めて低い数値は，データの上だけからすると，ほぼ完全雇用といってもよい水準であろう。同様のことはエチオピアにも当てはまる。1981 年および 1982 年の同国では，農村部における失業者は事実上皆無であったとの報告がある[3]。果たして，これらのデータは農村部における雇用の実態を正確に現しているのであろうか。加藤・辻・陸（2005）はこの点について言及しており，農村部におけるインフォーマルセクターの労働者の割合は都市部におけるそれよりも大きく，このことは，農村部では失業者にカウントされない不完全雇用者が多く，農村部における失業の実態は実は極めて深刻でありながら，それが失業率という統計データに出てこないことを指摘している。

貧困率から経済動向を観察する場合，貧困率と貧困ギャップ率がある。貧困率はある貧困水準以下の経済水準で生活している割合がどれくらいであるのか

3　加藤・辻・陸（2005）で言及されている。

を示している。貧困ギャップ率は，貧困の度合いを示すものであり，貧困層が
どの程度貧しい状況であるのかを示している。近年の統計では地域別や国別に
このようなデータが整備されつつあるが，完全な時系列データで整備されてい
るわけではないため，本章では世界銀行の貧困率の統計を用いて，農村部と都
市部の貧困率の差について表7-3でまとめてある。

　その結果として，農村部における貧困の実態には極めて厳しいものがある。
表7-3に示されているように，各国が定めた貧困水準以下の割合については，
農村部は都市部ないし全国平均値よりもはるかに高くなっている国がほとんど
である。アジア地域をみると，近年著しい経済成長を達成しているタイやベト
ナムは，他の国よりもその貧困率は相対的に低いものの，都市部よりも農村部
の方が高い数値である。アフリカ地域や中南米地域では農村部の高い貧困率が

表7-3　貧困水準以下の人口割合

	年次	全国	農村部	都市部
アフリカ地域				
アルジェリア	2011	5.5	4.8	5.8
コートジボワール	2015	46.3	56.8	35.9
エジプト	2010	25.2	32.3	15.3
ガーナ	2012	24.2	37.9	10.6
ケニア	2005	46.8	49.1	33.7
ナミビア	2009	28.7	37.4	14.6
ニジェール	2011	48.9	55.2	18.6
トーゴ	2015	55.1	68.7	35.9
中南米地域				
ボリビア	2014	39.1	57.6	30.6
コロンビア	2015	27.8	40.3	24.1
コスタリカ	2015	21.7	27.9	19.4
ハイチ	2012	58.5	74.9	40.6
ニカラグア	2014	29.6	50.1	14.8
アジア地域				
バングラデシュ	2010	31.5	35.2	21.3
カンボジア	2012	17.7	20.8	6.4
インド	2011	21.9	25.7	13.7
イラク	2012	18.9	30.6	14.8
キルギス	2015	32.1	33.6	29.3
パキスタン	2013	29.5	35.6	18.2
タイ	2013	10.9	13.9	7.7
ベトナム	2014	13.5	18.6	3.8

（出所）World Development Indicators より筆者作成。

目立っており，極めて多くの人々が厳しい貧困の中での生活を余儀なくされていることがうかがえる。

3．農村とジェンダー

　1980年代に入って，経済開発論の分野にジェンダーという新しい分析の視角が付け加えられた。ジェンダーとは，女性と男性の経済，政治，社会，文化的な立場や役割の差異など両者の間の不平等な関係に焦点を当てる分析手法である。経済開発論の分野では，特に農村部における女性の虐げられた地位に注目し，その改善のための方策を検討するためにジェンダーの観点がよく使われている。FAO（国連食糧農業機関）のレポートによると，インドでは農村女性の60％が燃料の薪，家畜の飼料，食料を集め，家庭菜園を管理し，家畜の世話をしており，53％の農村女性が燃料のために牛糞団子を作り，63％の農村女性が水くみをしている[4]。これらの仕事はすべてILO（国際労働機関）基準に照らし合わせると経済活動として考慮されるべきであるのに，公式統計では農村女性のほとんど（73％）は経済活動をしていないと認識されている。例えば，パキスタンやバングラデシュでは，公式統計では女性の労働力参加は極めて低いとされている。

　このように，女性の経済活動に対する貢献が過小評価されていることは，農村部における生活水準の向上のための政策の策定や実施に影響を与えることになる。したがって，ジェンダーの観点が重要視されることになって以来，農村女性に対する教育を通じて，より高い生産性，緩やかな人口増加，幼児死亡率の低下，環境保全意識の高揚などの実現を目指すようになってきている。さらに，統計データについても，ジェンダーに対する配慮から男女を区別した統計データの作成が奨励されている。

4　FAO（2003）を参照（http://www.fao.org/3/x2785e/X2785e00.htm，2020年2月1日最終閲覧）。

第2節 農村生活の実態

1．農村人口の規模

　農村人口の規模と推移については，表7-4 に示されている。表7-4 は 1970 年，1990 年，2010 年，そして，2018 年における地域別の農村人口と都市人口をまとめたものである。

　全体的な傾向として見られる特徴は，ほとんどの途上国地域において，絶対数では農村人口は依然として増加し続けているものの，農村人口比率（全人口に占める農村人口の割合）は着実に低下傾向にある。低所得国や下位中所得国では 1970 年には人口全体の約 80％が農村人口であった。その割合は 2018 年には低所得国で約 67％，下位中所得国では約 60％となっている。一方で，上位中所得国では農村人口は 1990 年代までは増えているが，2010 年には低下傾向であり，農村人口比率は約半分になっている。これは，中所得国，いわゆる新興国での急速な都市化現象が進行していることでもある。なかでも，1970 年代から 2000 年代までの間に農村人口の割合が最も顕著に低下したと言われているのは東アジア・太平洋州であり，75％から 41％にまで低下している。このことは同地域で最も顕著な都市化が進行していたことを示すものである。中南米は，途上国地域の中で最も農村人口比率が低い地域であり，ほぼ先進国型の人口分布であると言えよう。

2．農村部の環境問題

　経済開発と環境問題は今日では多くの分野で課題としてあげられており，国や地域の問題ではなく，地球全体の問題でもあり，さまざまな視点から議論が展開されている。農村部における環境問題は，人口の多くが農村部に依然として居住していると共に，農村の人々が貧困状況の中にあるということによって，さらに悪化している。都市部において大気汚染が深刻であるのと同じくらい，農村部においても空気の汚染が問題となっているケースがある。それは室内空気汚染の問題として知られている。室内空気汚染は農家が料理をしたり，暖をとったりするときに使う燃料が原因である。貧しい農家では，灯油などの

表 7-4　農村人口と都市人口

		1970	1990	2010	2018
低所得国	農村人口	168.0	255.0	406.6	475.6
		(84)	(77)	(70)	(67)
	都市人口	33.0	77.3	170.7	229.8
		(16)	(23)	(30)	(33)
下位中所得国	農村人口	910.1	1,316.6	1,695.4	1,798.4
		(78)	(70)	(63)	(59)
	都市人口	260.0	558.8	993.1	1,224.5
		(22)	(30)	(37)	(41)
上位中所得国	農村人口	989.0	1,177.6	1,012.2	896.1
		(68)	(57)	(41)	(34)
	都市人口	469.4	890.0	1,485.4	1,757.7
		(32)	(43)	(59)	(66)
東アジア・太平洋州	農村人口	968.4	1,203.4	1,060.5	953.3
		(75)	(66)	(48)	(41)
	都市人口	322.0	618.8	1,146.4	1,374.9
		(25)	(34)	(52)	(59)
南アジア	農村人口	580.7	849.4	1,133.8	1,197.6
		(81)	(75)	(69)	(66)
	都市人口	133.0	284.1	505.0	616.8
		(19)	(25)	(31)	(34)
中東・北アフリカ	農村人口	79.4	114.5	144.1	155.4
		(57)	(45)	(37)	(35)
	都市人口	59.1	139.7	241.8	293.5
		(43)	(55)	(63)	(65)
欧州・中央アジア	農村人口	288.1	272.5	259.4	255.1
		(39)	(32)	(29)	(28)
	都市人口	448.8	568.2	627.4	661.9
		(61)	(68)	(71)	(72)
サブサハラ・アフリカ	農村人口	237.9	370.0	556.2	645.1
		(82)	(73)	(64)	(60)
	都市人口	52.7	139.4	312.8	433.2
		(18)	(27)	(36)	(40)
中南米	農村人口	122.2	129.6	126.7	124.5
		(43)	(29)	(21)	(19)
	都市人口	163.8	312.4	463.5	516.8
		(57)	(71)	(79)	(81)
高所得国	農村人口	269.0	258.5	232.5	225.9
		(32)	(26)	(20)	(19)
	都市人口	584.0	745.7	925.3	984.4
		(68)	(74)	(80)	(81)

（注）人口の単位は百万人。カッコ内は人口比率。
（出所）World Development Indicators より筆者作成。

商業燃料を買うことは難しい。そこで，木や藁，牛糞などのバイオマス燃料が使用されることになる[5]。バイオマス燃料は燃やすと煙を出すが，家中に煙が充満するので，健康被害が引き起こされるのである。その程度は深刻で，中国では料理の際に出る煙による健康被害の程度は WHO 基準の 11 倍，同じくインドでは 16 倍から 91 倍，ガンビアでは 1 日を通じた室内空気汚染の程度は WHO 基準の 4 倍から 11 倍と見積もられている[6]。この結果，都市部における大気汚染の場合と同様に，多くの農村住民が慢性的な呼吸器系疾患を患い，それによって命を落としている。

　水問題も経済発展を学ぶにあたり考えるべき問題のひとつである。水は人間が生きていく上で欠かせないものであるが，途上国では水の安全性に関して深刻な問題がある。それには，人が出す汚物に含まれる病原菌が原因で，飲み水を介して伝染病が瞬く間に蔓延する場合と，鉱工業や農業が垂れ流す有毒な化学物質や鉛や水銀などの重金属によって河川の水を汚染することによるものとがある。こうした汚染された水は上下水道を通じて適切に処理され，安全な水の供給の確保をすることが必要である。

　表 7-5 は世界銀行のデータをもとに，飲み水に対してアクセスできる人がどの程度いるのか，そして，衛生施設にアクセスできる人がどの程度いるのか所得別と地域別に整理したものである。この表が示しているように，適切な水に関しては都市部においてほぼ確保されているが，適切な衛生施設についてはまだ十分な確保がされていない。農村部は都市部よりも深刻な状況にある。2005年と 2017 年を比較すると，多くの地域で水や衛生施設へのアクセス状況は改善されているようにみえるが，まだまだその比率が低いところもある。特に，低所得国の農村部やサブサハラ・アフリカ地域では非常に低い割合しかアクセスできていないことがわかる。衛生施設，特にトイレについては，それがあるのが珍しいというべき状態である地域も多い。加藤・辻・陸（2005）では，2000 年において，世界で適切な水へのアクセスができない人は 12.5 億人いるが，そのほとんどが農村部に居住している（11 億人）一方で，衛生施設に関しては，世界で 30 億人で内農村部では 25 億人に達していることを言及してお

5　加藤・辻・陸（2005）を参照。
6　World Bank（1992）を参照。

り，このような状況は，下痢や伝染病の蔓延，寄生虫などのさまざまな健康上
の被害をもたらすとされている。途上国では下痢は死をもたらす恐ろしい病気
であり，毎年300万人以上がそれに関連する病気で命を落としている。そのほ
とんどが子どもである。また，9億人以上が回虫を，2億人以上が住血吸虫症
を患っていると見積もられている。さらに，有毒化学物質や重金属により汚染
されている河川に住む魚を食べることによる健康被害も生じている[7]。

　また，農村部における特有の環境問題としてあげられるのは，貧しい農家に
よって引き起こされる土壌劣化の問題がある。十分な耕作地がない農家は，耕
作が望ましくないところでも無理に開墾して農業を営むことになる。養分に乏
しい農地を酷使することは土壌を劣化させ，収穫高の減少を招くことになる。
これは特に，サブサハラ・アフリカの地域で顕著である[8]。無理な開墾は砂漠
化を進め，結果として土壌の浸食が引き起こされる。砂漠化は森林破壊にもつ
ながり，さらに，森林破壊は種の多様性を危険に陥れ，生態系の破壊につなが
ることとなる。また，農地が灌漑施設で整備されていても，灌漑施設が不適切
に使用されてしまうと，農地に塩害がもたらされ，その結果塩害に犯された農
地は放棄されて新たな土地が開墾され，そして，それが森林破壊や砂漠化につ

表 7-5　発展途上国における環境の実態

| | 飲み水に対するアクセス | | | | | | 衛生施設に対するアクセス | | | | | |
| | 2005 | | | 2017 | | | 2005 | | | 2017 | | |
	全国	農村部	都市部	全国	農村部	都市部	全国	農村部	都市部	全国	農村部	都市部
低所得国	47.0	34.9	78.5	57.5	45.5	82.8	24.5	17.8	41.8	30.4	23.6	44.8
下位中所得国	80.2	74.3	91.2	88.6	84.9	94.2	40.4	28.7	62.2	60.9	53.6	71.9
上位中所得国	88.6	77.3	97.9	94.6	88.1	98.2	72.9	57.8	85.1	87.2	78.3	91.9
東アジア・太平洋州	83.7	74.4	96.5	92.2	85.8	97.4	64.0	52.5	79.8	82.3	74.1	89.2
南アジア	83.7	80.0	93.0	92.3	90.5	95.9	31.1	20.8	56.4	58.7	52.8	70.5
中東・北アフリカ	88.3	78.2	96.2	93.2	87.3	97.0	83.7	73.9	90.9	89.1	81.0	93.7
欧州・中央アジア	94.5	87.7	98.3	96.3	93.9	97.5	87.9	77.1	93.9	93.9	88.2	96.7
サブサハラ・アフリカ	50.0	35.2	79.0	60.9	45.7	84.1	24.9	17.9	38.8	30.9	21.7	44.9
中南米	92.3	75.4	97.2	96.5	87.0	99.1	77.4	52.5	84.1	86.1	67.8	90.9
高所得国	99.1	97.8	99.7	99.5	98.7	99.8	98.9	97.0	99.1	99.4	98.9	99.3

　(注)　単位は人口比率。飲み水に対するアクセスとは，基本的な飲み水の利用にアクセスできる人口
　　　比率であり，飲み水とその管理の両方が該当する。また，衛生施設に対するアクセスとは，基本
　　　的な衛生サービスを使用する人口比率と安全に管理された衛生サービスを使用している人口比率
　　　の両方が該当する。
　(出所)　World Development Indicators より筆者作成。

7　加藤・辻・陸（2005）を参照。
8　World Bank（1992）を参照。

ながっていく。こうした，無秩序，無計画な農業は長期的には成り立たず，貧しい農民は自分の首を自らの手で締めていることになっているのである。

第3節　農村における貧困の原因と農村開発の必要性

1. 開発政策における農業の位置づけ

　発展途上国の農業が停滞している原因は主に2つある。ひとつは，途上国の開発政策との関わりである。途上国は植民地から独立するや否や，経済的に自立する手段として工業化の重要性を認め，工業化を推進することによって経済発展を実現しようとした。そのためには，資本に加え，技術やノウハウ，燃料や原材料などさまざまな投入物が必要となるが，それらのほとんどは途上国でまかなえるものではなかったが，ひとつだけ途上国でまかなえる重要な要素があった。それが未熟練（つまり低賃金）労働力であった。ルイス理論は，工業化の重要なプロセスの1コマとして，工場が多く立地する途上国の都市部で希少な未熟練労働力を供給するために農村から都市へ労働力の無制限的供給が生じると示したが，途上国の農業部門には未熟練労働力の供給源としての役割が求められたのであった。

　しかし，そのことは工業化を推進するためのインフラ整備や教育の改善，生活環境の改善などの開発政策が都市部に集中する一方，農村部では生存のための（つまり商業的ではない）農業以外に，雇用を創出し，高い付加価値を生み出すような産業が育成されることはなく，また，農業生産様式の改善も優先課題としてみなされることはなかった。こうして，農業および農村部門は開発から取り残される結果になってしまった。

　さらに，工業化を推進するためにとられたさまざまな戦略的措置が途上国農業の成長を難しくしたことも事実である。その典型的なものが通貨の過大評価政策である。途上国政府は工業化を有利に進めるために，工場の設立・操業に必要な産業機械などの資本財，工業製品組み立てに必要な部品などの中間財の輸入をしやすくするために為替を自国に有利になるように操作したのであった。この結果，自国通貨を過大評価することによって，資本財・中間財が比較的安価に導入できるようにし，工業化を推進した。しかし，同時にそれは従来

の輸出品である農産物の価格も上昇させ，輸出を困難にした。農産物輸出の困難に伴う外貨収入の減少と工業化のための資本財・中間財輸入に伴う外貨支出の増大は経常収支赤字を助長し，多くの途上国にとってその後の経済発展に大きな問題をもたらすことになった。

２．植民地主義と村落共同体

　もうひとつの原因に，欧米諸国の経済社会システムの強引な導入が途上国における既存の農村社会システムを破壊したことが挙げられる。植民地化されたことによってもたらされた欧米の経済社会システムとは，租税制度，現金作物，貨幣経済制度などであり，我々先進国の住民にとっては何ら目新しいものではないし，むしろ，こうした制度を導入することはよいことであるとさえ思うかもしれない。しかし，問題は，これまで途上国には存在していなかった制度が，既存の農村社会システムとの整合性，順応性などが完全に無視されて強引に導入されたことである。

　そもそも，途上国における伝統的な社会は農業中心の農村社会であり，農業はもっぱら自給自足を前提としており，自家消費の余りを近くの市場で販売する程度で，商業的農業は営んでいなかった。これは，低い農業生産性と前近代的な農法に象徴されるように，先進国型農業とは極めて異なる，非効率的な農業である。しかし，そういうやり方でこれまで農業を営んできた貧しい農民にとって，実はそのやり方こそが「合理的な」農業の営みであった。すなわち，新しい農業技術が紹介されたとしても，貧しい農民にとっては未知の技術であり，果たして確実に収穫量が上昇すると確信できるであろうか。仮に失敗して不作に終わると，その他に生計を立てる手段はないので，飢えるしか道はないのである。その一方，既存のやり方で農業を営むと生産性自体は低いかもしれないが，これまでの経験から，干ばつなどの天候不順に対してもさまざまな対処法について十分なノウハウと備えができているのである[9]。限られた程度ではあるが，農法に工夫をしたり，家畜を処分したり，親族を頼りにしてその場しのぎをしたりして，何とか危機を乗り越えてきたのであった。危機を乗り越

9　Elliot（1994）を参照。

えるためのカギは貧しい農民の知恵と共に，彼らが互いに支え，助け合う信頼に基づいた農村社会（すなわち村落共同体）の存在であった。

　しかし，植民地化されて欧米の経済社会システムが導入されたことによって，現金作物の栽培が奨励されるようになった。これは貧しい農民に現金をもたらしたのであったが，その反面，プランテーションが途上国の各地に作られ，これまで主要穀物を栽培していた農地が輸出用の現金作物の栽培地に転用されることになった。しかし，現金作物の市況は絶えず変動し，農民には安定的な所得はもたらされなかったし，主食を栽培するための耕作地も減少した。また，租税制度と貨幣の導入はこれまでの地主の役割を一変させ，小作農を酷使するだけでなく，保護する役目も担っていた地主の役割がなくなり，所有権の確立とも相まって，地主の所有地は農村にあるが，地主自身は都市に居住するようになった（すなわち不在地主化）。租税の徴収は政府が行うようになったが，農民に対する資金の融通は高利貸しによって担われるようになった。これにより，これまでの信用に基づく関係でうまくやりくりできていた貸し借りの関係が成り立たなくなり，融資の返済ができない農民は担保の土地を没収されることとなった。その結果として，こうした近代的制度の導入によって恩恵を受ける者は現れたが，それはごく一部でしかなく，大多数の農民の生活はさらに厳しいものになった。

3．農村開発の定義

　途上国の農村部における貧困は，既に述べてきたように，単なる農業の不振が原因ではない。農村社会の基底が殖民地化によって崩され，農村での生活が成り立たなくなってしまったことにも原因がある。したがって，農村部における貧困に対する対策は農業のみならず，農村社会全体を対象にするものでなければならない。それを実現するのが，農村開発政策である。

　では，農村開発とは何であろうか。農村開発は農業開発と同義ではない。むしろ，農業開発は農村開発に含まれるものと考えるのが適切であろう。農業開発とは，農業生産の増大に焦点を絞って，農法の改善などを通じて農業生産性の向上をねらうものであるが，農村開発とは，農村そのものを開発の対象とするものである。したがって，対象分野にはもちろん農業も含まれるが，それ以

外に，農村におけるインフラストラクチャー，農村生活，農業以外の産業も対象であり，農村経済全体を対象にした総合的な開発政策，であると言える。

　なぜ農村開発が求められるのであろうか。それは，農村開発を通じて途上国における貧困問題の根本的原因である農村の疲弊にメスを入れることによって，農村部だけでなく，都市部における諸問題の解決にもつながることが期待されるからである。都市部におけるスラムの増殖や大規模な失業の存在は農村から都市への出稼ぎ労働によって拍車がかけられているわけであり，農村部における貧困が都市部における貧困を助長しているのである。したがって，農村部の生活水準の向上なしに，都市部における失業などの経済社会的問題も解決できないのである。途上国の農村はこれまでの工業化一辺倒の都市重視型開発政策の陰に隠れて無視されてきたが，実は途上国における国内の諸問題を解決するにあたって最も重要視されなければならないのである。

4. 農村開発政策の歴史

　一般的にいわれている農村開発政策の初期モデルは，1948 年にインドのウッタルプラデシュ州において試みられたコミュニティ開発計画であるとされる。これは，貧困農村地域の発展モデルとして，①人々の直接参加の実現，②コミュニティ問題解決のための民主的プロセスの導入，③技術移転の促進という3つの柱の下で実践される新たな開発の試みであった。しかし，この斬新な開発政策はインドにおける官僚主義の強い抵抗にあい，1960 年代に後退してしまった。

　その一方，南アジアで発生した飢饉により食糧増産の必要性が大きな注目を集め，農業開発が重視されるようになった。その結果，1960 年代にフィリピンの IRRI（国際稲研究所）が開発した米，小麦，トウモロコシの高収量品種が途上国に広く導入された。高収量品種を使って農村の貧困を解決しようとするこの計画は「緑の革命」として知られているが高収量を実現するためには，肥料や農薬を多投することが求められ，また，灌漑施設を整備し，水の管理を徹底することが求められた。さらに，この方法はある程度大規模な土地で行うことが望ましかった。しかし，貧困農民は高収量品種の種子の購入も含めて，上記の条件を満たすことができず，「緑の革命」の恩恵に浴するものは富農な

どごくわずかしかいなかった。また，都市部で行われていた工業開発の成果
が「トリクルダウン効果」を通じて，貧困層にも行き渡ることが期待されてい
たが実現はしなかった。その結果，貧困層と富裕層との格差がますます拡大し
た。

　そういう状況の中で，貧困層にとってまず衣食住という人間が生きていくた
めに必要な基本的なものを満たすことを第一に考えなければならないという考
え方が主流になってきた。これは「ベーシック・ヒューマン・ニーズ論」と呼
ばれ，食料供給，安全な水，保健衛生，初等教育などへのアクセスを確保する
ことが求められた。こうした背景の中で，農村開発の重要性が再び脚光を集め
ることになったのである。そこで注目されたのがバングラデシュのコミラ・モ
デルである。

　コミラ・モデルとは，バングラデシュのコミラ地区で行われていた農村の開
発に関するパイロット・プロジェクトである。コミラ・モデルの特徴はいくつ
かあるが，その中で重要なもののひとつが二層式協同組合システムである。こ
れは，200世帯ほどで構成される単位農業協同組合と，群レベルで存在してい
る多くの単位農協を組織化した農業連合という2種類のレベルの異なる組織を
形成し，重層的に農村開発を進めていこうとしたものである。「緑の革命」の
ような上からの一方的な開発は，地域住民のニーズに注意を払わず，押しつけ
になることがしばしばあった。そういう意味で，200世帯ほどの比較的小さな
規模で農協を組織化しようとした背景には，組合員の声を組織の運営に反映さ
せやすくして，組合員の居住する地域のニーズに見合った運営を実現したいと
いうねらいがあった。とはいうものの，組織を小規模にすると，地域密着型の
組織運営をすることはできても，逆に，個々の組織は極めて小さく，地方政府
や中央政府に対する影響力を持つことができない。そこで，コミラ・モデルで
は，小さな組織体である単位農協のいくつかを群レベルで組織化し，ひとつの
大きな連合体にまとめ上げる方式をとった。そうすることによって，小さな組
織では実現することのできない大型農業機械の購入やリース，そして，農民の
声を政府に反映させることなど，大規模組織にしかできない業務も可能になっ
た。

　コミラ・モデルでは，開発計画の策定にあたって，3つの大きな目安が立て

られた。第一に農業生産を増加させること，第二に農産物増産のための間接的支援をすること，第三に非農業部門を振興することである。農業生産の増加を達成するために，コミラ・モデルでは，農業機械や資材（種子，肥料，農薬など）の購入や農産物の販売を共同で行うこと，生産情報網の構築と同時に，農業の経営指導も行い，小規模金融制度も設立した。また，増産された農産物が近隣の市場や大都市へ運搬されるように，道路，橋梁などの輸送網など農村基盤整備にも力を入れた。こうした農業ないし農業関連の支援事業の他に，コミラ・モデルは非農業部門にも力を入れた。そのひとつは，農村家内工業の振興であり，主に農家の女性に対して農外所得を獲得する機会を作って，農家の家計を安定化させること，もうひとつは，教育・訓練を受ける機会を増やし，保健衛生の充実を図ることも重要視された。

　このように，コミラ・モデルは開発対象範囲を農業生産から農村社会まで拡大し，農村における主要産業のみの発展にとどまらず，農村の生活全般を含んだ総合的な発展を目指すという点で，極めて斬新かつ理想的な計画であった。しかし，このようなコミラ・モデルでさえ，いくつかの問題点をはらんでいた。第一に，コミラ・モデルは小規模金融制度を設けたが，融資を受けるためには当然のごとく担保（通常は土地）が要求され，実際に融資を受けることができた農家は担保を十分に出すことができる土地持ち富裕層に限られた。第二に，米などの主食以外に野菜や果樹の生産をする多角経営が進められたが，多くの貧農は多角経営に乗り出す資金の余裕がないのと同時に，失敗することをおそれて，多角経営化は実現できなかった。第三に，総合的な農村開発を目指したコミラ・モデルでさえ，農家の家計は主に農業によって支えられるものであるという固定観念から抜け出すことはできなかった。しかし，途上国の貧農は土地なし層がほとんどであり，そうした土地なし小作農を貧困から脱却させるためには，農業以外の何らかの手段が必要であった。すなわち，脱農ストラテジーを考案しなければならなかったのであるが，その点は重視されなかった。第四に，農村基盤整備は行われたには違いないが，地方拠点都市とのネットワークづくりなどはあまり促進されず，農村部における農業および非農業部門の生産を活性化させることができなかったということが指摘されている。

5. 今後の農村開発政策の在り方

　グラミン銀行総裁のユヌス氏は「農村の住民の上半分は援助なしに自分たち
でやっていけるものである。援助を必要とするのは下半分の貧しい人々であ
る」[10] といっているように，これまでの農村を対象にした開発政策は結果とし
て農村の富裕層をさらに富ませるというような矛盾を繰り返してきた。また，
豊かな層からの「トリクルダウン効果」も期待できなかった。そこで，その様
な教訓を得て，今後の農村開発政策はいかなるものであるべきなのか，という
ことについて最後に整理してみる。

　今後の農村開発の在り方として次に述べる四本柱が重要であろう。第一は農
業経営の多角化である。基本農作物は米などの主食を生産し続けるとしても，
農閑期に野菜や果樹を栽培し，農業収入源を多様化することである。しかし，
農業経営の多角化は先ほど触れたように，貧農にとっては非常にリスクの大き
い選択肢である。したがって，実現は相当難しいと言える。そこで，第二の柱
となるのが，農外所得の確保である。農外所得とは，まさに文字通り，農業以
外の経済活動から得る収入ということである。日本では兼業農家という呼ば
れ方をしているが，農業に従事する以外に，農産物加工や籠づくり，土器の製
造，家畜の世話，商店や食堂の経営などを始めるということである。貧農は耕
す土地を持たないのであり，多角経営ができる農家は限られている。そこで，
土地が無くても収入を上げることができる農外経済活動が極めて重要になって
くるのである。

　第三の柱は金融に対するアクセスを確保することである。「負債の中に生ま
れ，負債の中に生き，負債の中に死ぬ」[11] という言葉は途上国における貧農の
厳しい生活の実態を適切に表現しているが，現在では，「融資は人権である」
とまで言われている。なぜ貧農に対して融資をすることは重要なのであろう
か。それは，貧農に対する融資は必ず焦げ付き，成果を上げないと思い込まれ
てきたが，それに反する成功例が明らかになってきたからである。その様な小
規模金融（マイクロ・クレジット）機関の代表例がバングラデシュのグラミン
銀行（Grameen Bank）と呼ばれる組織である。この組織は専ら普通の金融機

10　木村（1998）を参照。
11　同上。

関からは融資の相手にしてもらえないような担保を持たない貧困者，中でも貧困女性を中心とした融資業務を行っている。グラミン銀行の融資は非常に特徴的で，融資を受けるものは一切担保を用意する必要はないが，担保の代わりに5人でひとつのグループを作り，そのグループ内での結束を担保としてグループ内のひとりひとりに融資をしていくという方式を採用している。通常ならば融資を受けられないような貧困層ばかりが融資を受けているのであるが，返済率は98％を超え，投資した人々の投資収益率は150％を上回る実績をあげている。グラミン銀行からの融資を受けた者は家畜を飼ったり，織物をしたり，土器づくりをしたりなど，農外収入の確保・充実に努めている。これによって，貧困層の生活に余裕が生まれてくる。このようなグラミン銀行の顕著な成果は多くの援助関係者の注目を引き，グラミン銀行のコピー版が多くの途上国で実践され始めている。

　第四の柱は参加型農村開発の推進である。理論上ではいくら完璧なモデルでも，実行に移すと予測通りに成果が現れないことは良くあることである。それにはいろいろな理由が考えられるが，重要な理由のひとつは，モデルを実践しようとする農村開発の関係者が対象地域の人々にとっては完全な「部外者」であり，地元の人々の協力が得られなかったというケースである。ごく最近の研究では，農村開発に関わらず，各種の開発計画が成功するか失敗するかのカギを握るのがソーシャル・キャピタル（社会関係資本とも言われる）の存在であるという指摘がある。すなわち，表面上は同質的な開発プロジェクトでもその成果に違いがあるのはなぜかという疑問に対して，各種プログラムが既存の社会制度を無視した形で行われているのか，あるいは，そうした制度を尊重して計画が進められているのかによって，成果に違いが生じているという研究が多く報告され始めている。今後の農村開発の在り方は，上からの押しつけではなく，プロジェクト対象地域の社会制度に配慮し，対象者のプロジェクトへの自発的な参加を前提とするものになるであろう。

　本章では，農業の不振と劣悪な農村生活の実態を整理し，その改善を実現するためには従来の農業開発ではなく，農村開発が求められていることを確認した。農村開発には農業開発の要素も含まれるため，生産性の向上や農業経営の多角化も促されるのであるが，農村開発の意義は開発対象の総合性にある。農

村部の貧困層を総済的に豊かにするだけではなく，農村部における生活そのも
のを都市に劣らないくらいに快適で便利なものにしようと努め，貧困層に対し
て脱農ストラテジーを提供し，農業だけにこだわる必要はないとしている点は
これまでの農業開発にはない発想である。こうして，農村部における生活水準
が向上すると，出稼ぎ労働に対する潜在的な需要が押さえられることになり，
これは都市部における人口圧力，大規模失業，劣悪な環境という問題の解決に
もつながるわけである。農村開発は農村部の貧困を緩和することだけが目的
ではなく，都市部における貧困問題の解決にとっても極めて重要である。これ
までは，農村ないし農業は経済開発にとってほとんど重要な役割を担ってこな
かった。しかし，本章で整理したように，農村は都市問題の発生・悪化に対し
て無視できない存在でもあろう。そういう意味で，農村開発は農業の活性化や
農村部における生活水準の向上に必要なだけではなく，途上国全体の貧困問題
の解決にとっても重要なカギを握っていると言える。

Column　緑の革命

　農業において最も重要な生産要素は土地と労働力である。20 世紀の中葉から，「科学的農業」(science-based agriculture) の発達によって，50 年足らずの間に農用地増加が 30％しかなかったのに対して世界の人口は約２倍半の増加を示した。爆発的な人口増加を背景に，科学者や政治家は世界の食料生産を高めることを徹底的に目指していた。その結果生れたのが「緑の革命」である。「緑の革命」の生みの親として知られているのは，ノーマン・ボーローグという農学者である。彼は世界の食糧不足の改善に尽くしたとして，1970 年にノーベル平和賞を受賞した。

　人口１人当たりの農地面積が半分以下に減少したにもかかわらず，１人当たりの穀物生産は 30％近く増加した。明かに，科学的農業のもたらした土地生産性の向上であろう。科学的農業以前における土地生産性の向上は，主として土壌の肥沃度維持を目指した休閑や輪作などの農法の発展によるものである。中世ヨーロッパにおける二圃制から三圃制農法への移行や，18 世紀の三圃制に代わる新しい輪作体系は，いずれも自然の養分のリサイクルを基軸とした「資源依存型農業」(resource-based agriculture) であって，人口成長率が１％に満たない段階での食料需要の増大を満たすことはできたが，化学肥料の投入と科学的研究にもとづく作物品種の改良を基軸とする科学的農業の発展は年率２％の人口成長に見合った食料供給を可能にしたのである。

　1941 年，ロックフェラー財団とメキシコ政府が共同でコーンと小麦の開発のため，メキシコにトウモロコシ・小麦改良センターを開設し，高収量品種の開発研究を開始した。その後，1962 年には米の開発のためにロックフェラー財団とフォード財団，またフィリピン政府の協力の下に「国際稲研究所（IRRI）」がフィリピン大学農学部の構内に作られ，米の高収量品種開発の研究を始めた。そして 60 年代の後半には，草丈が短く太い高収量の近代品種 IR8 の開発に成功した。

　アジアの稲作農業は長い間，天水田に頼るところが多かった。灌漑施設の貧弱な地域で乾期の水不足を回避しながら稲作を続けるには深水の圃場が不可欠である。それらの条件で生まれた水稲の品種はインディカ種である。しかし，この在来の米品種インディカ種の稲は草丈が高いため収穫前に倒伏しやすく，籾の収量が低いという宿命をもっていた。近代品種 IR8 は在来品種に比べて草丈が短くて太い。さらに葉が直立して効率的な光合成を可能にしたため，在来種に比べて単収が格段に高くなった。アジア諸国においてこの高収量品種の導入が劇的に増加した。

　「緑の革命」は1960年代から1970年代にかけて世界の食料生産に大きな影響を及ぼした。しかし，開発途上国に導入されたこの「緑の革命」は，伝統的な農業と環境を破壊する原因ともなり，飢餓や砂漠化の原因のひとつとなったとする見方もある。高収量品種はそれに適した農業基盤を必要としたために，当時多くのアジアの貧困農家は，その恩恵を受けられなかったという現実もあった。

　「緑の革命」は世界を食糧不足から救うことを目的として生まれた農業革命であるが，同時に，種苗を足がかりとした多国籍企業による農業支配の序幕の意味を持っていたことも指摘され，今日では，「緑の革命」は持続可能な農業技術であろうかという疑問の声もあがっている。

第**8**章

経済発展と都市化政策

第1節　都市化の実態

1．都市の役割

　都市化とは，農業を主体とした伝統的な農村社会から工業とサービス業を主体とした近代都市社会へと徐々に変化する歴史的過程をいう。具体的には人口や職業の変化，産業構造の変化，土地および地域空間の変化が含まれる。都市化によって人口がある地域に集中すると，その地域の経済活動が活性化することによってさまざまな便益が居住者にもたらされる。それは，公共サービスの充実や交通の利便性がよくなること，さまざまな娯楽や教育サービスが提供されることなどである。こうした多様な財やサービスの提供は居住者の生活を豊かなものにする。

　そして，人口がある地域に集中することによって新たな産業の集積が促され経済活動が活性化する。例えば，製品の輸送にかかる費用が大きな産業は，工場の立地を消費者に近い場所へ移転させるであろう。これは都市化がもつ前方連関効果である。これとは別に，都市やその周辺部で産業が興り，生産が拡大することによって，そうした産業へ中間財を供給する産業の集積が始まる。これは後方連関効果である。

　このように，都市は人口が集中することによって人々の暮らしを豊かにし，さらに，前方連関効果と後方連関効果を通じて新たな産業の勃興と関連産業の集積を促すことによって，経済活動の活性化を促し，集積の経済をもたらしている。これが「都市化の経済」と呼ばれるものである。

　しかし，ある一定の限度を超えた人口の都市への集中は，便益よりもむしろ弊害をもたらすことになる。つまり，人口が都市に集中し過ぎて人口密度が異常に高くなると，混雑騒音，地価高騰，インフラ整備のコスト上昇などの問題が発生する。すなわち，都市の集積には，規模の経済性とともに，外部不経済が同時に存在するのである。都市規模が巨大化すればするほど，規模の経済性と外部不経済のバランスを図ることが困難になる。また，発展途上国ではこのバランスが崩れやすいとも言われている。

　ここでは，発展途上国の都市化がどのように進んでいるかに注目したい。国連レポートによれば，人口の伸びは鈍化しているものの，世界の人口は2019年で77億人を超えており，これからの30年間の人口増加は約20億で，2050年までに97億人，2100年までに110億人まで増加すると予想されている[1]。一方，都市人口については，United Nations の *World Urbanization Prospects 2018* によると，2018年現在，55%の世界人口が都市部に暮らしている。都市・農村人口分布は，従来の先進国では都市部7対農村部3，発展途上国ではその逆であったが，その割合が当てはまらなくなっていく。1950年には30%に過ぎなかった都市部に住む人口の割合は，2050年には68%に達すると予測されている。1950年の世界都市人口は7.51億人で，2018年では42億人となり，その増加は約5.6倍となった。この間の世界人口は25.36億人から76.31億人と3.0倍に増加したのに対して都市人口の増加率は約その2倍となっている。都市部の人口増加は，自然増だけでなく農村から都市への人口移動によるところが大きく，2050年までに都市部人口は25億人増加し，そのうち90%近くがこれまで都市化が進んでこなかったアジア・アフリカ地域の増加と予測されている。1,000万人を超えるメガシティと呼ばれる都市が43に増え，そのほとんどが発展途上国に存在するとも予想されている[2]。

　表8-1は世界の都市人口の推移と将来推計を示している。この表から発展途上国の都市化の現状は人口増加の鈍化とは全く異なる様子であることがわか

1　https://population.un.org/wpp/Publications/Files/WPP2019_DataBooklet.pdf による（2020年2月1日最終閲覧）。

2　United Nations (2018), World Urbanization Prospects 2018. (https://population.un.org/wup/，2020年2月1日最終閲覧)

る。この表からは，先進国より発展途上国のほうが 1,000 万人を超える大都市
の数が多く，そして人口の規模も近年に逆転したことがわかる。1950 年には
先進国の都市人口の方が発展途上国（低および中所得国）よりも大きかったの
が，2010 年データでは逆転し，2030 年では，後者の都市人口は前者のそれと
は対照的に凄い勢いで増加していき，特にアジアとアフリカで都市人口の伸び
が顕著であることが読み取れる。

表 8-1　世界主要都市の人口推移と予測

都市	国	人口（千人）		年平均人口増加率（%）		
		1950年	2010年	2030年	1950～2010年	2010～30年
ブエノスアイレス	アルゼンチン	5,098	14,246	16,956	1.73	0.87
ダッカ	バングラデシュ	336	14,731	27,374	6.50	3.15
リオデイジャネイロ	ブラジル	3,026	12,374	14,174	2.37	0.68
サンパウロ	〃	2,334	19,660	23,444	3.62	0.88
北京	中国	1,671	16,190	27,706	3.86	2.72
重慶	〃	1,567	11,244	17,380	3.34	2.20
上海	〃	4,301	19,980	30,751	2.59	2.18
深圳	〃	3	10,223	12,673	14.43	1.08
カイロ	エジプト	2,494	16,899	24,502	3.24	1.87
パリ	フランス	6,283	10,460	11,803	0.85	0.61
デリー	インド	1,369	21,935	36,060	4.73	2.52
コルカタ（カルカッタ）	〃	4,513	14,283	19,092	1.94	1.46
ムンバイ（ボンベイ）	〃	2,857	19,422	27,797	3.25	1.81
近畿	日本	7,005	19,492	19,976	1.72	0.12
東京	〃	11,275	36,834	37,190	1.99	0.05
メキシコシティー	メキシコ	3,365	20,132	23,865	3.03	0.85
ラゴス	ナイジェリア	325	10,781	24,239	6.01	4.13
カラチ	パキスタン	1,055	14,081	24,838	4.41	2.88
マニラ	フィリピン	1,544	11,891	16,756	3.46	1.73
モスクワ	ロシア連邦	5,356	11,461	12,200	1.28	0.31
イスタンブール	トルコ	967	12,703	16,694	4.38	1.38
ロサンゼルス	アメリカ合衆国	4,046	12,160	13,257	1.85	0.43
ニューヨーク	〃	12,338	18,365	19,885	0.67	0.40

（注）UN, World Urbanization Prospects: The 2014 Revision による。2010 年の人口が 1,000 万人以
　　上の都市のみ（23 都市）。都市域は可能な限り広くとっているが，一部の国では行政的市域のデー
　　タによっている。配列は国のアルファベット順による。年平均人口増加率（%）は（n√（P1／
　　P0）−1）×100 によって算出。ただし，P0，P1 はそれぞれ期首，期末人口，n は期間。
（出所）国立社会保障・人口問題研究所「世界の主要都市人口の推移と将来推計：1950〜2035 年」
　　（http://www.ipss.go.jp/syoushika/tohkei/Popular/Popular2019.asp，2020 年 2 月 1 日最終閲
　　覧）を参考し筆者作成。

　このように，都市化は世界各地で起こっている。こうした世界的な都市化動向の中，これまで以上の速さで都市化が進んでいくと考えられ，都市部の拡大にいかに適切に対応できるかが重要な課題となる。農村部のみならず都市部の人々の生活改善など，バランスの取れた政策が求められている。前章では，農村部における農村開発のアプローチを提示したが，この章では，都市部の雇用吸収を通じて経済発展と都市化問題がどのように関わっているかに注目したい。

２．都市化の実態

(1)　スラムの実態と規模

　スラムとは，不法に占拠した狭い土地に多くの人々が密集して居住している劣悪な居住地のことをいう。不法占拠地であるから，上下水道，電気のような公共サービスに対するアクセスはないが，なかには電気を不法に引いているケースもある。家屋は粗末なものが圧倒的に多く，板の端切れなどを張り合わせて作った掘っ建て小屋のようなものから，もっとしっかりした家までいろいろなレベルの家がある。

　スラムは不法占拠地であるため，そこに居住する住民の公式統計は存在しないが，2016年に公表された UN-HABITAT の報告書によると，発展途上国の全人口の29.7％がスラムに居住し，発展途上国スラム人口の63.9％はアジアに集中している。都市人口に占めるスラム居住者の割合が最も高いのはサブサハラ・アフリカ55.9％，それに次いで南アジア31.3％，東南アジア28.4％，東アジア26.2％，西アジア24.9％，オセアニア24.1％，ラテンアメリカ・カリブ海諸国21.1％，北アフリカの割合が最も低い11.9％となっている[3]。

　スラムに住み着いている人々は元々都市住民ではないケースがほとんどである。農村部での生活に見切りをつけて，あるいは，都会での生活に憧れて都市を目指してきた者がスラム住民の始まりである。少しでも高い所得を期待して出稼ぎに都市に来た者が就職を見つからず，また，教育・技能水準の低い彼らにとっては就職先を見つけるのは非常に困難である。しかし，就職できな

3　https://unhabitat.org/sites/default/files/documents/2019-05/slum_almanac_2015-2016_psup.
pdf による（2020年2月1日最終閲覧）。

かったからと言って農村部へ帰るわけにはいかない。結局，都市部における最下層を構成する者としてスラムに居住するようになったのである。このスラムの規摸が拡大し，いまや発展途上国の都市部における深刻な社会問題となっている。したがって，都市部のスラム住民を如何に合法的な地域に住まわせ，如何に適切な職を与えるのかが急務の課題となっている。

(2)　都市の失業と都市インフォーマルセクター

　発展途上国の都市部が抱えるもうひとつ深刻な社会問題は都市の失業問題である。しかし，定期的な公式データの公表はなく，都市部に限定した失業率を測定するのが困難である。表 8-2 で示した都市失業率についてみてみると，農村失業率よりは高いものの，極端に高水準な失業率を示しているわけでもないが，ここで注意すべき点は，掲載されている失業率はあくまでも各国政府が公表している数値を国際機関が再掲しているに過ぎず，実態を反映したものとは言い難いことである。

　先進国と違って，発展途上国の失業の実態について正確に把握するためには，政府の公式統計で示される失業率のほかに不完全雇用の割合についても把握しなければならない。トダロ（1997）によれば，不完全雇用率を含める広

表 8-2　都市失業と農村失業の比較

	都市失業	農村失業
スリランカ	6.4	5.8
モルドバ	8.0	5.0
トルコ	19.8	8.9
ブラジル	8.1	2.5
コロンビア	12.0	7.6
コスタリカ	4.8	5.1
エクアドル	7.3	3.0
メキシコ	4.3	2.6
パナマ	6.5	3.7
パラグアイ	7.4	3.2
カンボジア	4.5	1.0
ネパール	7.5	1.2

（注）スリランカ，モルドバ，トルコは 2009 年。それ
　　　以外は 2008 年。
（出所）ILO RURAL STATISTICS DATASET を参考
　　　し筆者作成。

い意味での失業率は30％前後に及び，アフリカではほぼ40％に達したとしている[4]。このような不完全雇用者は偽装失業者として捉えられる。偽装失業の労働者でも何らかの経済活動をしない限り自らの生計を立てていくことができない。こうした生計を営むための経済活動は総称して都市インフォーマルセクターと呼ばれているものに含まれる。発展途上国においては失業問題と都市インフォーマルセクターは表裏一体のもとである。

　第6章第3節で触れたように，インフォーマルセクターとは，露店商，力車引きや家政婦など行政的な保護や規制を受けず，公式統計にも把握されていない経済活動部門をいう。より具体的に言えば，それは，公務員や民間企業の従業風のような正規の職業に就くことができなかったものが毎日の糧を稼ぐために従事する雑業的なサービス業に代表される経済活動を総称したものである。

　辻（2015）によれば，スラム住民の多くは都市インフォーマルセクターで働いているのが実態であり，都市インフォーマルセクターに分類される職業には共通して以下のようないくつかの特徴がある。①個人あるいは家族単位，②就職にあたって最低限必要な教育水準はない，③単純労働，あるいは技術などを要しない労働集約的な仕事，④長時間労働，⑤参入するのは簡単で競争は激しい，⑥事業参入・事業拡張のための正規金融に対するアクセスはできない，⑦社会保障制度の対象外である，⑧公共サービスへのアクセスはできない，というようなものである。つまり，都市インフォーマルセクターで労働に従事する者は，貧しいがゆえに教育がなく，教育がなく読み書きできないがゆえに，正規の労働に従事することができず，結局は誰でも簡単にできる仕事に従事せざるを得ない状態となっている。代表的な仕事として挙げられるのは，人力車夫，露天商，廃品回収業，靴磨き，ゴミ拾い，売春などである。

　この都市インフォーマルセクターの規模は表8-3で示したように，BRICsの一員であるインドは全雇用機会の8割以上がインフォーマルセクターに分類される。米国・メキシコ・カナダ協定（USMCA）の加盟国であるメキシコですら，全雇用機会の半分以上の53.7％がインフォーマルセクターである。

　この都市インフォーマルセクターをどのように考えるべきであろうか。これ

4　トダロ（1997），290頁。

表8-3 インフォーマルセクターの雇用規模が大きい諸国（%）

	割合	年次
インド	83.5	2004−5
フィリピン	70.1	2008
ベトナム	68.2	2009
スリランカ	62.1	2009
マリ	81.8	2004
タンザニア	76.2	2005−06
マダガスカル	73.6	2005
ザンビア	69.5	2008
ウガンダ	68.5	2010
リベリア	60.0	2010
ボリビア	75.1	2006
ホンジュラス	73.9	2009
パラグアイ	70.7	2009
ペルー	70.6	2009
エルサルバドル	66.4	2009
ニカラグア	65.7	2008
エクアドル	60.9	2009
コロンビア	59.6	2010
メキシコ	53.7	2009

(注) 値は全雇用機会（自営．非自営）に占めるインフォー
マルセンターに分類される雇用機会の割合が50％を
超える諸国のみ。年次は調査年。
(出所) ILO Database, Women and men in the informal
economy −A statistical picture を参考し筆者作成。

には主に2つの相反する見解がある。ひとつは，都市インフォーマルセクター
を経済発展のために積極的に活用していくべきであるという肯定的な見解であ
り，もうひとつは，都市インフォーマルセクターの存在は都市問題，貧困問題
を悪化させるという否定的な見解である。

　肯定的な見解は，都市インフォーマルセクターが普通では職に就けない人々
に就労の機会を提供している事実上のセーフティーネットの役割を担っている
ところに着眼している。実際のところ，発展途上国政府には能力不足から就
労や教育機会を提供するような期待はできないが，仮に都市インフォーマルセ
クターがその役割を果たすことができれば，貧困層に対して所得機会を提供
でき，貧困層が犯罪の温床になることを防ぐことにもつながるわけであろう。
その意味では，都市インフォーマルセクターが存在し続けるメリットは大きい
と言える。

　これに対して，否定的な見解は，都市インフォーマルセクターは都市問題に
弊害を与えるだけだということである。農村部の人々にとって都市部での仕事
がフォーマルかインフォーマルかということはそれほど大きな問題ではない。
仮に都市インフォーマルセクターの役割が見直され，積極的な振興策が講じら
れたとしても，農村部に控えている潜在的な出稼ぎ労働者は都市部で職に就く
ことをチャンスとして捉えれば，一斉に農村部から都市部への労働移動が始ま
る。結局，農村の所得と都市の期待所得の格差がこうした労働移動を助長して
しまい，都市インフォーマルセクターの存在は農村から都市への労働移動に拍
車をかけ，都市環境のさらなる悪化を招くということになる。我々はこれらの
2つの見解をどのように受け止めるべきであろうか。都市インフォーマルセク
ターの存在は果たして正当化できるであろうか。次節では先ず都市失業の要因
について触れておきたい。

3．都市における失業発生の要因

　発展途上国で都市化が拡大しているなか，十分な雇用が確保されず都市イン
フォーマルセクターが肥大化し，スラムが増殖する最も大きな原因は，発展途
上国における工業化戦略の誤算にあると考える。1950年代および60年代の開
発思想は豊かになるということを物質的な充足として捉えて，それを実現する
ためには工業化しかないと考えた。そして，工業化を通じて新規雇用が創出さ
れ，増大する労働者も吸収されるものと考えられた。その背景には，1940年
代のローゼンシュタイン・ローダンが提起した「ビッグ・プッシュ論」があっ
た。第3章の開発理論の展開にすでに触れたように，この考え方はロストウの
経済発展段階説やハロッド＝ドーマー型成長理論によって理論的に支えられ，
貯蓄率を引き上げ，投資率を高めて経済成長を促進することが最も重要な方策
であり，これがまた雇用吸収につながると考えられた。さらに，ルイス・モデ
ルの登場によって，「ビッグ・プッシュ論」がより具体化された形で工業化戦
略と結びつき，近代部門である工業部門への大規模投資を通じて低開発と失業
の解決を目指そうとした。
　このビッグ・プッシュ論は，発展途上国の製造業における付加価値の増大に
ある程度貢献した。1960年代に工業化戦略が始まり，発展途上国の中でも工

業基盤が早くから整っていたブラジル，戦後すぐに工業化に着手したマレーシアやタイでは，1960年代を通じて製造業付加価値額の年平均2桁の伸びを実現した。これは工業化推進によってもたらされた成果とも言えよう。一方，工業化推進の雇用効果は見られなかった。一般的に，ビッグ・プッシュ論の見解に従えば，工業化はそれに応じた新規雇用を生み出し，失業問題の解決につながるはずであったが，現実はそのようにはならなかった。

　辻（2015）によれば，1960年代において製造業雇用者数は伸びてはいるものの，その伸び率は付加価値の伸び率にはるかに及ばない。このことから，ビッグ・プッシュによって工業化は推進されたものの，失業問題の解決に繋がらなかったことが読み取れる（表8-4を参照）。

　工業化推進はなぜ雇用吸収につながらなかったのであろうか。これまでの工業化戦略を支える基礎理論としての二重経済発展理論モデルでは，経済発展のプロセスを，余剰労働力を抱えている伝統部門から，近代部門における資本蓄積の拡大にともなう労働需要増大によって，労働力が次第に吸収されていく過程として構成されていた。しかし，一般的に資本集約的・労働節約的な投資が行われやすい近代部門に，伝統的な農村を主体とする伝統部門の非熟練労働が吸収されていくという理論構成には無理があった。また，製造業を主とする工業部門における付加価値の増大は主に何によってもたらされたのかについて考えると，労働投入の拡大よりも，機械化を通じて労働生産性を上昇させ，それほど労働力投入量を増やさなくても，製造業の付加価値増大を実現することが可能となったため，資本集約的・労働節約的な投資がさらに拡大することにな

表8-4　1960年代の製造業における付加価値と雇用との関連性

	付加価値の 年平均伸び率（%）	雇用の 年平均伸び率（%）	期間
マレーシア	12.2	6.1	1962年から70年
フィリピン	0.1	5.3	1960年から70年
タイ	12.6	3.8	1960年から70年
インド	5.3	-0.5	1961年から71年
パキスタン	12.7	12.9	1961年から68年
トルコ	9.4	6.5	1965年から70年
南アフリカ共和国	10.6	4.7	1960年から70年
ブラジル	10.5	4.9	1960年から70年

（出所）世界銀行データベース ILO，LABORSTA を参考し筆者作成。

る。製造業分野の付加価値額の増大と労働力投入量の拡大は比例するものとの
想定は適切ではなかったと言えよう。ことに大規模な伝統的部門を抱えている
多くの発展途上国においては，急速な資本集約的な工業化が図られた場合，新
たに発展する近代部門に伝統部門の非熟練労働が大量に吸収されると仮定す
ることは困難であって，実際には，都市失業の問題，巨大な都市スラムの発生
等，深刻な社会経済問題をもたらしている。

　こうして初期の開発理論や二重経済発展理論の想定通りにはならないにもか
かわらず工業化が推進されたため，都市インフォーマルセクターの肥大化とス
ラムの増殖につながったのである。

4．ハリス＝トダロ・モデルの経済開発に対する含意

　ハリス＝トダロ・モデルは，所得再分配政策が都市や農村の所得に直接的な
影響を及ぼし，所得格差が出稼ぎ労働を作り出す要因であることを明らかにし
ている。また財政政策や金融政策，貿易や為替政策は都市や農村の所得に間接
的な影響を及ぼしたと指摘した。このハリス＝トダロの人口移動モデルによる
と，出稼ぎするか否かは，現実に受け取っている農村所得と都市期待所得との
格差によって決まり，そこで都市期待所得を割り出すカギが就業確率であると
いう。出稼ぎ労働者として都市へ移住し，何らかの職業につける確率が高けれ
ば，就業確率が上がる。そして，農村所得よりも都市期待所得が上回ると判断
された場合，出稼ぎ労働を決意することになる。逆に，都市で高い給料を出し
て新規雇用が創り出されたとしても，就業確率が低ければ，出稼ぎを断念する
という選択をすることになる。ハリス＝トダロの人口移動モデルを究極的に解
釈すると，たとえ都市にすでに失業が発生しているとしても，農村に住む潜在
的な出稼ぎ労働者が合理的な判断をすれば，敢えて都市に移住する決定を下す
可能性があり得ると考える。

　ハリス＝トダロはスラム化現象を突き止め，都市・農村間の労働移動の発生
要因を明らかにしたが，現実に発生した大量労働移動の結果としての病理的都
市スラム化現象という無理を解消するためのインプリケーションは示されな
かった。都市インフォーマルセクターは経済開発の歪みから生まれたものであ
り，その存在を正当化するべきではないと考える。都市化の経済をどのように

捉えるか，また如何に雇用吸収につながるか，市場メカニズムのもと産業集積効果をどのように活かせるか，次節で明らかにしたい。

第2節　産業集積，都市化の経済と雇用吸収[5]

1．都市化推進と近代化

　発展途上国の人口成長は外生的な性格が強い。先進国における人口成長の加速は，主として経済成長により誘発された内生的な現象であった。先進国の人口成長が産業革命に始まる生産力の上昇に支えられた雇用と所得の上昇にもとづくものであったのに対して，発展途上国のそれは先進国で開発された衛生や医療の技術の導入によって生じた面が強い。人口成長が，経済成長に先だって外生的に引き起こされ，しかもその速度が爆発的に大きいので雇用の面から見れば，先進国の経験と比較して発展途上国の雇用吸収ははるかに困難だといえる。産業移転を通じたキャッチアップ戦略は雇用吸収の面において，その役割は十分果たしてきたが，1990年代半ば以降，世界経済のグローバリゼーションが進むなか，発展途上国の雇用吸収には産業集積，都市化の要素が関わってくる。

　都市化の進展は，農業を中心とした「農村社会」から工業とサービス業を中心とした「近代都市社会」へと移り変わることを意味する。都市に人口が集中することで，モノやサービスのやり取りが活発になるなど社会の効率性が高まる。また，人々のライフスタイルも変化し，それに伴う消費拡大も期待できることから，都市化は経済成長のモノサシとして捉えられている。

　都市化の推進は国全体の生産性上昇に寄与すると期待される。農村住民が都市に移住することで，労働人口の産業間移動が始まり，第一次産業から第二次産業，さらに第三次産業へと就労人口が移動する。農業を主体とする第一次産業に比べて，製造業を中心とする第二次産業，サービス業を主体とする第三次産業のほうが1人当たり生産性はより高く（中国では第二次産業は第一次産業の約5倍，第三次産業は約4倍だと観測される）[6]，都市化率の高い国や地域ほ

5　本節は陸（2014）を参考し加筆修正したものである。
6　データは三井住友銀行「経済の動き〜都市化による中国経済成長の可能性」『調査月報』2013年↗

ど第二次・第三次産業の比率も高まっていることから生産性の向上に寄与しているものと見られる。また，固定資産投資と生産性の向上は正の相関関係にあることから，都市人口の増加によって，インフラの投資に対する需要が喚起され投資が増えた結果，資本装備率の上昇を通じて生産性の向上に寄与する。

　都市化率とは都市人口の総人口に占める割合のことはであるが，都市化率の高まりは，経済水準の高まりとともに，製造業や非製造業が多く立地していて生産性の高い産業が集積する地域でもある都市圏に人々が集中する動きと説明することができる。

2．循環的集積のプロセスと内生的産業発展

　藤田（1996）は，循環的産業集積のプロセスを明らかにした。それによれば，収穫逓増産業に対する需要が増えれば，企業は生産を拡大し供給を増やす。それと同時に，企業の新規参入が増え，財の差別化を図って生産を拡大することになる。生産規模の拡大によって規模の経済性が働き，平均生産費が低下し生産性が向上した結果，利潤が増加し財の価格は低下する。利潤増加は企業の市場参入にインセティブを与え，消費者により多く差別化された財が供給される。この財のバラエティ数の増加と価格の低下は消費者の実質所得を高め，この市場により多くの消費者を引き付ける。

　一方，多くの企業は輸送コストを抑えるために市場規模の大きい地域に立地し，そこでより多くの企業が多様な財を供給することになる。より多くの企業が立地された地域では，多くの雇用機会が増えるため，人々はこれらの地域へ移動し，これらの地域で働き消費することになる。これによって雇用が吸収され，市場はさらに拡大し，さらに多くの企業がそこに立地することになる。このような循環的な因果関係が働き，産業集積が内生的に発生し，経済活動は特定の場所に集中しやがて都市が形成される。循環的集積のプロセスは図8-1のイメージで示されている。

　他方，園部・大塚（2004）は，産業集積を動態的に捉えて日中台の産業集積の事例研究から「内生的産業発展論」を導いた。この日中台におけるアパレ

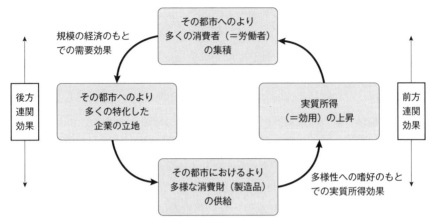

（出所）藤田（1996）を参考し筆者作成。

図8-1　循環的集積のプロセス

ル，弱電機器，オートバイ，工作機械，プリント基板の産業の事例研究において，内生的産業発展を始発期，量的拡大期，質的向上期の各発展段階におけるさまざまな産業の発展パターンには大きな類似性があることを見出した。

　先ず始発期についてであるが，日本を始めとする東アジア経済の産業発展は，海外にある技術の模倣から始まったことが多い。自国の国民所得が低いため，品質の悪い模倣品であっても，その需要があれば産業の誕生が可能になる。集積パターンとして，アパレルや弱電機器では商人主導で賃金の安い農村での起業が多く，オートバイ，工作機械やプリント基板などは技術者や熟練労働者の集まる都市または都市近郊での起業が多かった。

　それに続く量的拡大期は，始発期に低品質の製品の製造方法が確立されたのを受けて，それを模倣する新規参入企業が続出する時期である。この時期において市場が発達し，市場取引が農村や都市近郊の産業集積を発展させる原動力となり，新規参入の増加によって生産量は拡大するが，企業間競争が激しくなり利潤率は減少する。

　そして質的向上期は，量的拡大期の追随者の参入による利潤の減少が技術革新の契機となり，この段階では技術革新によって製品の質が向上するとともに，競争の結果として製品の差別化が起こる。その結果，多面的な革新によっ

て存続企業の生産性は向上し利潤率も増大し，産業全体の生産性も非効率な企業の退出とあいまって大きく上昇するとともに，生産面では生産効率の向上，販売面ではブランドの確立を通じて産業集積の発展を促進することになる。このような動態的プロセスで産業が内生的に発展し，都市化が進展していく。

3．産業集積，新たな成長拠点の形成と都市化の経済

　都市経済学の研究においては，都市化の進展は産業発展の従属変数として捉えられる。つまり，工業化によってもたらされた産業発展とともに，産業化した地域に人口が集積し，都市化が進展するとの見方である。一方，開発経済学では，都市化に対して産業化を伴わない都市人口の拡大，いわば「過剰都市化」ないし「産業化なき都市化」を問題視している。産業化が伴わない都市化が進展した場合，都市にはそれ自体何らかのメリットがあって人口が集中し，そのような人口の増加に伴う多様な需要の増大がインフォーマルセクターの雇用拡大をもたらす。それによってスラムが発生し，インフォーマルセクターが拡大すると，社会が不安定になると懸念している。

　1990年代に入って，Porter（1990）の『国の競争優位』をきっかけに，都市化ないし人口の集中がより積極的に捉えられるようになった。Porter（1990）によれば，国あるいは地域の競争優位の源泉として，資本と労働といった静態的な生産要素に加え，資本と労働を適切に組み合わせる企業の戦略や競争構造，関連産業の集積，地域産業に対する需要条件が重要性を持つ。各地域の社会文化的条件に規定される独特の組織のあり方，組織と組織の間の取引関係や情報流通のあり方などは，動態的な生産要素として機能していると考えたのが産業クラスターの研究である。

　産業クラスターの定義はさまざまであるが，Porterによれば，特定分野における関連企業，専門性の高い供給業者，サービス提供者，関連業界に属する企業，関連企業（大学，規格団体，業界団体）などが地理的に集中し，競争しつつ同時に協力している状態を産業クラスターという。産業クラスターの研究は，要素賦存→産業発展→都市化という従来の発展パターンより，都市化→産業集積による新たな生産要素の形成→産業発展の発展パターンが重要性を増しつつあることを示唆した。

　一方，Krugman（1995）は産業集積の考え方を経済開発問題に組み入れた形で現代版ビッグ・プッシュ論の有効性を説いた。空間経済学的な視点で捉え直したビッグ・プッシュ論において，初期条件あるいは歴史的偶然が産業立地に重要な役割を果たし，政府による産業立地への介入はある地域に産業集積が形成される過程で大きな影響を与えること，経済開発プロセスは低開発地域に新しい成長拠点が形成される過程であることを明らかにした。

　産業集積プロセスについて，藤田（1996）の解釈によれば，個別企業は輸送コストを抑えるために市場規模の大きい地域に立地し，そこでより多くの企業が多様な財を供給することになる。一方，より多くの企業が立地された地域では，消費者（＝労働者）がより多様な財をより安価に入手でき，実質所得の上昇につながり，そして多くの雇用機会が増えたため，これらの地域へ移動する。これによって市場はさらに拡大し，より多くの企業がそこに立地することになる。このような内生的循環的な集積のプロセスを通じて，経済活動は特定の場所に集中し都市ないし都市圏が形成される。

　累積的な都市化の進展を説明することを可能にした産業クラスター論と別の角度からのアプローチではあるが，都市経済学においては，産業集積の経済的利益ないし都市化を促す要因が注目され，産業発展と都市化との間の相互補完関係が注目されている。

　図8-2に示されているように，輸送の技術進歩およびインフラ整備が進むにつれ，交通の利便性，輸送条件が徐々に改善されれば，対外輸送コストが相対的低下による輸送競争力の増強が見込まれ，これらの地域により多くの企業が立地するようになり，内生的循環的な集積のプロセスが発生し，産業発展を伴いながら都市化が進展しやがて新しい成長拠点が形成されると考える。

　新しい成長拠点の形成のプロセスに，「産業集積」，「企業生産活動のグローバル化」，「インフラネットワークの形成」の3つの要因が関連し，その循環作用によって，産業集積力が強まり，内生的循環的な集積のプロセスが発生することがわかる。この3つの要因は新しい国際分業形成にも関わる。陸（2011a）では，世界経済のダイナミズム，多国籍企業のグローバル展開，発展途上国ないし新興国の生産拠点をめぐる相互関係に注目して，ダイナミックキャッチアップ・モデルを提示した（第5章第3節を参照）。同モデルは主として東ア

輸送の技術進歩と輸送網インフラの整備
↓
輸送競争力の強化と輸送ルートの多様化
↓
対外輸送コストが相対的低下による輸送競争力の増強
↓
生産活動のグローバル化による特化した企業の立地
↓
内生的循環的な集積のプロセスの発生と産業集積力の増強
↓
自律的な産業集積と都市化
↓
自己組織的な成長拠点の形成

(出所) 陸 (2011b), 137 頁を参考し筆者作成。

図 8-2　産業集積の発生と都市化・成長拠点形成

ジア新興国の経験から見出した一仮説ではあるが，市場の論理に基づいた内生的循環的な集積効果を通じて自己組織的な成長拠点を形成させるプロセスを示したものである。我々は東アジアにおける 1990 年代半ば以降のキャッチアップのプロセスが今後の発展途上国の経済発展，都市化推進の在り方に大きな示唆を与えると考えている。

　次節において，産業化なき都市化を如何に回避するかという観点から，企業生産活動のグローバル化と企業誘致に焦点を当てて，経済活動グローバル化時代の都市化政策の在り方について検討したい。

第３節　経済活動グローバル化時代の都市化政策[7]

１．ダイナミックキャッチアップのインプリケーション

　1990 年代後半以降，「産業集積」，「企業生産活動のグローバル化」，「インフラネットワークの形成」の３つの要因の相互作用により新しい国際分業いわば生産工程細分化分業（フラグメンテーション型分業）が現われ，世界経済のダイナミズムが形成された。この国際経済環境の変化に伴い，発展途上国に現れた新たなキャッチアップのプロセスをダイナミックキャッチアップとして捉え

---

[7]　本節は陸 (2016, 2017) を参考し加筆修正したものである。

る。経済のシームレス化と物流ネットワークの整備によるインフラネットワークの形成は企業生産活動のグローバル化にインセンティブを与え，企業生産活動のグローバル化による生産拠点の国際的分散は産業集積の形成に大きな影響を及ぼしていく。また，インフラ基盤の強化によって産業集積力が増していき，経済活動の集積が大きくなればなるほど生産コストが低下し，産業集積の経済的利益をもたらすことになる。さらに，生産コストの低下は企業進出の誘因となり，企業生産活動のグローバル化が一層活発化することにつながる。

　ダイナミックキャッチアップ・モデルは発展途上国ないし新興国が世界経済のダイナミズムと新しい国際分業形成のメカニズムにおいて，経済活動のグローバル化に如何にアクセスして新しい成長拠点を形成させるかに注目している。キャッチアップが始まった際には，産業の空間的分布がいかなる特徴で現れるかは，技術格差，生産要素の賦存状況，そして産業の初期分布などの初期条件に依存するので，これらの初期条件は産業集積パターン（労働集約的な生産部門か資本集約的生産部門か）の形成に影響を及ぼす。豊富な賦存要素をより集約的に利用することによって比較優位が生まれ，内部的な規模の経済との相互作用で外部経済が働きやすくなり，これもまた企業の分散立地選択にインセンティブを与える。こうして産業集積は企業生産活動のグローバル化による生産拠点の分散立地選択を伴いながらその集積力がさらに増していき，内生的循環的な集積効果を通じて自己組織的な成長拠点が形成され，やがて産業発展に伴いながら都市化が進んでいくと考える。

　世界経済のダイナミズムと新しい国際分業形成のメカニズムに直面して，発展途上国が如何にしてこの経済活動のグローバル化へアクセスするかは新しい成長拠点の形成ないし都市化の成否の鍵となる。したがって，経済活動のグローバル化，市場経済化，そして新しい国際分業，とりわけフラグメンテーション型分業の展開といった新しい潮流の中で，ダイナミックキャッチアップの政策論的インプリケーションは主に以下の3点として挙げられる。第一に，フラグメンテーションといった経済のダイナミズムを如何にキャッチするかが地域経済の発展にかかわる重要なポイントであり，集積拠点都市ないし中核都市としての経済的優位性を創出することが鍵を握る。第二に，市場メカニズムの下で産業集積の効果を活かして新たな成長拠点を生み出すには，国際標準で

のインフラの整備ならびに国際的連携の強化が必要である。第三に，地域経済を一体化して，各国がその労働力・資本・技術力などといった比較優位を活用し，利益を共に享受しながら地域間の連携強化を実現するための取り組みが必要である。

2．企業行動を見据えた企業誘致と都市化

　新しい国際分業の一翼を担う経済主体は企業であり，都市化を推進するにあたって，企業行動を見据えて，多国籍企業の立地選択やマーケティング戦略にマッチする政策的対応が求められている。1990年代後半以降，アジア地域においては貿易・分業構造に変化が起きている。本多他（2007）によれば，アジアを巡る先進国との間の分業関係は，必ずしも産業・業種が一塊となった立地ではなく，もっと細かに細分化された工程レベルでの国際分業が観察された。その典型例は半導体を含む電子機械産業など一般的に東アジアで比較優位を持つ製品，言い換えるとある面では部品点数の多い製品に見られる。この産業は明らかに産業全体としては人的資本・物的資本集約的な財である。しかし現在ではその生産活動すべてがこれらの生産要素を豊富に持つ先進国に立地しているわけではない。細かな工程に分けられて分散立地する傾向がある。つまり，国際分業の面においては，多国籍企業あるいは直接投資を通して先進国と発展途上国を跨る形で今までにない国際的生産・流通ネットワークが構築され，従来の水平分業や垂直分業とは異なる細かい生産工程レベルでの新しい国際分業が展開されている。しかし，何故このような構造的変化が起きたのかについては，国際貿易面のみの分析は不十分であり，企業行動というミクロレベルでのアプローチが必要である。1990年代以降，急速に進んだ生産技術革命，製品アーキテクチャのモジュール化はこれまで低賃金の労働資源を有しても国の競争優位に結びつかないという状況を一変したと考えられる。この製品アーキテクチャのモジュール化が現れたことによって，新興国市場に対しては，市場の潜在成長力が大きさだけでなく，低賃金の労働資源という観点からも注目されるようになった。

　安室（2012）によれば，モジュールの性能，モジュール間の情報伝達の仕様（プロトコル）など，インターフェイスを国際標準として定めれば，原則的

にはどの国の部品製造企業も生産に参加できる。モジュールの生産者が増えれ
ば，それだけイノベーションを取り込むチャンスが増え，部品業者の独占を防
ぎ，価格を低下させ，組み立てられた製品の性能の飛躍的進歩が期待できる。
この設計思想のオープン化により，ネットワーク型の企業が急成長し，自前主
義の垂直統合型企業（インテグラル型）が競争力を失うことになる。したがっ
て，生産技術革命により，労賃の安い新興国市場が一躍生産場所として優位を
獲得することになり，モジュール組立型生産は，インテグラル生産で必要とさ
れた技能の熟練を必要としないということになる。モジュールの生産におい
て，より資本と技術の集約が必要とする生産工程は，欧・米・日・台湾・韓国
に分散し，これらの国の多国籍企業が製品開発を担当し，台湾・韓国・中国の
華南地方が主な生産基地になる。一方，労働集約的なモジュール型の組立生産
は，中国の華南地方を中心に「委託加工」という形で展開し，EMS（電子機
器の受託加工），ODM（設計・生産受託）やASP（製造小売業）といったビ
ジネスモデルが生み出された。多国籍企業の受託生産を組み込んだビジネスモ
デルは，研究開発・製品設計・モジュール生産・マーケティングは先進国，組
立加工とデリバリは新興国ないし途上国市場という機能分化を生み出した。

　新しい国際分業は多国籍企業の立地選択・生産行動が絡む新しい形の分業体
制であり，製品と製法のアーキテクチャのモジュール化はそれを可能にした。
Sanchez（1995, 1999）によれば，ダイナミックな競争環境に直面する多国籍
企業は，製品・サービスのモジュラー・デザインを採用することで，戦略的フ
レキシビリティを生み出し，それによって競争優位の獲得を可能にすると同時
に，マーケティングの新しいダイナミズムを生み出すことになる。そして諸
上（2012）は，多国籍企業の基本的な配置戦略としては，価値創造活動の集中
化による効率追求，具体的には生産，調達，R&Dなどの特定の地理的立地へ
の統合化・集中化を指すものと，それらの諸活動の分散化によるフレキシビリ
ティの確保，具体的には，経済，市場条件の変化に対応する国境を越えたソー
シングや生産の調整などの両方が重要であることから，今日，多くの産業にお
いて，こうした意味での多国籍企業の戦略的フレキシビリティに加えて，製品
やサービスのモジュラー・デザインの戦略的採用によるフレキシビリティの強
化が重要となっていることを明らかにしている。

　製品アーキテクチャのモジュール化によって，企業のグローバル競争の焦点は「高品質—高価格」というパラダイムから，「満足品質—低価格」へシフトし，企業にとって，企業は従来の生産工程を一括化する必要性はなくなり，工程ごとの技術特性などを踏まえてその生産工程を細分化して，もっとも低コストで生産できる国に分散させるようになり，製造拠点をどこに置くかという企業の立地選択が，極めて重要な戦略的決定となる。多国間に跨る生産工程間の細分化の担い手は多国籍企業であることから，フラグメンテーションの本質は企業生産活動のグローバル化による生産拠点の国際的分散であるとも考えられる。

　一方，発展途上国側のキャッチアップが始まった際には，産業の空間的分布がいかなる特徴で現れるかは，技術格差，生産要素の賦存状況，そして産業の初期分布などの初期条件に依存する。すでに触れたように，これらの初期条件は産業集積パターン（労働集約的生産部門か資本集約的生産部門か）の形成に影響を及ぼす。資本に比べて労働が相対的に豊富である発展途上国において労働力供給が持続的であれば，内部的な規模の経済との相互作用で外部経済が働きやすくなる。ある産業は産業全体から見て資本集約型産業であったとしても，この産業の生産活動のすべてが先進国に立地するのではなく，細かい生産工程に分けられて先進国，途上国の双方に分散立地することによって発展途上国のキャッチアップは相対的に容易になり，発展途上国にとって労働力資源といった要素賦存状況は国の優位を決定する重要なファクターになる。したがって，都市化を推進し新しい成長拠点を形成させるには，政策目標を明確にし，企業行動を見据えてグローバル企業の立地選択にインセンティブを与えると同時に，雇用吸収につながる外資誘致の立案が求められると考える。

3．都市化の政策目標と課題

　エスカット・猪俣（2011）は，生産工程の細分化・地理的分散は貿易の新たな現実を生み出したことを明らかにした[8]。それによれば，しばしば国際価値連鎖（global value chains）あるいは垂直分業（vertical specialization）と呼

ばれるこの現象は，貿易の相互依存関係を深化させ，貿易政策が持つ意味について多くを示唆する。価値連鎖の細分化の進展により，特に製造業において中間財貿易が増加した。2009年で最も活発に交易された財は中間財であり，世界の財貿易（燃料を除く）の50％以上を占めた。こうした部品・原材料・付属品の貿易は各国・地域の特化を促し，各生産者がサプライチェーンに沿って順次価値を付加するという構造に着目した。「仕事の貿易」（trade in tasks）の概念を生み出した。生産特化は，もはや最終財の比較優位ではなく，国際価値連鎖のなかで割り当てられた「仕事」の比較優位にもとづくものとなっている。

　域内生産システムの多様性と補完性は生産特化，ひいては「仕事の貿易」を促すことになる。国際価値連鎖上の各国固有の役割を反映する。東アジアにおいては，日本や韓国などは中程度・高度な技能をもつ労働者が生産する製品の輸出に特化した。一方，中国やベトナムなどは単純労働を中心とする労働集約型の生産活動に重点を置く。このことは直感的に図8-3のようなスマイルカーブによって描かれる。

　商品企画から生産そして消費に至る価値連鎖全体で俯瞰すると，先進国は主として熟練労働者や専門職から，高い技術を必要としない小売労働者まで，技

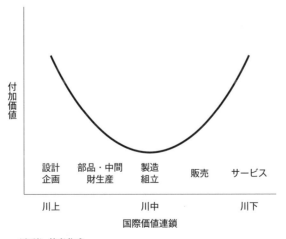

（出所）筆者作成。

図8-3　国際価値連鎖とスマイルカーブ

能レベルの両端で雇用が創出される傾向があるのに対して，単純作業が中心の組立工程などは海外へ業務委託される。日本の事例でわかるように日本企業自身も国際分業構造の変革の中で，製造業はバリューチェーンにおいて組立加工工程を海外にさらに移管せねばならず，かつモジュール化が進む中において，高付加価値の素材や部材といった中間財の輸出に活路を見出さざるをえない状況にある[9]。

　経済的な相互依存関係の深まりは地域の雇用構造に大きな意味をもつ。マクロ的に見れば，国際貿易が雇用に及ぼす影響は貿易黒字が雇用を誘発することになり，雇用創出は各国のマクロ経済的状況の影響を受ける。貿易による雇用創出効果は輸出主導型の黒字国のほうが内需志向型の国とりわけ構造的な貿易赤字をかかえる国よりもはるかに大きいと見られるが，ミクロ的に見れば，労働技能の構成は国際価値連鎖における各国の比較優位に左右される。各国はその比較優位に応じてそれぞれ異なった生産技術を導入し，先進国は高度な技術を必要とする生産工程に特化する傾向が見られ，新興国ないし発展途上国は組み立て製造に特化することで雇用創出を図ろうとする。

　東アジア地域においては，2000年以降は中国の台頭によって域内生産システムに大きな変化が生じ，2005年までに生産ネットワークの中心は同国へと大きくシフトした。中国が輸入する中間財は高度に細分化された生産工程を特徴とし，比較的長く複雑なサプライチェーンを経て生産される。したがって中国の輸出競争力は，その低い生産コストだけでなく，海外（アジアであれ他の地域であれ）から輸入される洗練された中間財の存在にもその源泉を求めることができると考える[10]。

　こうした国際価値連鎖で相互依存関係が深まる国際貿易・分業環境において，発展途上国ないし新興国の都市化推進政策は，概ね雇用吸収，民生向上，経済格差解消，内需拡大，資源再配分の出口効果に焦点を合わせて立案することが必要となる（図8-4を参照）。そして，地域の相互依存関係が深まる中，如何にして良好な外交関係，対外経済関係を構築し，WIN-WINビジョンを描

9　経済産業省産業構造審議会新産業構造部会（2012）『報告書　経済社会ビジョン「成熟」と「多様性」を力に』40頁による。

10　エスカット・猪俣編著（2011），前掲書，5頁による。

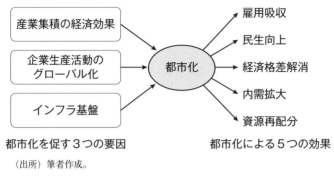

（出所）筆者作成。

図8-4　都市化の推進とその効果

き出すことが求められている。

　都市化推進政策の実施に伴って，政府はいくつかの課題に直面する。政策実行に伴い，利害衝突が生じる可能性が高まり，利害調整能力は都市化の成否を左右する一因となり，これは政府の直面する課題である。産業化は都市化に伴わなければ，スラム化が発生しうる。雇用吸収は大きな課題となる。都市化の進展に伴う政府支出の拡大によって，地方財政が逼迫され，如何に財源の制約を克服し債務リスクを管理することが課題である。また，農村部の余剰労働力を吸収するには，新しい成長拠点の形成と都市化の推進は有効であるが，農村部の人口流出による負の影響を押えて農業生産水準を維持するためには，農業近代化も同時進行させなければならない。そして持続可能な成長を実現するには，環境問題に対策を講じなければならないと考える。

　最後に，内陸地域における都市化の推進について触れておきたい。内陸部に位置する地域の対外輸送手段が限られているため，沿海地域に比べて利便性が欠けている。この立地条件の制約を覆すには政策的補完が不可欠であり，政府の役割が重要視されている。市場メカニズムの下で産業集積の効果を活かして新たな成長拠点を生み出し都市化を推進するには，国際標準でのインフラの整備ならびに国際的連携の強化が必要であろう。そして地域経済の一体化を通して，それぞれの労働力・資本・技術力などといった比較優位を活用し，戦略的互恵を念頭に置きながら地域間の連携強化を実現するための取り組みが必要であろう。そのためには我々の過年度の研究において明らかにした地域経済の

一体化を重要視する『ビーズ型』開発戦略の採用と実施が必要であると考える[11]。

11　我々「新シルクロード研究チーム」は，日本大学教員5名（本多光雄，井尻直彦，呉逸良，陸亦群，辻忠博）で2003年から発足し，国際貿易論，経済開発論や空間経済学などの視点から地域発展問題を融合的に考察し共同研究に従事してきた。2007年 UNDP 主催の国際フォーラム（2007 International Symposium on Regional Economic Cooperation along New Silk Road, UNDP 2nd Silk Road Mayors Forum）で初めて『ビーズ型』開発戦略を考案し発表した。『ビーズ型』開発戦略については紙幅の関係で省略するが，詳細については陸（2011）を参照されたい。

Column　誰一人取り残さない開発目標

　世界ではこの 20 年間で急激に人間開発が進んでいる。特に，貧困は削減され，初等教育の提供と健康問題は改善され続けている。しかし，世界では現在 7 億人以上の人々が 1 日 1.90US ドル以下（購買力平価）で生活を送ることを余儀なくされている。そこで「ミレニアム開発目標（Millennium Development Goals：MDGs）」（以下，MDGs）の後継として設定されたのが「持続可能な開発目標（Sustainable Development Goals：SDGs）」（以下，SDGs）である。SDGs は，2030 年を期限とし，「誰一人取り残されない」持続可能で多様性と包摂性のある社会の実現のために設定された国際的な 17 の目標（MDGs では 8 つの目標）と 169 のターゲットから構成されている。そして，内容は貧困，飢餓，教育そしてジェンダーなど多岐にわたっており，170 カ国以上が参加している。

　こうした SDGs の取り組みに対して，一部の研究者や専門家から各国の対応に疑問の声が上がっている。Inga and Carmel（2017）は，これらの問題が各国，特に先進国において国民全体から注目されているかは疑問だとしている。例えば，アメリカにおいては SDGs に関しては選挙結果に直結するものではなく，重要視されていないと指摘している。結果的に，各国からの予算に関しても消極的な姿勢が見られる。しかし，これらの批判は SDGs の取り組み自体を批判するものではなく，各国の支援体制に問題があることを指摘している。SDGs の取り組みの重要性は否定されておらず，支援体制に批判的な論文であるが，むしろすべての人たちがこの取り組みに注目し，各国政府の対応に注目すべきだと主張しているようにも見える。ここでは「資金の融資・調達」の問題を取り上げ，現実的な解決方法を提示する。

　今日における開発問題に関する資金問題はさまざまな要素から構成されており，参加者（公的機関と民間組織，国レベルか地方レベル），支持者（納税者，株式保有者等），動機（開発支援，利益又はその両方）そして手段（補助金，ローン，保険等）の組み合わせによって状況が大きく変わることが指摘されている。その中でも，投資家を巻き込み，環境（Environment），社会問題（Social issue）そして組織管理（Government）分野へ投資を呼び込もうとする ESG 投資がある（Soga 2016）。AFD and UNDP（2016）では，SDGs はすべての国において達成されるべきだとしつつ，特に 48 カ国の後発開発途上国（Least Developed Countries：LDCs）に対する資金問題をどのように考えるか，といった問題が考察されている。LDCs の国々に対する海外直接投資は増加傾向にあり，先進国および工業国

との関わりが増している。しかし，現実には多くの予算は政府開発援助（Official Development Assistance：ODA）に依存しており，歳入がない限りは歳出拡大によるSDGs達成は見込めないことになる。そこで，Financing tool-box（債券，貸付（ローン），公的収入（歳入），保険，資金提供（ファンド），補助金など）を拡大することで資金問題を解決すべきである，との分析を行っている。例えば，年金機構のABPの評議員であるXander den Uyl氏は"We think most of the SDGs are investible and the momentum is growing in the understanding that we have to move our investments in line with the SDGs"としている。SDGsを達成するためには今後15年間で90兆ドル（USドル）が必要とも計算されており，その8割以上が民間からの投資であると考えられている。その意味でも，投資対象として多くの金融商品開発および制度改革を行い，公的機関以外からも投資を呼び込む必要がある。しかし，仮にこれらのFinancing tool-boxが上手く機能したとしても，以下の点で特に注意が必要であることが指摘されている。1点目は，依然としてODAはLDCsにとってSDGsを達成するための重要な資金源となっているため，提供者（ドナー）はその点を考慮する必要がある。2点目に，Financing tool-boxの効果は経済成長に依存しているため，政府はその点を考え政策提言を行う必要がある。3点目は，LDCsにおいては，「リスク」が資金調達において非常に重要な役割を果たすため，リスク管理およびリスクを減少させるシステムが必要であることが指摘されている。最後に，すべてのLDCsが同じ傾向にあるわけではなく，各国政府はその国の状況に応じた市場介入および公共財の提供を行う必要があると述べられている。

　以上のように，目標達成のためには資金確保が必要不可欠であり，これらは各国政府および国際機関が真っ先に考えるべき問題のひとつである。また，「誰一人取り残されない」世界をつくるためにも，さらなる議論が必要である。

第**9**章

東アジアの経験

第1節　アジア諸国における産業内分業の進展

1．国際貿易の拡大と貿易自由化への動き

　本章は国際分業の視点から，顕著な経済成長を達成した東アジア諸国の経済発展について確認していく。近年の世界貿易の拡大を促進させてきた原動力のひとつとして，中国やASEAN諸国を中心とした東アジア諸国の顕著な貿易の拡大があげられる。ここ半世紀の間に地球のどの地域よりも経済的に成長した地域が東アジアであろう。戦後からの経済成長により，東南アジア諸国を含む多くの国が貧困から脱却し，所得水準を上昇させていった。東アジア諸国は貿易の促進により経済成長を達成したが，その背景にはさまざまな要因がある。それらは企業による海外直接投資に伴う生産拠点の立地分散や，情報通信技術および輸送技術などの発達に伴う貿易コストの低下，自由貿易協定（Free Trade Agreement：FTA）や経済連携協定（Economic Partnership Agreement：EPA）の締結といった貿易自由化に向けた国際制度の調整などである。市場のグローバル化が進んでいる現在においては，新興国と先進国との間での工業品における国際分業は不思議なことではないかもしれないが，国際分業の構造が変化したことが，新興国の経済成長を促進させ，そのような東アジア諸国の経験がいまや世界経済を牽引していると言ってもよい。

　第4章で確認したが，1990年代から2000年代にかけて観察できる，先進国と新興国間の水平分業は，それ以前の国際貿易のパターンやそれを説明する理論からでは説明することは難しい経済現象であり，東アジア諸国が世界経済を

牽引する要因になった特徴とも言える。1990年代以降の東アジアの経済成長の特徴を説明するにあたり，国際分業の構造があげられるが，代表的なものが工程間分業である。工程間分業とは，企業が各生産工程を越境して分散させ，進出先の比較優位に沿った最適立地を行い，各生産工程で生産された中間財を貿易することにより生産工程を連結させる，という国際分業の形である。工程間分業の促進の背景には，広義の意味での貿易コストの低下という経済的要因があげられるが，その貿易コストの低下が工程間分業を促進させ，そして，東アジア域内および世界全体の貿易を拡大させた。

　たとえば，代表的な貿易コストとして関税障壁がある。世界銀行によれば，高所得国の平均関税（MFN税率）は2017年で約6.8%であり，これは例えば1990年の10.3%と比べると低下してきている[1]。関税障壁は国内産業を保護する目的で設定されるのが一般的であるが，低所得国の方がその保護の度合いが大きいと言われている。低所得国の同様の関税率は2017年で約12.3%であり，これは高所得国の税率よりも依然として高いものの，1993年の19.6%と比べるとその減少幅が大きいのがわかる。単純平均ではあるが，以前と比べて関税率は低くなってきており，これが世界の貿易のボリュームを拡大させているひとつの要因と言えるであろう。

　また，経済活動のグローバル化の進む中，特定の国との経済関係を緊密化させることを目的とした地域経済統合，いわゆる自由貿易協定（FTA）も進んでいる[2]。代表的なものとして，二国間の協定であったり，EU（欧州連合），NAFTA（北米自由貿易協定），AEC（ASEAN経済共同体）などという地域での協定であったりするものがある。関税の撤廃・削減を地域経済統合の目標のひとつとして掲げているところは多く，自由貿易協定は，協定加盟国間の貿易に関する関税の撤廃を通じて貿易を自由化する一方，非加盟国に対しては独自の関税を適用する取り決めである。自由貿易協定とは基本的には製品に対する関税の削減・撤廃の試みである。例えば，AECは，非関税障壁の撤廃は円

1　World Development Indicators を参照。
2　Balassa (1961) は経済統合の段階を五段階に分類した。経済統合の段階としては①自由貿易地域（参加国間での関税撤廃），②関税同盟（域外への共通関税），③共同市場（生産要素の移動の自由），④経済同盟（経済政策の調和），⑤完全な経済統合（政策の統一を前提とした超国家機関の設立）である。

滑には進んでいないが，関税障壁についてはその自由化率が90％台の後半というレベルの高い自由貿易地域である。しかし，近年では関税以外の分野も交渉の対象とし，包括的な協定を試みるのが増えており，それがいわゆる経済連携協定（EPA）である。2018年12月時点で，世界では発行済みおよび暫定適用の協定が309件あり，交渉妥結の協定が26件，そして，交渉中または交渉開始合意の協定が100件以上あるとされている[3]。日本も2019年のEUとの間で締結されたEPAを含め，17の協定が締結されている。以上の点から見ても，世界の経済において，米中貿易摩擦やイギリスのEU脱退などといった一部では保護主義の動きが確認できるものの，1990年代以降は自由貿易の方向へ動いてきたことが国際貿易の拡大に寄与してきたと言えるであろう。

　国際貿易を拡大させてきた制度的要因として，通商交渉の目的が20世紀と21世紀では大きく異なると言われている。20世紀では，自国の産業を保護し，相手国の関税を撤廃させることを通じた相手国市場への参入を主な目的として，通商交渉が行われてきた。いわゆる，自分たちの市場は保護するが，相手の市場は開放してほしいといったことである。しかし，国際分業のパターンが大きく変化してきた21世紀では，20世紀型の通商交渉では自国の利益になりにくいことが想定できる。それは複数国間にまたがって生産ネットワークが展開されている現在の国際分業構造では，自国の産業を保護することではなく，生産ネットワークの一角を担うことを通じて貿易の利益を獲得するような通商戦略を取る必要性が考えられてきたからである。

2．東アジアの域内貿易の拡大

　次に，世界経済におけるプレゼンスを高めている東アジア地域の貿易について確認していく。以下の表9-1は，地域単位での国際貿易を産業別，そして財別に整理したものであり，東アジアの対世界の輸出比率に占める東アジア，北米地域（NAFTA諸国），EU地域（28加盟国）への輸出比率を表している[4]。

3　JETROのHPを参照。
4　ここでの東アジアとは日本，中国，香港，韓国，台湾，シンガポール，インドネシア，マレーシア，フィリピン，タイ，ブルネイ，カンボジア，ベトナムである。北米はアメリカ，カナダ，メキシコの三カ国であり，EU28とは英国，フランス，ドイツ，イタリア，オーストリア，ベルギー・ルクセンブルク，デンマーク，フィンランド，ギリシア，アイルランド，オランダ，ポルトガ↗

　これはつまり，東アジア諸国が域内貿易比率をどの程度拡大させているのか，そして，世界経済における巨大市場である北米とEUへの輸出比率がどのように変化してきているのかを説明している。はじめに全産業における地域間貿易比率を確認する。これらは，東アジアを輸出地域とし，その仕向け地先として東アジア地域，北米地域，EU地域としてあり，東アジアの産業別総輸出額に占める各仕向け地先の産業別輸出額の比率を計測したものである。例えば，2016年における東アジア地域の電気機械産業の総輸出に占める北米への割合はおおよそ0.18ということになる。

　地域ごとに確認していくと，東アジアの輸出相手地域は2016年では東アジア諸国に対して最もその比率が大きく，約50％は東アジア域内での貿易であることがわかる。北米やEUに対してもその輸入規模自体は大きいと思われるが，全体の比率では北米では約20％，EUでは約15％となっている。時系列で確認すると，1980年あるいは1990年から北米やEU向けの輸出シェアは徐々に低下させている。対照的に，東アジアへの輸出シェアは継続して高いままである。

　これを産業別に確認してみると，機械関連の産業でその相対的な大きさが目立つ。例えば，電気機械をみると，北米やEUへの輸出シェアは1980年と1990年では約20％から30％程度であるが，その大きさは徐々に低くなってきており2016年では10％台である。一方で，東アジアへの電気機械の輸出シェアは1980年と2016年を比べると，2倍以上であることがわかる。また，一般機械，輸送機器，精密機器に関しても同様の傾向が見て取れ，精密機器では東アジア域内の貿易比率がおよそ4倍にも拡大している。このような北米およびEUに対する輸出のウェイトが下がり，東アジアへのそれを拡大させていることが，近年の国際分業の特徴であり，それらが東アジア地域の経済成長に大きく貢献していることとして重要な点である。

　東アジア地域で観察できるひとつの特徴ある貿易パターンである工程間分業を説明するには，中間財の貿易の大きさを確認することも重要となる。表9-1

ﾙ，スペイン，スウェーデン，ブルガリア，キプロス，チェコ・スロバキア，エストニア，ハンガリー，ラトビア，リトアニア，マルタ，ポーランド，ルーマニア，スロベニア，クロアチアである。

表 9-1　産業別地域間貿易

輸出地域	東アジア																	
輸入地域	東アジア						NAFTA						EU28					
年代／産業	全産業	繊維製品	電気機械	一般機械	輸送機器	精密機器	全産業	繊維製品	電気機械	一般機械	輸送機器	精密機器	全産業	繊維製品	電気機械	一般機械	輸送機器	精密機器
1980	0.38	0.33	0.24	0.34	0.12	0.15	0.29	0.25	0.37	0.29	0.48	0.35	0.22	0.31	0.29	0.20	0.22	0.41
1990	0.42	0.45	0.42	0.34	0.17	0.29	0.30	0.26	0.30	0.36	0.45	0.32	0.19	0.20	0.21	0.22	0.22	0.31
2000	0.47	0.50	0.54	0.40	0.14	0.49	0.28	0.22	0.25	0.32	0.45	0.27	0.17	0.16	0.16	0.20	0.21	0.19
2010	0.48	0.33	0.60	0.43	0.22	0.67	0.19	0.23	0.16	0.24	0.26	0.13	0.16	0.24	0.15	0.17	0.19	0.14
2016	0.46	0.34	0.59	0.39	0.22	0.60	0.21	0.25	0.18	0.26	0.33	0.17	0.15	0.22	0.12	0.17	0.16	0.14
部品・コンポーネント																		
1980	0.26	0.48	0.30	0.34	0.19	0.17	0.44	0.23	0.43	0.34	0.60	0.22	0.18	0.19	0.21	0.18	0.09	0.51
1990	0.41	0.52	0.46	0.38	0.39	0.34	0.33	0.25	0.30	0.36	0.40	0.32	0.18	0.15	0.19	0.18	0.12	0.24
2000	0.52	0.65	0.59	0.43	0.28	0.61	0.27	0.20	0.23	0.31	0.43	0.21	0.16	0.07	0.14	0.20	0.16	0.12
2010	0.61	0.57	0.71	0.50	0.36	0.83	0.16	0.17	0.11	0.22	0.30	0.08	0.14	0.09	0.13	0.16	0.15	0.05
2016	0.61	0.54	0.74	0.43	0.33	0.81	0.19	0.16	0.13	0.26	0.35	0.08	0.11	0.12	0.08	0.17	0.16	0.06

（注）単位は％表示。

（出所）RIETI Trade Industry Database 2017 より算出し筆者作成。

は，地域別に東アジアの部品・コンポーネントの輸出比率をも示している。これによると，機械関連産業における東アジア域内貿易比率が年々高くなっていることがわかる。同財の北米やEUへの輸出シェアは1990年代までは高い数値であるが，それ以降は東アジア域内での中間財貿易の比率が顕著に高いことがわかる。電気機械に至っては70%以上が域内貿易であり，精密機械は80%以上に及んでいることがわかる。この中間財貿易の拡大の背景には，1980年代後半以降，企業の海外進出による現地生産が進んだことがあり，特に，製造業において顕著にみられるようになった。企業の国際的な生産活動が世界の貿易パターンを変化させた大きな要因であり，それまでの「最終財」貿易主体から「中間財」貿易主体へと1990年代から2000年代にかけて大きく変わっていった。

第2節　工程間分業の進展と定着

1．フラグメンテーション

　東アジアの顕著な経済成長を支えたのは，企業によるFDIと生産ネットワークの構築と，それに伴う中間財貿易の拡大である。その動きを加速させたのは，戦後の国際経済におけるさまざまな変化であり，その中でも貿易コストの低下が重要な要因である。この点は既に確認をしたが，貿易コストの低下という経済現象は企業のグローバルな経済活動をより活発にし，それが国際分業構造を大きく変化させてきた。貿易コストが低下してきたことにより，企業は以前より円滑に海外進出を行うことが可能となり，潜在的な市場の確保や安い労働力の調達などに加え，本国への逆輸入や第三国との経済取引のためのプラットフォームの設立など，より複雑な投資動機のもと，経済活動を行うようになった。そこで新しい国際経済現象として，フラグメンテーションと言われる国際分業パターンのひとつが誕生し，定着した。フラグメンテーションとは，FDIを通じて生産工程を分解し，越境して立地させる国際分業の形である。図9-1であらわされているように，企業のFDIが活発になる以前は，ある製品を生産する場合，一国内ですべての生産工程を立地させていたが，特に1990年代以降は生産工程を分散させ，工程間を貿易で連結させ，最終組み立

て地から世界市場に輸出するという国際分業が開始された。そこでは企業が海外に現地子会社を設立し，自国の親会社と取引をする企業内貿易と，生産工程の一部を海外企業へ委託（offshore outsourcing）することを通じて国際取引をする企業間貿易の両方がサプライチェーンの中で行われている。繰り返しになるが，ある製品を生産するにあたり，これまでは一国や一地域で生産していたのが，複数国で分業を行い生産されるという国際分業パターンが展開・定着されてきたのである。その結果，各生産工程で生産した中間投入物，いわゆる中間財，が双方向で貿易されることにより，中間財貿易の急速な成長を導くことになった。最終財貿易の拡大の速度よりも，中間財貿易の拡大の速度の方が早いという現象は，財貿易において最終財が一度だけ国境をまたぐという従来の国際分業と比べ，最終財を生産するまでに中間財が複数回国境を跨ぐ現代の国際分業の方が国際取引は多くなるということからも解釈できるであろう。

　現代の国際分業は生産工程を越境して分散し，貿易により生産工程を連結させる工程間分業である。そこでは川上部門から川下部門にかけた垂直的な分業が行われているが，工程間分業は産業内に特化した形だけではなく，産業横断的な形で行われている。工程間分業が加速・拡大することは，生産工程がより多様になることであり，その結果，貿易全体に占める中間財貿易の比重が高まり，貿易の拡大につながる。中間財貿易の拡大は経済的な重要性を意味している。ある域内での工程間分業のみならず，生産・調達範囲をより幅広く拡大させることは，企業にとってどのような利点があるのだろうか。第4章でも確認したが，貿易によるバラエティーの拡大は経済主体に恩恵をもたらす。つまり，フラグメンテーションの構築は，企業にとってはより多様な中間財にアクセスすることを可能とし，消費者にとってはより多様なバラエティーの選択を可能とさせるであろう。しかしながら，工程間分業は東アジアのみで観察できる現象ではなく，工程間分業の程度の目安のひとつとなる部品やコンポーネントといった中間財の製造および貿易はグローバルな現象としてみることができるのが現状である。それにもかかわらず，東アジアにおけるそのような貿易構造が注目されているのはなぜか。その理由は，中間財貿易の成長速度の速さにある[5]。東アジア域内での貿易構造をみると，製造業全体の貿易の成長速度よりも中間財貿易の成長速度の方が速いということであり，1990年代以降，世

界的に中間財貿易は増加しているが，この現象は特に東アジア諸国において顕著なのである。また，2000年前後の時点で，世界貿易に占める中間財貿易の割合は30％を超えており，生産工程ごとのグローバルな生産体制が既に東アジアでは行われていたことや，品質的に差別化されている最終財の垂直的産業内貿易だけではなく，生産工程間での部品やコンポーネントを含めた双方向貿易が1990年代からすでに確認されていたことが東アジアの貿易の特徴であるとされている[6]。

　日本と東アジアとの貿易も同様な特徴を持っており，日本はプラザ合意以降，アメリカやEUとの貿易から，東アジアとの貿易にそのウェイトを移してきている。これは政治的な試みによるものではなく，市場での経済活動から導かれたものである。理論的に考えると，日本と東アジアの貿易は「財の特性」が類似している貿易品目の双方向貿易である水平的産業内貿易から，「財の品質」の異なる貿易品目の双方向貿易である垂直的産業内貿易へと貿易構造が変化してきたということである。産業内貿易の理論によると，前者は主に生産要素集約度や消費パターンの類似している先進諸国間における差別化された最終財の貿易パターンとして観察でき，後者は技術や所得の差異がある先進国と新

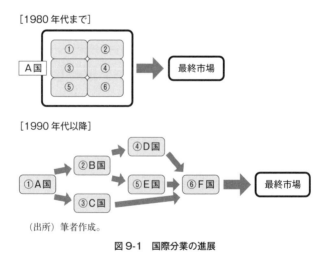

（出所）筆者作成。

図9-1　国際分業の進展

5　Athukorala and Yamashita（2006）を参照。
6　Yeats（2001）や Ando（2006）を参照。

興国との間における中間財の貿易パターンとして観察できるとされている。つまり，日本と東アジア諸国との貿易構造は，要素投入比率の異なる生産工程間の分業体制であると言える。

2．アグロメレーション

　中間財貿易の拡大という特徴に加え，企業の地理的な集積という経済現象も東アジアの経済成長を促したひとつの要因である。既述したが，1980年代以降，企業のグローバルな経済活動が活発化していき，新興国への海外直接投資が増加していった結果，東アジア域内では包括的な生産ネットワークが形成された[7]。特に中国やASEAN諸国などは税制面などの優遇政策をとり，積極的に海外企業を国内に誘致し，国内での雇用創出と輸出の拡大を試み，その結果，中国沿岸部や東南アジア諸国では生産拠点としての産業集積が形成された。つまり，経済活動は国際的には分散してきており，地域的には集積してきているのである。

　企業にとっては規模の経済を享受することや貿易コストを削減することが互いに近接する目的でもある。企業間取引のような，消費者ではなく企業を相手にビジネスをする場合，つまり，企業の供給する製品（中間財）の需要者が企業である場合，よりバラエティー豊富な中間財が生産されている地域に立地をし，そこで生産を試みる方が輸送コストなどの貿易コストの節約につながる。つまり，中間財貿易が活発になればなるほど，中間財の供給者へのアクセスの容易さが求められ，中間財供給者同士が地理的に近いところに立地することにつながり，産業集積が形成される。企業が集積している地域へはより多くの新規参入企業を導くこととなり，地理的な中間財供給網の構築へとつながる。その結果，中間財企業にとっての投入要素価格が低下することとなり供給効果を得ることができる。この企業の立地と集積の理論的フレームワークは東アジア地域における企業の経済活動を説明するうえで非常に高い説明力を持つといえる。中国やASEAN諸国では企業が集積している地域が多く存在し，中間財貿易の増大から見ても多くの中間財供給者が経済活動を行っている[8]。

7　Kimura and Ando（2005）を参照。
8　Redding and Venables（2003）を参照。

　企業の立地決定には中間財供給網がどの程度構築されているのかという点と，立地先の市場がどの程度消費市場としての潜在力を保有しているのかという点がある。貿易コストの節約の観点から，企業はより大きい需要がある市場への立地を試みることが考えられ，収穫逓増の仮定から，企業は個々の市場に複数の生産拠点を設けようとはせず，大きな市場とその市場へのアクセスを求めて生産拠点の立地を行うであろう。つまり，企業の立地決定には，中間財供給者へのアクセス（サプライヤー・アクセス）と消費市場へのアクセス（マーケット・アクセス）が重要となる[9]。

　産業集積という企業の地理的な集中に関する研究は1990年代から活発に行われており，その視点から新しい国際分業のメカニズムを説明する試みが行われてきた。Krugman（1991a, 1991b），Fujita, Krugman and Venables（1999）の一連の研究によれば，輸送コスト最小化を図る移動可能な生産要素集約的製造業（＝企業）の立地選択と，効用最大化を図る消費者（＝労働者）の立地選択の相互作用により製造業の空間的集積力を生み出す。一方，移動不可な生産要素集約的農業の分散分布により形成されたローカルマーケット効果は製造業の分散力を生み出す。産業の空間的分布はこの集積力と分散力によって決定され，産業は初期のローカルマーケットがより大きい地域，または国境付近地域（＝対外輸送コストがより低い地域）に集積する。そして Krugman（1995）は，産業集積の考え方を経済開発問題に組み入れた形で現代版「ビッグ・プッシュ」論の有効性を説いた。Krugman（1995）の議論は Murphy ＝ Shleifer ＝ Vishny モデル（Murphy, Shleifer and Vishny 1989）に依拠して，空間経済学的な視点で捉え直した「ビッグ・プッシュ」論においては，初期条件あるいは歴史的偶然が産業立地に重要な役割を果たし，政府による産業立地への介入は，ある地域に産業集積が形成される過程で大きな影響を与えているとしながら，経済開発プロセスは低開発地域に新しい成長拠点が形成される過程であることを明らかにした。さらに，呉（2007）[10] は，生産活動の空間的分布は，国際的には分散，国内的には集中の傾向にあり，対外輸送コストが相対的に安い地域，いわば「国境付近地域」に産業集積力が生まれることを明らかにし

9　Amiti and Javorcik（2008）や Inui, Matsuura and Poncet（2008）を参照。
10　本多他（2007），第2章に所収。

た。

　この新しい空間経済学と称される産業集積理論の登場によって，発展途上国のキャッチアップの新たな経路が見えてくる。如何にして新しい成長拠点が形成されるかは，産業集積理論とフラグメンテーション理論を結合した形で，産業の空間的集積効果，生産工程の分散立地選択，要素賦存状況の３つの要因を考慮に入れる必要があるのではないかと考える。キャッチアップが始まった際には，産業の空間的分布は如何なる特徴で現れるかは，技術格差，生産要素の賦存状況，そして産業の初期分布などの初期条件に依存する。そして，これらの初期条件は産業集積パターン（労働集約的生産部門か資本集約的生産部門か）の形成に影響を及ぼす。資本に比べて労働が相対的に豊富である発展途上国において労働力供給が持続的であれば，内部的な規模の経済との相互作用で外部経済が働きやすくなり，生産工程別レベルでの企業の分散立地選択にインセンティブを与え，産業の集積力がいっそう強くなり，このようなプロセスで集積が発生し，新しい成長拠点が次第に形成されるわけである。

　貿易コストの低下という経済現象は企業のグローバルな経済活動をより活発にし，それが国際分業構造を大きく変化させてきた。フラグメンテーションやアグロメレーションに関する理論的考察は，近年観察できる国際分業を説明する理論のひとつであり，特に，東アジア諸国で観察できる中間財貿易のメカニズムを捉えるにあたり非常に説明力のある理論である。貿易コストの低下，企業の海外進出，中間財の貿易，そして産業集積という一連の経済活動の活発化が生産活動を企業内またはグループ内での取引だけではなく，企業間での取引も相対的に容易なものとし，より効率的な組織活動を可能とさせた。その結果，工程間分業がより強固なものとなり，生産ネットワークが構築され，東アジアおよび世界全体の貿易の拡大を導いてきた。

第3節　アジア経済のアジア化

　東アジアがたどってきた経済の発展過程は，戦後の世界経済のグローバル化の進展や中国のWTO加盟に伴う経済成長，貿易コストの低下などという経済的出来事を背景に，新しい局面を迎え，他の地域では観察されなかった経験を

した。これは，中国経済の台頭により，東アジアでは，生産輸出拠点としての
アジアとマーケットとしてのアジアが重なりあってきた。これを「アジア経済
のアジア化」と呼ぶことにする[11]。以下では，この「アジア経済のアジア化」
について整理する。

　東アジア地域において，FTA/EPA 交渉の進展など，相互依存関係が深ま
り，アジア域内の経済関係は深化の度合いを増している中，企業による生産活
動のグローバル化とその結果から生ずる部品やコンポーネントといった中間財
貿易の増大によって新しい国際分業が出現した。このアジアにおける国際分業
の深化による新しい国際分業の出現については，これまでのアプローチを用い
て説明するには限界がある。つまり，中国を含む東アジアの貿易構造の変化に
伴う分業の変化は，これらの産業間貿易と産業内貿易の理論では説明がつかな
くなってきたと考えられる。一方，新しい国際分業体制の出現によって，内陸
地域には新たな産業発展の可能性が見えるようになった。内陸部にも自己循環
的経済発展のプロセスが内在すると考えられることから，内陸地域開発を成功
させるには，従来の一国一地域を対象とする開発戦略の見直しが求められてい
る。

　東アジア経済のダイナミズムについてはさまざまな視点から議論が繰り返さ
れている。特に，「アジア経済のアジア化」は新しい分析の視点であり表現で
もある[12]。アジア NIEs，ASEAN 諸国，中国，これに日本を加えた東アジア
地域において，相互依存関係が深まり，アジア域内の経済関係は深化の度合い
を増している。1980 年代後半から，中国経済の台頭により，中国，ASEAN，
そして ASEAN 域内での貿易が増加し，中国は強力な輸出国に成長したと同
時に，新しいアブソーバーとしての役割も果たしている。中国の経済成長のイ
ンパクトはアジア全域の貿易の構造変化をもたらし，いまでは世界経済に大き

11　陸（2010）を参照。
12　東アジア域内の産業協力などについては，地球産業文化研究所の第 17 回 GISPRI シンポジウム
　　「新時代のアジア産業協力と日本の役割─共生的ダイナミズムに向けて─」で，東京大学の末廣昭
　　氏，経済産業省の篠田邦彦氏の報告により，包括的な議論が行われている。地球産業文化研究所，
　　第 17 回 GISPRI シンポジウム「新時代のアジア産業協力と日本の役割─共生的ダイナミズムに向
　　けて─」GISPRI ニュースレター 2006 年 5 月号資料（地球産業文化研究所 Web サイト：http://
　　www.gispri.or.jp/newsletter/2006/0605-2.html）を参照。

な影響をあたえるほどになった。

　東アジアでの「アジア経済のアジア化」は東アジアにおける国際分業の変化によりもたらされた。1970年代，アジアとりわけ東アジア諸国は輸出志向型工業化戦略を採用した。この戦略は一種の外向き戦略であり，ドルペッグのような管理された変動相場制の下で，為替レートの動きを輸出部門にとって有利にコントロールすることによって，貿易の拡大が実現した。貿易はこの地域の経済成長の源泉となった。そして1980年代初期の先進国の資本の自由化を受け，80年代半ば以降，多くの国では積極的に直接投資を受入れる政策が取られ，日本を含む先進諸国の多国籍企業の誘致に成功し，この地域の多国籍企業の生産・流通ネットワークが徐々に形成されてきた。

　1985年のプラザ合意以降，円高に伴う日本企業の大規模な直接投資，NIEsの投資国への変貌，ASEANの経済開放，そして1992年の中国経済の市場化などが，東アジアの相互依存関係を著しく拡大させた。これは東アジア貿易の世界全体に占める割合を高めたとともに，貿易構造の変化にも強いインパクトを与えたと推測できる。

　1970年代ないし1980年代の東アジア諸国は，中間財や資本財を日本から輸入し，これらを加工してアメリカに輸出するというパターンが多く見られた。日本の貿易構造は一次産品を輸入して製造業品を輸出する構造であったが，労働集約財の輸入はそれほど海外に依存しない産業構造を有したため，日本はアジアで生産された最終製品の吸収力はかなり弱かった。要するに，日本対東アジア諸国の貿易は主としてアジアの生産・輸出で必要とする中間財や資本財の供給であり，東アジアの輸出相手国は欧米諸国である。特にアメリカは，東アジアの生産と輸出を吸収する大きな市場として，東アジアの地域経済発展を支えてきたと考えられる。このように，日本を含む東アジアの貿易構造は，日本の工業化に対して，NIEs諸国を中心とする輸出志向工業化は中間財，資本財を輸入し，これを加工し最終財に仕上げてアメリカなど海外に輸出するような三角貿易構造となっていた。

　日本経済は欧米に対する「追い付き，追い越せ」のキャッチアップのプロセスにおいて，産業構造および輸出構造の高度化とともに，中間財や資本財に比較的に強い競争力を持つに伴い，労働集約財は輸入に依存するようになり，そ

の競争力を失う産業の海外移転がはじまった。そしてプラザ合意による円高の影響以降，その海外移転の動きがさらに加速したと言える。NIEs の輸出志向工業化も同様なプロセスをたどり，日本，NIEs 諸国の直接投資によって近隣のアジア諸国に生産拠点が展開され，これら直接投資の受け入れ国は輸出の増加が実現した。このような東アジア諸国の相互依存の深化によって投資と貿易の域内拡大がもたらされた。発展途上段階にある東アジア諸国の開発戦略はこのような三角貿易構造の構図の中から展開されて，ある種の雁行形態的キャッチアップであったと考える。

　図 9-2 は，アジアを取り巻く新たな国際分業構造の変化を描いている。1990年代後半以降，アジア地域においては貿易構造の変化が起きた。アジアを巡る先進国との間の分業関係は，これまでの先進国は工業製品を輸出し，発展途上国は一次産品を輸出するという先進国と途上国との間の垂直的な分業関係とは異なる水平的な分業関係へ変化した。1990 年代以降の世界経済の潮流が大きく変化するなか，国際分業の面においては，多国籍企業あるいは直接投資を通して先進国と発展途上国を跨る形で今までにない国際的生産・流通ネットワークが構築され，従来の水平分業や垂直分業とは異なる細かい生産工程レベルでの新しい国際分業が展開されている。この新しい国際分業には多国籍企業が重要な役割を果たしている。企業の立地選択は変化が現れ，これまでの一産業あるいは業種が一塊となって，ある国あるいは地域に立地するのではなく，生産工程レベルに応じた企業の生産工程別の分散立地のケースが見られるように

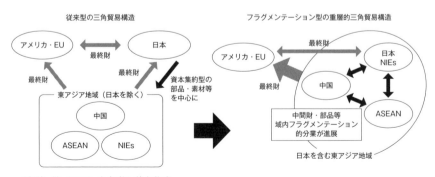

（出所）陸（2010）を参考し筆者作成。

図 9-2　アジアを取り巻く国際分業構造の変化

なった。東アジアが経験した分業構造の変化は，まさに多国籍企業の企業活動のグローバル化による国際的分散（フラグメンテーション）と発展途上国のキャッチアップによる国内的集中（アグロメレーション）の複合的プロセスであると言えよう。

第4節　東アジアのさらなる貿易拡大に向けて

　東アジアや世界の貿易の拡大を促進させてきた理由に，輸送技術や情報通信技術の飛躍的な進歩や改善，さらに，港湾設備の整備や国境での手続きの簡素化といったハードインフラとソフトインフラの向上などが指摘できる。また，本章でも確認したように，多国籍企業が海外直接投資やオフショア・アウトソーシングを活発に行うことにより，効率的な生産・流通ネットワークが広域にわたり構築されたことも東アジアの貿易拡大に大きく寄与してきたといえる。それはつまり，市場メカニズムをベースとした市場誘導型の経済統合が構築されてきたと言えるであろう。しかし，その市場誘導型の経済統合の形は主に製造業の財貿易に限ったものであり，農産品などのセンシティブ品目に関しては政策的な取り組みが必要であろう。機械関連製品のような製造業品に限らず，農産品なども含めた貿易の拡大が今後は求められてくるであろうし，それには貿易に従事する双方が恩恵を受けるような政策転換が必要となってくるであろう。

　既述したが，財貿易の拡大をもたらした背景には貿易コストが低下したことが主な要因であるが，自由貿易協定などといった貿易の促進に関する国際的な取り組みでは，伝統的な障壁である関税の削減だけではなく，さまざまな分野での包括的な経済連携協定が議論されている。段階的であれ，関税削減・撤廃を行い貿易の自由度を高め，質の高い自由貿易協定を締結することは経済的恩恵をもたらすことは言うまでもないが，関税障壁に加え，非関税障壁の分野でも国際的に調和の取れた政策設計が必要となる。非関税障壁のひとつに投資障壁があるが，投資障壁を低下させることはこれまでに構築されてきた生産ネットワークをより頑強なものとすると言える。現状の投資障壁の度合いを表しているものとして，OECDが投資障壁指数を公開しており，58カ国22部門ご

との投資障壁について数値化を行っている。表9-2は投資障壁指数を第一次産業から第三次産業にまとめたものである。OECD平均をひとつの基準と考えると、いずれの産業においても日本の投資障壁が低いが、他のアジア諸国はOECD平均よりも高い投資障壁をもっていることがわかる。投資障壁の低い国はドイツ、フランス、イギリス、アメリカといった先進国である。アジア諸国の投資障壁は、全体的には、1997年に比べると2017年には相対的に低下してきている。将来的に、東アジア諸国が持続した経済成長を達成していくための課題が、貿易だけではなく投資の障壁からもうかがえるかもしれない。

　21世紀はアジアの時代と言われている。日本やアジアNIEsが90年代までに一定以上の経済水準にまで達した。その後、日本をはじめ、先進国の多くの多国籍業が中国やASEANに進出し、現地で生産拠点を構えた。そこから地域的な産業集積が誕生し、国際的に分散させた生産拠点間を貿易で連結させ、より円滑な国際分業体制がそこに構築していき、また、それらを一連の経済活動を円滑に促進させる環境整備が積極的に行われてきている。その結果、東ア

表9-2　投資障壁指数

国名	全体 1997	全体 2017	第一次産業 1997	第一次産業 2017	第二次産業 1997	第二次産業 2017	第三次産業 1997	第三次産業 2017
アジア諸国								
日本	0.079	0.052	0.069	0.069	0.005	0.005	0.130	0.077
韓国	0.532	0.135	0.625	0.250	0.345	0.060	0.617	0.141
中国	0.613	0.317	0.665	0.376	0.423	0.159	0.716	0.396
インド	0.480	0.214	0.488	0.213	0.227	0.041	0.638	0.324
インドネシア	0.493	0.313	0.417	0.457	0.231	0.092	0.688	0.400
マレーシア	0.521	0.252	0.380	0.295	0.431	0.112	0.629	0.326
フィリピン	0.501	0.390	0.694	0.644	0.252	0.180	0.59	0.430
ベトナム	0.671	0.132	0.720	0.061	0.576	0.022	0.714	0.227
その他主要国								
ドイツ	0.030	0.023	0.069	0.069	0.000	0.000	0.034	0.022
フランス	0.055	0.045	0.155	0.155	0.000	0.000	0.053	0.033
オーストラリア	0.266	0.147	0.200	0.141	0.200	0.096	0.332	0.181
メキシコ	0.287	0.188	0.319	0.319	0.129	0.102	0.377	0.195
イギリス	0.081	0.040	0.160	0.138	0.023	0.000	0.089	0.029
アメリカ	0.089	0.089	0.181	0.181	0.028	0.028	0.094	0.094
OECD平均	0.127	0.065	0.147	0.095	0.067	0.032	0.167	0.081

（出所）OECD FDI Regulatory Restrictiveness Index を参考し筆者作成。

ジアでは市場誘導型の経済統合が進展してきた。つまり，投資を受け入れることが貿易の拡大を誘発し，経済成長につながるというメカニズムが東アジア地域において観察できるのである。しかし，表9-2でも確認できるように，多くの東アジア諸国の投資障壁は世界の他地域と比べると十分に低いとは言えず，障壁撤廃の余地が残ったままである。自国の産業を保護し，相手国の関税を撤廃することを通じた相手国市場への参入を主な目的としてきた20世紀型の通商交渉ではなく，自国の産業を保護することよりも生産ネットワークの一角を担うことを可能とするような制度設計が必要である。21世紀型の通商交渉と言われているそのような通商協定を進めることは，現在の東アジアでの国際分業の効率性をさらに向上させ，これまで以上に貿易の利益を得ることにつながると考えられる。

・・・

Column 中国の辺境地域

　今日，グローバル化の進展に伴って，ひとつの国・地域が発展するためには「自力更生」（他国の援助に頼らず，自国の中で解決することを意味）は難しく国際的な連携が必要になってくる。そのため，陸続きで長い国境線を持つ中国の辺境地域への注目度も益々高まっている。

　「辺境」というのは「中心から遠く離れた地域」という意味に加えて，「国境」という意味もある。一般的に国家間の境界となる「辺境」地域は，「中心」との格差が大きく，開発の必要性がそれほど高くない未開発地域として扱われることが多いが，異なるシステム間でヒト・モノ・情報の交換が行われる重要な意味を有する空間としてもみなされる。

　中国は約2.2万キロメートルの国境線をもっており，国境を接している国の数も世界で最も多い14カ国に上る。これらの国々は東から北朝鮮，ロシア，モンゴル，カザフスタン，キルギスタン，タジキスタン，アフガニスタン，パキスタン，インド，ネパール，ブータン，ミャンマー，ラオス，ベトナムである。また，中国側の陸続きの国境付近には遼寧省，吉林省，黒龍江省，内モンゴル自治区，甘粛省，新疆ウィグル自治区，雲南省，広西チワン族自治区があるが，これらの辺境地域には隣接国と同一の言語・文化・地縁・血縁をもつ少数民族が多数居住しているのが大きな特徴である。

　このような文化的・地理的「距離」の近さから辺境地域と隣接国の間では交流が活発に行われていても不思議ではないが，国境付近には政治的・経済的「距離」が存在しており，交流を活発化させる「通路」が欠如している。国境を越える交流を高めるためには，交通インフラ整備に加えて政治的に良好な関係を作り，国境付近での開放を互いに進めていく必要がある。2014年に完工した新鴨緑江大橋の例のように，中国国内の交通インフラが進められていても相手国側の整備不足により国境をはさんで未接続となる問題が生じている。この橋は，中国側の出資により中朝貿易の中核を担う橋梁として建設されたものの，北朝鮮側の接続道路建設や税関設置などの遅れにより2019年現在も分断状態にある。

　辺境地域は地政学的に複雑ではあるが，隣接諸国との共同繁栄のためには相互の信頼関係の構築をはじめとする国際的な枠組みのなかでの協力が不可欠であるといえよう。

第 **10** 章

経済発展と開発援助政策

第1節　世界の政府開発援助

　経済開発を始動させるには，資本，科学技術，勤勉な労働力，工場施設など
さまざまな要素が必要である。途上国にはそれらの多くが欠けているが，その
中でも特に重要な要素のひとつとなるものが資本である。基本的な経済理論か
らもわかるように，国内貯蓄率が低い途上国では，経済開発に着手するのに十
分な資本を自国で賄うことは難しい。そこで，不足分をいかにして補填するか
が経済発展の推進のカギを握ることになるが，その重要な役割を担うのが開発
援助である。本章では，開発援助の実態，動機，問題点などについて論じると
ともに，日本の開発援助の特徴と課題についても触れる。

1．国際的に移動する資金の種類

　世界ではさまざまな種類の資金が国際間を流れている。その資金の種類は営
利目的かどうかという観点から商業的資金と非商業的資金とに二分することが
できる。商業的資金は，民間企業による直接投資（FDI）と投資家による間接
投資（ポートフォリオ投資）にさらに分類することができる。本節で扱う開発
援助に関する資金は非商業的資金に含まれるものである。

　開発援助に分類される資金はなぜ商業的資金には含まれないのであろうか。
それは援助資金の性質に由来するものである。援助資金とは，資金提供の目的
が営利目的ではない，すなわち，資金の提供者（国ないし機関）が提供する資
金から何らかの利益を獲得することを前提としていないこと，融資条件が譲許

的である，すなわち，返済期間，金利，据置期間など融資条件から見て商業銀行が求めるものよりも緩やかなものであること，であるからである。しかし，全く返済を求めない資金の場合でも軍事目的に使用される場合には，それは開発援助には該当しない。

政府開発援助（Official Development Assistance：ODA）とは，開発援助資金の代表例としてよく知られているが，開発援助資金のすべてがODAというわけではない。開発援助資金がODAであるためにはいくつかの条件が満たされなければならない。その条件とは，①途上国ないし国際援助機関（世界銀行など）に対して供与される，②経済・社会開発のために使用される，③グラント・エレメントが25％以上であるということである。ODAのうち，供与国としての先進国と受入国としての途上国との間のODAは二国間ODAと呼ばれ，先進国が国際援助機関に供与するODAは多国間ODAと呼ばれている。また，グラント・エレメントとは，資金の融資条件の譲許性の度合いを指数化したものであるが，この値が大きいほど譲許性が高いという。

ODAには，いくつかの種類の資金供与形態があるが，そのなかでもっともよく知られているのが，贈与と貸付（借款）である。贈与とは返済を求めない開発資金である一方，貸付（借款）とは返済を求める開発資金である。この供与形態は二国間の場合でも，多国間の場合でも同様であるが，二国間ODAの贈与はさらに無償資金協力と技術協力（特に人づくりなど）に細分されている。

2．世界のODAの動向

先進国からのODAは1970年代後半以降急激に増大し始め，さまざまなタイプの援助が途上国に対して行われてきている。次に，世界のODAの動向を規模と地域別配分先，援助内容，譲許の程度などの観点から把握し，世界のODAの特徴を量的，質的に浮き彫りにしよう。

表10-1および図10-1は世界のODA供与国の中でも特に援助の規模が大きいDAC（OECD開発援助委員会）主要国のODA供与額の動向を見たもので

1　外務省HPを参照。

ある[1]。これによると，アメリカの数値が継続して最も高く，日本は 2013 年以降減少傾向がみられる。この表は近年の ODA の推移のみを表しているが，アメリカは近年だけではなく以前から貢献度は大きかった[2]。図 10-1 からその傾向を確認できるが，日本は 1989 年にアメリカの ODA 総額を抜いて世界トップに躍り出たこともある（ただし市場価格表示において）。その後再びアメリカがトップに返り咲いているが，日本は引き続き ODA に関して世界でも極めて大きな貢献をしている国のひとつである。

　DAC 主要国による ODA の供与先は各国の歴史的事情や地理的近接性，国際政治上の立場などによって個性がある。日本の ODA はこれまでずっとアジア向けのウェイトが高く，2000 年代初頭まではこの傾向はほとんど変化していない[3]。一方，アメリカの ODA はエジプトやイスラエルなどの中東，地理的に近接している中南米向けが多い。フランスやイギリスでは旧植民地がアフリカ諸国に多くあることから，これらの諸国に対する ODA が多く，また，イギリスはインドなど南アジア向け ODA も多いが，双方の ODA 供与先が重なることはほとんどない[4]。

　いわゆるグローバル化が叫ばれ，格差問題や援助問題がより身近に感じられ始めたのは，おそらく 1980 年代からであろう。もちろん，それ以前から開発経済においては重要なトピックであったし，貧困国への援助もそれ以前から既

表 10-1　主要 DAC 加盟国による ODA の推移（支出総額ベース）

	2007	2008	2009	2010	2011	2012	2013	2014	2015	2016
カナダ	4,119	4,834	4,041	5,258	5,506	5,703	4,990	4,286	4,320	3,974
フランス	11,498	12,540	14,113	14,375	14,436	13,557	12,880	12,540	10,944	11,742
ドイツ	13,687	15,961	13,342	14,386	15,596	14,570	16,221	19,347	19,752	26,819
イタリア	4,290	5,097	3,476	3,180	4,626	2,837	3,510	4,096	4,056	5,159
日本	13,584	17,475	16,451	18,865	20,247	18,662	22,414	15,925	15,028	16,808
イギリス	11,626	11,977	11,490	13,401	14,174	14,267	18,286	19,917	18,676	18,204
アメリカ	22,691	27,414	29,659	30,530	32,285	31,398	32,158	33,864	31,736	35,121

（注）単位は 100 万ドル。
（出所）外務省 HP を参考し筆者作成。

2　加藤・辻・陸（2005）を参照。
3　同上。
4　同上。

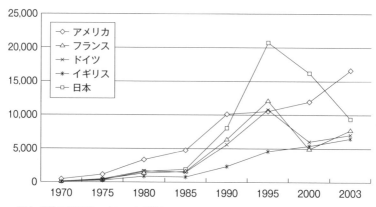

図 10-1　主要 DAC 加盟国の ODA の推移（1970 年から 2003 年）

に実施されている。1980 年代以降，世界経済は大きく変化を遂げてきた。2 つ
の世界大戦を経験し，国際的なルール作りを経て，企業の経済活動は国境を越
えて活発に行われるようになってきた。その結果，国と国の間のさまざまな
問題や，一国内の中でも都市部と農村部といった地域間格差問題など，経済の
豊かさを得ながらも，多くの社会問題や経済問題が浮き彫りになってきたのも
この時期であろう。以下では，その時期の ODA の特徴を少しだけ整理する。
DAC 主要国について ODA の分野別の特徴と ODA の質に関する諸指標の特
徴をまとめているのが表 10-2 と表 10-3 である[5]。日本は，経済インフラの割
合が 3 割強を占める一方，フランスは社会インフラの割合が高く，アメリカ，
ドイツは 1990 年にはプログラム援助が大きなウェイトを占めていたが，2001
年には社会インフラを重視するようになってきている。イギリスについては一
貫してプログラム援助重視型の配分と言える。
　表 10-3 は同時期の ODA の質に関する指標である。ODA は通常の国際的な
資金よりも譲許的であるが，途上国にとっては開発援助資金の受け入れの負担

5　表 10-2 にある社会インフラとは教育，保健，人口計画，水供給，衛生などの分野，経済インフ
　ラとは運輸，貯蔵，通信，エネルギー，金融サービス，商業などの分野，生産セクターとは農林水
　産業，鉱工業，貿易・観光などの分野であり，そして，プログラム援助は世界銀行・IMF の構造
　調整支援などを意味している。

表 10-2　二国間 ODA の分野別配分

	アメリカ		フランス		ドイツ		イギリス		日本	
	1990	2001	1990	2001	1990	2001	1990	2001	1990	2001
社会インフラ	23.0	45.4	42.4	38.6	24.7	40.4	23.3	23.8	20.1	17.0
経済インフラ	4.7	3.6	16.9	7.7	22.8	19.4	24.1	8.0	32.0	34.0
生産セクター	14.5	10.3	22.8	18.3	17.1	17.7	19.1	11.7	18.0	20.3
食糧援助	13.2	11.8	0.2	0.3	2.4	6.9	1.1	9.4	0.4	0.3
プログラム援助	44.6	28.9	17.7	35.1	33.0	15.6	32.4	47.1	29.5	28.4

（出所）外務省『我が国の政府開発援助（各年版）』および西垣昭・下村恭民（1993）『開発援助の経済学』有斐閣，209 頁を参考し筆者作成。

表 10-3　ODA の質に関する諸指標（%）

	贈与比率		グラント・エレメント		アンタイド比率		対 GNP 比率	
	1990/91	2000/01	1990/91	2000/01	1990	2002	1990	2003
アメリカ	73.9	99.2	76.7	99.7	58.9	N.A.	0.19	0.14
フランス	70.8	91.4	86.2	96.0	39.5	91.5	0.60	0.41
ドイツ	72.2	90.8	85.3	96.8	19.5	86.6	0.42	0.28
英国	98.9	96.6	98.9	100.0	0.0	100.0	0.27	0.34
日本	38.6	51.0	75.1	87.9	69.9	82.8	0.31	0.20
DAC 加盟国	71.7	84.5	85.1	96.1	65.3	84.8	0.35	0.25

（出所）World Bank（various issues）World Development Indicators，外務省『我が国の政府開発援助（各年版）』，西垣昭・下村恭民（1993）『開発援助の経済学』有斐閣，94 頁を参考し筆者作成。

がさらに少ない方が望ましい。表 10-3 の指標は ODA 受け入れに対する途上国の負担の程度を代表するものと言える。まず，贈与比率およびグラント・エレメントについて言えることは，日本の水準は DAC 加盟国の平均値より低い一方で，欧米主要国の水準は常に高い。このことは，欧米主要国は贈与など返済を伴わないタイプの ODA を供与する傾向があるのに対して，日本は借款のような返済を伴うタイプの ODA のウェイトが高いことを裏付けている。アンタイド率，すなわち，途上国が ODA を利用するに当たって調達先に条件が付いていない程度に関しては，日本はその水準が高いが，その他の供与国では1990 年時点では低めであった。しかし，最近はその水準が上昇していて，全体的に途上国の自由度が増している。このように，ODA とひとことでいっても，その内容については供与国によって規模，供与先，ODA の分野，譲許の程度などさまざまである。

第2節 日本の政府開発援助

1．日本のODAの特徴

　日本は現在では援助大国のひとつとして確固たる地位を築いているが，もともとは開発援助の被援助国であった。敗戦後の経済復興を開始するために，日本政府はアメリカ政府をはじめ，同国の政府系あるいは市中銀行より援助資金を受け入れたのを皮切りに，世界銀行からも援助資金を受け入れ，それらの資金を道路，電力，鉄鋼などインフラ整備，基幹産業の大型プロジェクトの推進のために活用した。

　日本が援助供与国として出発するのは1954年にコロンボ・プランに加盟することになってからであり，この年が日本の援助元年とされている。ただし，当時の日本による援助は技術協力とされているものの，実際には戦後賠償を中心とするものであり，ODAの要素はほとんどなかった。日本がODAの供与拡大で顕著な実績を示し始めるのは1970年代後半以降である。

　規模については既述の通り1970年代後半以降，目覚ましい拡大があったが，その結果として1989年には日本のODAはDAC加盟国中最大になり，世界トップのODA供与国となり，その後も常に高い水準を維持している。地域別配分については，アジア向けが一貫して圧倒的に高いウェイトを占めており，それは現在でも維持されている。分野別配分については，経済インフラが重視されている。

　表10-4は2017年における日本のODAの地域別配分を援助形態別に示したものである。それによると，日本のODAの多くが供与されているアジアでは贈与も政府貸付も規模が大きいが，貸付の方が贈与を上回っている。これに対して，アフリカ，中近東，中南米では贈与が圧倒的である。これらの傾向は以前からそれほど変わらない。また，贈与の中で技術協力の占めるウェイトが大きいのは，日本のODAが「人づくり支援」を積極的に進めている現れである。次に，表10-5は2017年における分野別配分を援助形態別に示したものである。それによると，贈与については社会インフラに対する支出が圧倒的であることを示す一方，政府貸付については経済インフラに対する支出がほとんど

表10-4　日本によるODAの形態別・地域別配分

援助形態／地域	二国間政府開発援助											
	贈与				政府貸付等			支出純額		支出総額		
	無償資金協力	うち国際機関を通じた贈与	技術協力	計	貸付実行額(A)	回収額(B)	(A)-(B)	合計	対前年比(%)	合計	構成比(%)	対前年比(%)
アジア	686.22	131.93	781.59	1,467.81	7,541.62	5,408.95	2,132.67	3,600.48	101.4	9,009.43	59.7	28.0
東アジア	402.65	50.52	438.78	841.43	3,047.27	3,930.69	-883.42	-41.99	84.0	3,888.70	25.8	4.5
北東アジア	31.51	–	32.57	64.08	462.73	974.74	-512.02	-447.94	42.1	526.81	3.5	140.0
東南アジア	369.88	49.26	401.64	771.51	2,584.54	2,955.95	-371.40	400.11	-20.9	3,356.06	22.2	-4.0
南アジア	188.59	27.27	299.35	487.94	3,844.07	1,375.07	2,469.00	2,956.94	68.8	4,332.00	28.7	48.6
中央アジア・コーカサス	46.95	15.75	34.94	81.89	326.41	103.19	223.22	305.11	36.3	408.30	2.7	24.8
アジアの複数国向け	48.03	38.37	8.53	56.56	323.87	–	323.87	380.43	407.8	380.43	2.5	407.8
中東・北アフリカ	631.49	508.03	131.27	762.76	972.39	655.83	316.56	1,079.33	-16.2	1,735.16	11.5	-10.8
サブサハラ・アフリカ	637.51	265.11	379.92	1,017.43	685.86	108.58	577.28	1,594.70	14.8	1,703.29	11.3	14.3
中南米	88.03	3.02	156.17	244.20	128.26	716.37	-588.11	-343.91	-517.4	372.45	2.5	-13.2
大洋州	79.58	0.58	52.42	132.00	189.24	90.63	98.61	230.61	41.5	321.24	2.1	77.7
欧州	10.43	1.96	20.79	31.22	61.53	67.78	-6.26	24.96	-92.6	92.75	0.6	-76.9
複数地域にまたがる援助等	487.33	435.30	1,362.61	1,849.94	–	–	–	1,849.94	-5.9	1,849.94	12.3	-5.9
合計	2,620.59	1,345.93	2,884.77	5,505.36	9,578.89	7,048.14	2,530.76	8,036.11	14.6	15,084.25	100.0	12.1

（出所）外務省（2019）『2018年版 開発協力白書 日本の国際協力』を参考し筆者作成（https://www.mofa.go.jp/mofaj/gaiko/oda/shiryo/hakusyo.html, 2020年2月1日最終閲覧）。

表 10-5　二国間政府開発援助分野別配分（2017年）配分

（単位：百万ドル）

分野（形態）	無償資金協力	技術協力	贈与計	政府貸付等	二国間ODA	構成比（%）
I．社会インフラおよびサービス	1,112.25	782.79	1,895.03	1,363.36	3,258.40	16.15
1．教育	307.35	373.67	681.01	164.92	845.93	4.19
2．保健	214.42	80.03	294.44	―	294.44	1.46
3．人口政策およびリプロダクティブ・ヘルス	22.59	18.17	40.76	―	40.76	0.20
4．水と衛生（上下水道等）	175.17	108.32	283.50	1,198.45	1,481.94	7.34
5．政府と市民社会	308.10	82.75	390.85	―	390.85	1.94
6．その他社会インフラおよびサービス	84.62	119.85	204.48	―	204.48	1.01
II．経済インフラおよびサービス	442.30	397.86	840.06	9,038.07	9,878.13	48.95
1．輸送および貯蔵	292.29	279.63	571.92	7,179.10	7,751.03	38.41
2．通信	24.04	18.79	42.84	―	42.84	0.21
3．エネルギー	122.84	64.65	187.49	1,858.96	2,046.45	10.14
4．銀行および金融サービス	2.28	20.42	22.70	―	22.70	0.11
5．ビジネス支援	0.74	14.37	15.12	―	15.12	0.07
III．生産セクター	168.81	349.85	518.66	2,116.78	2,635.43	13.06
1．農林水産業	150.47	204.84	355.30	1,751.02	2,106.33	10.44
1）農業	103.92	154.01	257.92	1,384.59	1,642.52	8.14
2）林業	1.24	28.39	29.62	184.84	214.46	1.06
3）漁業	45.31	22.44	67.76	181.59	249.34	1.24
2．工業・鉱業・建設業	10.50	98.96	109.46	365.76	475.22	2.36
1）工業	10.50	89.21	99.71	365.76	465.47	2.31
2）鉱物資源および鉱業	―	6.96	6.96	―	6.96	0.03
3）建設業	―	2.79	2.79	―	2.79	0.01
3．貿易および観光	7.84	46.05	53.89	―	53.89	0.27
1）貿易	7.84	33.91	41.75	―	41.75	0.21
2）観光	―	12.14	12.14	―	12.14	0.06
IV．マルチセクター援助	341.07	616.54	957.61	675.05	1,632.66	8.09
1．環境保護（生物多様性、洪水防止等）	38.39	35.32	73.71	231.12	304.83	1.51
2．その他マルチセクター（都市・地方開発等）	302.68	581.22	883.90	443.93	1,327.82	6.58
V．商品援助／一般プログラム援助	156.05	―	156.05	998.10	1,154.15	5.72
1．一般財政支援	―	―	―	998.10	998.10	4.95
2．食糧援助	156.05	―	156.05	―	156.05	0.77
VI．債務救済 *1	19.10	―	19.10	―	19.10	0.09
VII．人道支援（緊急食糧援助、復興、防災等）	709.06	49.14	758.20	87.85	846.04	4.19
VIII．行政経費等	61.74	692.54	754.28	―	754.28	3.74
総合計	3,010.28	2,888.71	5,898.99	14,279.20	20,178.19	100.00
人間の基礎生活分野（BHN）	2,044.92	1,036.76	3,081.68	3,202.23	6,283.91	31.14

（出所）外務省（2019）『2018年版　開発協力白書　日本の国際協力』を参考し筆者作成（https://www.mofa.go.jp/mofaj/gaiko/oda/shiryo/hakusyo.html、2020年2月1日最終閲覧）。

を占めていることを示しており，支出される分野の性質に応じて ODA の形態
に明確な差が付けられていることがわかる。

2．日本の ODA の問題点

　日本の ODA については顕著な実績がある一方で，問題点も指摘されてい
る。第一に，質に関する批判である。よく言われる批判は，表 10-3 に示され
ているように，贈与比率，グラント・エレメントいずれを見ても日本の水準は
低いということである。ただし，これは援助資金の金融面の質を表しているに
過ぎない。ODA の質をバランスよく評価するには ODA の調達面についても
注目する必要がある。それについて示したのが，アンタイド比率であるが，そ
れによると日本の水準はむしろ他の主要国よりも高い値を示している。また，
企業の入札においても日本の ODA 事業に対する日本以外の企業の受注率も高
い。そういう点では，日本の ODA は受入側の途上国にとってはその他の供与
国よりさらに都合のよいものとなっている。実際のところ，贈与比率とアンタ
イド援助の比率とはトレードオフの関係にあり，ODA の質を評価するために
は，金融面のみならず，調達面についても注目すべきである。

　第二に，商業主義に対する批判である。この点については，日本が経済復興
に取り組んでいるときには，輸出振興のために ODA を含めたりするなどあら
ゆる手段がとられ，その当時は日本の ODA のアンタイド比率は低かった。し
かし，アンタイド比率が相当高い現在でも依然として根強い商業主義批判が後
を絶たない。それは，一面では批判する側の誤解があるようである。つまり，
批判の対象としてよく取り上げられるのが日本の無償資金協力によるプロジェ
クトに対するものである。ただ，日本に限らず，その他の援助主要国について
も言えるのであるが，無償資金協力についてはひも付き援助であるのが原則で
ある。それを無視して日本の ODA を商業主義として批判するのであれば，そ
れは誤解ないし無理解としかいえない。

　第三に，援助理念の欠如である。従来日本の開発援助を実践するにあたって
繰り返し説明されてきた「人道主義」と「国際社会の相互依存性の認識」とい
う理念はあまりに普遍的すぎて，援助の方向性を何も示していないという批
判があった。そこで，政府は 1992 年に「ODA 大綱」を作成し，開発援助の

基本姿勢を明確にした。そこで明確にされたことは，これまでの日本のODA
を推進する中で実践されてきた「自助努力」を明文化し，強調したことで
あった。その後，時代の要請や援助受入国の事情の変化に応える形で2003年
に「新ODA大綱」が作成された。そこでは，日本のODAの目的について，
「国際社会の平和と発展に貢献し，これを通じてわが国の安全と繁栄の確保に
資すること」[6] と記されており，この目的を実現するための基本方針として，
①自助努力，②人間の安全保障，③公平性の確保，④日本の経験と知見の活
用，⑤国際社会における強調と連携，という5つの点が示されていた。

　その後2015年，国家安全保障戦略も踏まえつつ（平成25年12月17日に閣
議決定），ODA大綱を改定し，国際社会が直面する課題の解決のために発展
途上国と協働する対等なパートナーとしての役割をさらに強化するために，
「開発協力大綱」を定めた[7]。ここでいう「開発協力」とは，「開発途上地域の
開発を主たる目的とする政府及び政府関係機関による国際協力活動」を意味し
ており，特定の国や地域の開発という狭義のことだけではなく，平和構築やガ
バナンス，基本的人権の推進，人道支援などといった目標も含めた広義のこと
も広くとらえている。新たな大綱では，①非軍事的協力による平和と繁栄への
貢献，②人間の安全保障の推進，③自助努力支援と日本の経験と知見を踏まえ
た対話・協働による自立的発展に向けた協力といったものを基本方針としてい
る。重点課題としては，①質の高い成長とそれを通じた貧困撲滅，②普遍的価
値の共有，平和で安全な社会の実現，③地球規模課題への取組を通じた持続可
能で強靱な国際社会の構築といったものを掲げている。現在のグローバル社会
の中で，世界はさまざまな課題に直面してきており，その課題は多様化・複雑
化し，経済活動に関しては国境という概念が薄れる反面，冷戦時のように国境
という要素が改めて取りざたされるようになってきている。これらの困難な挑
戦に直面している世界は，これまで以上に各国の知恵と行動を必要としている
ことを考えると，経済大国としての役割を改めて考えるべき必要がある。

　日本のODAは今後どのような方向に進むのであろうか。新たな方向性が強
調されているが，日本の経験を活かすと共に，その経験を国際的な連携の下で

6　外務省（2003）『我が国の政府開発援助（2003年版）』を参照。
7　「開発協力大綱」の詳細については，外務省HPにて公開されている。

進めていこうとすべきである。すなわち，日本はこれまでアジアを中心に日本
の経験を伝授し，その経験が現地の事情に合うように調整されてさまざまな途
上国で受け入れられてきた。こうした被援助国のいくつかは最近援助供与国と
して成長してきており，日本の経験を現地化していくノウハウを持っていると
期待できる。そういう意味で，今後の日本の開発援助の在り方のひとつとし
て，既に日本の経験を活用してきた国と連携することによって，日本の経験を
第三国へ伝授する方法が脚光を浴びている。これは，三者間援助（tripartite
cooperation）と呼ばれるもので，今後これまで以上に，この分野の開発援助
が盛んに行われることになると考えられている[8]。

第3節　経済発展における開発援助の意義
──ODA 供与の動機と課題──

1．援助の供与・受入の動機

　これまでに，そして現在でも，大変多くの国がODA に供与国として，ある
いは，受入国として関わっているが，その理由はどういうものであろうか。
　まず，ODA の主な供与国である先進国はなぜ開発援助に関わろうとするの
であろうか。その理由は大きく分けて2つある。ひとつは，政治的理由であ
る。1940 年代，第二次世界大戦で疲弊した欧州で共産主義運動が拡大し，ま
た，1950 年代以降は共産主義運動が第三世界にまで拡大し，それを脅威に感
じた先進国，特にアメリカが自由資本主義陣営の維持・拡大のために，戦略上
重要な地域や諸国に開発援助を重点的に供与して脅威の目を紡ごうとしたこと
である。当時は東西冷戦下にあり，各陣営は自陣営の勢力拡大に腐心している
時期であった。そのため，開発援助もその文脈の中で活用することが当然視さ
れ，経済・社会開発よりも安全保障の観点から援助の方針が決められていた。
開発援助は友好的な政治体制の存続を保障するひとつの重要な政治的手段で
あったわけである。
　もうひとつの理由は，経済的動機であり，これには2つの側面がある。第一

8　この点については，国際協力50 周年記念シンポジウム「転換の海外援助」にて言及されている
（国連大学ウ・タント国際会議場，2004 年10 月14 日）。

は，開発援助の供与によって途上国の成長のための制約条件を取り除こうとするものである。外貨不足，国内貯蓄不足，低い技術水準が多くの途上国で経済発展を始動させることを困難にしてきた。ODA は無償資金協力や貸付を通じて資本不足を補い，途上国の経済発展を始動させて，自律的な経済発展の軌道に乗せようとするものであった。第二は，先進国の邪な動機とでもいうべきものである。それは，ODA をひも付き援助資金として供与し，途上国に供与される資金で実施されるさまざまなプロジェクトの調達先を供与国側の企業に限定しようとするものである。したがって，援助資金は供与されるものの，現実には資金は先進国の国庫から先進国企業の銀行口座に振り込まれることになった。そのため，途上国に対する援助が先進国企業の利益になるということで，多くの批判があがることとなった。現在では，ひも付き援助の程度は低下してきているが，無償資金協力については依然として通常ではひも付き援助が原則とされている。

　次に，途上国はなぜ ODA を受け入れるのであろうか。その理由は 3 つある。第一は，政治的理由である。途上国の多くの政権が未だに民主的なプロセスを経て成立していないが，そういう既存の政権にとっていかに権力の座を維持するかは最も重要な課題である。そのためには豊富な資金が必要である。一方，先進国側にも，特に東西冷戦下にあって自陣営の勢力を維持・拡大したいという願望があった。そこで，両者の利害が一致し，アメリカに代表される西側諸国が援助を供与し，現地政府はそれを政権基盤の強化と反対勢力の抑圧などに充当してきた。第二は，経済的理由である。これは，先進国が開発援助にたずさわる第 2 の理由に共通することであるが，経済発展の制約条件の克服をするには経済援助以外に他の選択肢がなかったというものである。第三は，倫理的理由とでもいうべき動機である。世界のほとんどの途上国がかつて先進国に植民地化されていた経験を持ち，その間，さまざまな形で先進国（旧宗主国）が現地（途上国）から利益を吸い上げてきた。その結果として先進国と途上国との間には大きな経済的格差が生まれ，また，途上国の経済発展も阻まれた訳であるが，このような搾取的な行為を繰り返してきた先進国は途上国に対してそれ相応の償いをしなければならないというものである。

　このように，開発援助とは途上国の経済発展を後押しするための資金を援助

することという極めて単純，しかも，明快なものであるが，現実には開発援助
供与国，受入国の間には複雑な利害関係が絡んでいる。そういう意味では，純
粋に人道主義的な援助を実践することは大変難しいと言えそうである。

2. 開発援助の課題と開発目標

　1989 年のベルリンの壁崩壊による東西冷戦の終結は，西側先進国がこれま
で重視してきた安全保障上の戦略的援助という援助供与の理由を失わせること
になったと同時に，先進国内において援助の実効性に対して疑問を唱えること
を可能にした。これらの出来事は先進国による開発援助の供与の目的を改めて
問うことにもつながって，先進国の「援助疲れ」がよく話題にされた。

　援助を巡る最近の課題としてあげられるのは，援助がグローバリゼーション
との関連で捉えられるようになってきており，それが途上国に対して何らかの
圧力を与えるようになっていることである。援助とグローバリゼーションとの
間の具体的な関わりは少なくとも次の2つの点から捉えられる。ひとつは，援
助が貿易自由化，もっと広義に捉えると，新自由主義を世界的に推進するため
に使われているということである。IMF と世界銀行は，1999 年の年次総会に
おいて特に貧困が深刻な途上国（すなわち重債務国および IDA 対象国）[9] に対
して開発援助の条件として貧困削減戦略文書（PRSP）を作成することを決定
した。PRSP とは，貧困削減のために 3 年から 5 年程度の間に実施すべき政策
についてまとめたものであり，貧困状況の実態把握，原因の特定，目標の設
定，政策の監視と評価の方法などについて具体的に提示することが求められて
いる。PRSP では，構造調整プログラムが援助する側の押しつけであったとい
う反省から，被援助国である途上国政府が作成の責任を担うという途上国の
オーナーシップの下で進められている。しかし，PRSP は最終的に IMF と世

　9　重債務国とは，2002 年において債務返済額の現在価値が輸出額の 220％以上ないし国民総所得
　　（GNI）の 80％以上の国であり，アジアではラオス，インドネシア，ミャンマーなど，アフリカで
　　はエチオピア，ナイジェリア，ザンビアなど，中南米ではブラジル，アルゼンチン，ペルーなどが
　　挙げられる。IDA（国際開発公社）による融資対象国は 1 人当たり GNI が US$865 であり，市場
　　条件で融資を受けるための信用がなく，そのために，譲許的な条件で融資を受けることが必要とさ
　　れる国である。典型的には，2004 年時点で 81 カ国あり，アジアではカンボジア，インドネシア，
　　モンゴルなど，アフリカではスーダン，ガーナ，モザンビークなど，中南米ではホンジュラス，ニ
　　カラグア，ボリビアなどで，重債務国と重なり合っていることが多い。

界銀行の同意が求められるので，これら2つの国際援助機関の基本的な活動原則である経済自由化と自由民主主義の推進が反映されたものでなければならなくなっている[10]。

　新自由主義を開発援助に関連させて，開発援助政策を政治的色彩の強いものにしているのが，アメリカである。アメリカによる対テロ戦争の同盟国に対しては援助が注がれ続ける一方で，そうではない途上国からは援助を引き上げるのではないかと思われるほど開発援助が国際政治の手段と化している。開発援助を継続して受け取るためには，経済的な開放のみならず，開放的社会の実現と民主主義実現のための基盤構築という政治的な開放も強く求められるようになってきている。

　もうひとつは，環境・健康・不法就労などの国境を越えるさまざまな問題と開発援助を結びつけて捉えるようになってきていることである。例えば，環境問題について，途上国における工業化は外貨獲得のための重要な開発戦略のひとつであるが，途上国における見境のない工業化は酸性雨の発生や天然資源の枯渇など地球規模での環境破壊につながる。しかし，途上国における公害は先進国における旺盛な工業製品に対する需要を反映して設立された先進国企業の現地工場から排出されるものである。その意味では，環境破壊の責任を担うのは必ずしも途上国とは限らないのである[11]。不法就労については，途上国における貧困が多くの人々を先進国への不法就労に駆り立てている側面があるため，先進国並に厳しい労働基準を途上国に設けて，途上国において労働者の権利を保護するように求めている。こうした要求は途上国における自然環境の保全や労働条件の改善という意味で望ましいことではある一方で，途上国の工業化のスピードを緩めることにもつながり，先進国による一種の保護主義ではないかとの見方もある。したがって，地球環境の保全や労働者の権利の保護など，人間の普遍的な権利を守るということが，逆に途上国にとっては過大な要求に映り，負担を強いているという現実もある。

　果たして，援助と新自由主義ないし世界の諸問題の解決とを結びつける，こうした新たなアプローチは開発援助の有効な使用に結びつくのであろうか。実

10　Hunt（2004）を参照。
11　Elliot（1994）を参照。

はこれには賛否両論がある。つまり，途上国に対して過大な要求を突きつけているのではないかという意見もあれば，労働者の搾取や環境悪化を未然に食い止めるために良しとする意見などがある。これまでのところ，新たなアプローチに対する実績は明らかになってはいない。その是非を占うのが，ミレニアム開発目標の達成の度合いであろう。ミレニアム開発目標とは，2000 年 9 月の国連ミレニアム・サミットで採択された 21 世紀の国連の役制を方向付けるものである。この目標には 2015 年までに達成されるべき 8 つの目標が掲げられている。それは，①極度の貧困と飢餓の撲滅，②普通的初等教育の達成，③ジェンダーの平等の推進と女性の地位向上，④幼児死亡率の削減，⑤妊産婦の健康の改善，⑥ HIV ／エイズ，マラリア，その他の疾病の蔓延防止，⑦環境の持続可能性の確保，⑧開発のためのグローバル・パートナーシップの推進，である。新自由主義的な援助政策の下でこれが良好な実績を上げれば，この新たなアプローチは今後の開発援助の在り方として確立されるであろう。しかし，もしそうならなければ，新たなパラダイムが模索されなければならないことになる。

　2015 年 7 月 6 日に国連事務総長（パン・ギムン）は「MDGs 報告 2015」を発表した。その報告の中で，「極度の貧困をあと一世代でこの世からなくせるところまで来た」や「MDGs は歴史上最も成功した貧困撲滅運動になった」と成果について言及している。しかし，どの程度の成果を成し遂げたのかは国や地域や人によって異なっているであろう。現在の開発の状況を深く考察しなくても，その成果や達成状況は国や地域で異なっているであろうし，現実的に格差の問題は存在しているし，農村部の最貧困層の人々で社会から置き去りになっている状況もあると言えよう。

　その後，2015 年 9 月に国連本部にて「国連持続可能な開発サミット」が開催され，150 を超える加盟国首脳が参加し，その成果文書として「我々の世界を変革する：持続可能な開発のための 2030 アジェンダ」が採択された[12]。この SDGs（持続可能な開発目標）は MDGs の後継として位置づけられており，17 のゴールと 169 のターゲットで構成される世界全体の目標である。そこで

12　国際連合広報センターの HP（https://www.unic.or.jp/，2020 年 2 月 1 日最終閲覧）を参照。

は，地球上の「誰一人取り残さない（leave no one behind）」ことを誓ってお
り[13]，持続可能で多様性と包括性のある社会の実現のため，2030 年までを期限
とする 17 の国際目標を掲げている。17 の目標とは，①貧困（あらゆる場所の
あらゆる形態の貧困を終わらせる），②飢餓（飢餓を終わらせ，食料安全保障
及び栄養改善を実現し，持続可能な農業を促進する），③保健（あらゆる年齢
のすべての人々の健康的な生活を確保し，福祉を促進する），④教育（すべて
の人に包摂的かつ公正な質の高い教育を確保し，生涯学習の機会を促進する），
⑤ジェンダー（ジェンダー平等を達成し，すべての女性および女児の能力強化
を行う），⑥水・衛生（すべての人々の水と衛生の利用可能性と持続可能な管
理を確保する），⑦エネルギー（すべての人々の，安価かつ信頼できる持続可
能な近代的エネルギーへのアクセスを確保する），⑧成長・雇用（包摂的かつ
持続可能な経済成長及びすべての人々の完全かつ生産的な雇用と働きがいのあ
る人間らしい雇用を促進する），⑨イノベーション（レジリエントなインフラ
構築，包摂的かつ持続可能な産業化の促進及びイノベーションの推進を図る），
⑩不平等（各国内及び各国間の不平等を是正する），⑪都市（包摂的で安全か
つレジリエントで持続可能な都市及び人間居住を実現する），⑫生産・消費
（持続可能な生産消費形態を確保する），⑬気候変動（気候変動及びその影響を
軽減するための緊急対策を講じる），⑭海洋資源（持続可能な開発のために海
洋・海洋資源を保全し，持続可能な形で利用する），⑮陸上資源（陸域生態系
の保護，回復，持続可能な利用の推進，持続可能な森林の経営，砂漠化への対
処，ならびに土地の劣化の阻止・回復及び生物多様性の損失を阻止する），⑯
平和（持続可能な開発のための平和で包摂的な社会を促進し，すべての人々に
司法へのアクセスを提供し，あらゆるレベルにおいて効果的で説明責任のある
包摂的な制度を構築する），⑰実施手段（持続可能な開発のための実施手段を
強化し，グローバル・パートナーシップを活性化する），である。そこでは，
先進国を含め，すべての国が行動する（普遍性），人間の安全保障の理念を反
映し，誰一人取り残さない（包括性），すべてのステークホルダー（政府，企
業，NGO，有識者等）が役割を担う（参画型），社会・経済・環境は不可分で

13　外務省の SDGs に関する HP（https://www.mofa.go.jp/mofaj/gaiko/oda/sdgs/about/index.
html，2020 年 2 月 1 日最終閲覧）を参照。

あり，統合的に取り組む（統合性），モニタリング指標を定め，定期的にフォローアップ（透明性）という特徴を備えている。

　確認してきたたように，我々は世界の経済開発と援助はさまざまな視点から考察することができる。途上国に対する開発援助は多くの先進国によって担われ，その規模はますます拡大してきているし，開発援助には，それを担う先進国の援助の動機や方針に応じて，さまざまなタイプや地域的偏りがあることを整理してきた。近年では，国家あるいは政府レベルでの議論だけではなく，産業や企業，NPO，そして，個人のレベルで世の中をより良いものにしようという試みが行われてきている。そのさまざまな取り組みや目標は実効性のあるものであるのか，個人一人が試みても意味があるのかなどという懐疑的な見方があるのも事実であろうが，よりよい生活を営めるために何かしらの行動をとる必要があるであろうし，それが可能な環境はそろってきているであろう。

・・・

Column　図們江地域開発

　1991年に国連開発計画（United Nations Development Program：UNDP）
が発足させた図們江地域開発計画（Tumen River Area Development Program：
TRADP）の目的は，図們江流域の多国間自由貿易地帯の設立とインフラ及び経済開
発を通じた北東アジア地域の経済繁栄を追求することと整理できる。

　図們江流域とは一般的に中国，北朝鮮，ロシアの3カ国が隣接する図們江デルタ
を指すが，狭義では吉林省の琿春（中）−羅津（朝）−ポシェト（ロ）を結ぶ小三角
を指し，広義では，延吉−清津−ウラジオストクを結ぶ大三角を指す（図10-2を参
照）。また，吉林省の防川から日本海までは直線距離で15km，図們江の東南側が北
朝鮮，北にロシアがあり，その背後地域として，中国の東北地域，モンゴルの東部，
ロシアのシベリアと沿海州がある。広域図們江地域は，既述した大三角を頂点とし
ながら，地域が含まれる範囲を指しており，北東アジアの構成国がクロスする地域
が中国東北地域，ロシアの沿海州，モンゴルの東部，北朝鮮，韓国の東海岸，日本
の日本海側を含む総面積が約1,000万km^{2}となる地域である。

　UNDPは図們江河口に建設される自由経済区域に周辺国の資本，技術，労働力を
吸収し，北東アジアの立ち遅れた地域を開発することで参加国に利益を与えること
のできる戦略的な発展の拠点として活用する計画としてTRADPを発足させた。し
かし，その構想段階から中国，ロシア，北朝鮮は共同開発地をめぐり利害関係の対
立が生じていたため，期待に反して特別な成果をあげることなく，2005年には加盟
国を中心に広域図們江地域開発計画（Greater Tumen Initiative：GTI）へと転換さ
れた。その不振要因には，財源調達の非現実性，日本，アメリカなどの先進国から
の関心の欠如，域内主導勢力の不在など幅広い議論がなされており，また，当時の
加盟国にとって図們江地域開発の優先順位が高くないのも一因とされている。しか
し，2000年代後半に入ってから中国政府の東北地域への政策推進に伴って，図們江
地域の発展の潜在力の可能性は高まった。中国は，特に2013年以来，広域経済圏
として「一帯一路」構想を示し，その構築を進めてきているが，そのうちの「一帯」
に属する「中・モ・ロ経済回廊」は一帯一路の中でも，最初に合意された多国間協
力の経済回廊として重要な意味を持っており，GTIも新しい段階を迎えたといえよ
う。

　図們江地域開発をめぐっては現存する問題点も少なくない。例えば，当該地域に
おける物流的な課題として，東モンゴル地域での鉄道の未接続，図們江やアムール

川の橋梁の欠如，法的な枠組みの不備，効率的な管理の不足などがボトルネックとして残されており，これらの問題を解決するためには関連諸国・地域によるさまざまなイニシアティブや政策の整理，合理化が必要になってくる。要するに，現状では複雑化し，重複する部分が多いため，GTIはそうした整理のための調整役としての役割も求められている。また，当該地域は依然として，地政学的に複雑で，協力を深めるための十分な信頼関係が欠如しており，相互にけん制・競合している地域でもある。そのため，今後の共同繁栄のためには相互の信頼関係の構築をはじめとする国際的な枠組みのなかでも協力が不可欠であると考える。

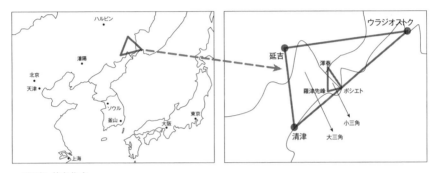

（出所）筆者作成。

図10-2　図們江デルタ

224

参考文献

[日本語文献]
天野倫文 (2002)「国際分業と事業構造の変革：グローバル戦略における比較優位の創出」『日本経営学会誌 (8)』日本経営学会。
飯田経夫 (1971)『経済成長モデルと経済発展』アジア経済研究所。
伊藤萬里 (2011)「世界同時不況による日本の貿易への影響：貿易統計を利用した貿易変化の分解」『経済分析』184 巻, 内閣府経済社会総合研究所, 1-29 頁。
邬躍 (2015)「「一帯一路」が変えるユーラシアの物流」『中国「一帯一路」構想および交通インフラ計画について』JST 国立研究開発法人科学技術振興機構, 中国綜合研究交流センター (CRCC), 96-97 頁。
H・エスカット, 猪俣哲史編著 (2011)『東アジアの貿易構造と国際価値連鎖　モノの貿易から「価値」の貿易へ』IDE-JETRO。
ERINA REPORT PLUS (2018)「北東アジアの地域経済発展と GTI：交通の連結性」2018 北東アジア経済発展国際会議 (NICE) イン新潟セッション B 地域開発戦略の現状と課題, No. 141 2018 APRIL, 29-36 頁。
大川一司・小浜裕久 (1993)『経済発展論—日本の経験と発展途上国—』東洋経済新報社。
太田辰幸 (2003)『アジア経済発展の軌跡—政治制度と産業制度の役割』文眞堂。
大野健一 (2000)『途上国のグローバリゼーション』東洋経済新報社。
大淵寛 (1974)『人口過程の経済分析』新評論社。
外務省 (2003)『我が国の政府開発援助 (2003 年版)』。
外務省 (2019)『2018 年版　開発協力白書　日本の国際協力』。
加藤義喜 (1974)『後進国の貿易と開発』世界経済調査会。
加藤義喜 (1986)『風土と世界経済—国民性の政治経済学—』文眞堂。
加藤義喜・青木一能編著 (2001)『グローバリゼーションの光と影—21 世紀世界の経済・政治・社会—』文眞堂。
加藤義喜・辻忠博・陸亦群 (2005)『経済開発論』日本大学通信教育部。
加藤義喜・南雅一郎・陸亦群 (2003)『国際経済論』日本大学通信教育部。
川田侃編 (1951)『今日の南北問題』(『経済セミナー』増刊号) 日本評論社。
木村宏恒 (1998)『開発・国家・NGO—フィリピン・カラバルゾン開発計画をめぐって—』三一書房。
木村福成 (2003)「国際貿易理論の新たな潮流と東アジア」『開発金融研究所報』第 14 号, JICA 研究所。
朽木昭文・野上裕生・山形辰史編 (2004)『テキストブック開発経済学』有斐閣ブックス。
経済産業省編 (2002)『通商白書 2002』。
経済産業省産業構造審議会新産業構造部会 (2012)『報告書　経済社会ビジョン「成熟」と「多様性」を力に』。
経済産業省編 (2013)『通商白書 2013』。
呉逸良 (2006)「貿易および直接投資の新しい経済地理学の観点からの分析」『紀要』第 36 号, 日本大学経済学部経済科学研究所。

小島清（1998）「東アジア経済の再出発―直接投資主導型発展戦略の評価」『世界経済評論』1998 年 1 月号，世界経済調査会。

国連人口基金（UNFPA）（2017）『世界人口白書 2017』。

小島清（2003）『雁行型経済発展論〔第 1 巻〕』文眞堂。

小島清（2004）『雁行型経済発展論〔第 2 巻〕』文眞堂。

小島清（2006）『雁行型経済発展論〔第 3 巻〕』文眞堂。

小林多加士（1997）『海のアジア史―諸文明の「世界＝経済」』藤原書店。

佐藤寛編（2001）『援助と社会関係資本―ソーシャルキャピタル論の可能性―』アジア経済研究所。

志賀信夫（2016）『貧困理論の再検討：相対的貧困から社会的排除へ』法律文化社。

庄田安豊（1975）「先進国の資本ストック」『日本経済研究』。

新宅純二郎（2006）『東アジアにおける製造業ネットワークの形成と日本企業のポジショニング』東京大学 21 世紀 COE ディスカッションペーパー No.92。

末廣昭（2014）『新興アジア経済論　キャッチアップを超えて』岩波書店。

園部哲史・大塚啓二郎（2004）『産業発展のルーツと戦略―日中台の経験に学ぶ』知泉書館。

田中五郎（1998）『発展途上国の債務危機―経験と教訓―』日本評論社。

辻忠博（2015）『経済開発のエッセンス』創成社。

A・トゥーレーヌ著，佐藤幸男訳（1976：邦訳 1989）『断裂社会―第三世界の新しい民衆運動―』新評論社。

M・P・トダロ（1997）『M・トダロの開発経済学』国際協力出版会。

M・P・トダロ，ステファン・C・スミス（2004）『トダロとスミスの開発経済学』国際協力出版会。

鳥居泰彦（1979）『経済発展理論』東洋経済新報社。

内閣府（2014）『平成 28 年度　子供の貧困に関する新たな指標の開発に向けた調査研究報告書』。

西垣昭・下村恭民（1993）『開発援助の経済学』有斐閣。

西口清勝（2004）『現代東アジア経済の展開―「奇跡」，危機，地域協力』文眞堂。

根本孝・諸上茂登編著（1988）『国際経営の進化』学文社。

長谷川啓之（2004）『グローバル化時代のアジア経済―持続的成長の可能性』創土社。

速水佑次郎（1995）『開発経済学』創文社。

M・ハドソン著，佐藤幸男訳（1977：邦訳 1980）『新国際秩序―世界経済の勉裂と再築―』世界日報社。

羽田翔・前野高章・安田知絵（2016）「中国企業の輸出行動：中国企業の企業形態別輸出と資金制約の関係性」『JAFTAB』第 53 号，日本貿易学会。

藤澤武史編著（2012）『グローバル・マーケティング・イノベーション』同文舘出版。

藤田昌久（1996）「空間経済システムの自己組織化発展について」大山道広他編『現代経済学の潮流』東洋経済新報社。

藤本隆宏（2001）『生産マネジメント入門』日本経済新聞社。

藤本隆宏（2002）『製品アーキテクチャの概念・測定・戦略に関するノート』RIETI Discussion Paper Series 02-J-008。

藤本隆宏（2004）『日本のもの造り哲学』日本経済新聞社。

R・プレビッシュ著，外務省訳（1964）『プレビッシュ報告―新しい貿易政籏を求めて』国際日本協会。

R・プレビッシュ著，正井正夫訳（1968）『新しい開発戦略を求めて―新プレビッシュ報告―』国際日本協会。

本多光雄・呉逸良・陸亦群・井尻直彦・辻忠博（2007）『産業集積と新しい国際分業―グローバル化が進む中国経済の新たな分析視点』文眞堂。

前野高章（2014）「貿易円滑化の進展と貿易コストの変化」『JAFTAB』第 51 号，日本貿易学会。

前野高章（2016）「TPP 諸国の貿易構造と生産ネットワーク」馬田啓一・浦田秀次郎・木村福成編著『TPP の期待と課題：アジア太平洋の新通商秩序』文眞堂。

前野高章（2019）「財ヴィンテージの貿易に関する研究—非新品貿易財の貿易構造に関する一考察—」『紀要』第 49 号，日本大学経済学部経済科学研究所。

前野高章・羽田翔（2017）「知的財産権保護と技術移転—ASEAN 諸国の貿易データを使用した実証分析—」長谷川聰哲編著『アジア太平洋地域のメガ市場統合』中央大学出版部。

室井義雄（1997）『南北・南南問題』山川出版社。

M・モリッシュ著，保科秀明訳（1993）『第三世界の開発問題（改訂版）』古今書院。

諸上茂登（2012）「多国籍企業のビジネス・プラットフォームと新興国市場開拓」多国籍企業学会『多国籍企業と新興国市場』文眞堂。

諸上茂登（2013）『国際マーケティング講義』同文舘出版。

安田知絵（2017）「企業の海外進出戦略と立地優位性の追求—図們江地域を中心に」『成功に導く中小製造企業のアジア戦略』（第 4 章所収）文眞堂。

安場安吉（1980）『経済成長論』筑摩書房。

安室憲一（2012）「グローバル・マーケティング企業のビジネスモデル」藤澤武史編著『グローバル・マーケティング・イノベーション』同文舘出版。

山澤逸平・平田章編（1987）『発展途上国の工業化と輸出促進政策』アジア経済研究所。

游仲勲・本山美彦・徳永正二郎（1980）『南北問題を見る眼』有斐閣。

陸亦群（2010）「アジアにおける国際分業の深化と地域経済発展に関する一考察」『研究紀要』日本大学通信教育部通信教育研究所。

陸亦群（2011a）「東アジアの経験とダイナミックキャッチアップ・モデル」『紀要』第 41 号，日本大学経済学部経済科学研究所。

陸亦群（2011b）「新シルクロードにおけるダイナミックキャッチアップの可能性と「ビーズ型」開発戦略『研究紀要』第 24 号，日本大学通信教育部通信教育研究所。

陸亦群（2012）「キャッチアップにおける政府の役割と東アジア新興諸国の経験」『研究紀要』第 25 号，日本大学通信教育部通信教育研究所。

陸亦群（2013）「グローバル・マーケティング戦略と新興国のキャッチアップ」『研究紀要』第 26 号，日本大学通信教育部通信教育研究所。

陸亦群（2014）「新興国の都市化とダイナミックキャッチアップ」『研究紀要』第 27 号，日本大学通信教育部通信教育研究所。

陸亦群（2016）「国際分業における製品アーキテクチャおよび企業戦略に関する一考察」『研究紀要』第 29 号，日本大学通信教育部通信教育研究所

陸亦群（2017）「地域経済における産業集積，都市化及び雇用に関する一考察」『研究紀要』第 30 号，日本大学通信教育部通信教育研究所。

陸亦群・辻忠博（2011）「東アジア新興国の経験の中央アジア経済発展への適用に関する一考察」『日本貿易学会年報』第 48 号，日本貿易学会。

W・W・ロストウ（1961）『経済成長の諸段階』ダイヤモンド社。

若杉隆平・伊藤萬里（2011）『グローバル・イノベーション』慶應義塾大学出版会。

渡辺利夫・梶原弘和（1983）『アジア水平分業の時代』日本貿易振興会。

渡辺利夫編（1985）『アジア諸国経済発展の機構と構造』アジア経済研究所。

渡辺利夫（1986）『経済学と現代アジア—開発経済学』日本評論社。

渡辺利夫（1998）「アジア成長神話は終わっていない」『中央公論』1998 年 1 月号，中央公論新社。

渡辺利夫（2001）『開発経済学入門』東洋経済新報社。

[外国語文献]

Amiti, M. and B. S. Javorcik (2008), "Trade Costs and Location of Foreign Firms in China," *Journal of Development Economics*, Vol. 85 (1-2), pp. 129-149.

Ahluwalia, Montek S. (1976), "Income Distribution and Development: Some Stylized Facts," *American Economic Review*, Vol. 66, No. 2, pp. 128-35.

Ando, M. (2006), "Fragmentation and Vertical Intra-Industry Trade in East Asia," *North American Journal of Economics and Finance*, Vol. 17 (3), pp. 257-81.

Athukorala, P. and N. Yamashita (2006), "Production fragmentation and trade integration: East Asia in a global context," *North American Journal of Economics and Finance*, Vol. 17 (3), pp. 233-256.

Balassa, B. (1961), *The Theory of Economic Integration*, Homewood, Illinois: Richard D. Irwin, Inc. (中島正信訳『経済統合の理論』ダイヤモンド社，1963 年。)

Balassa, B. (1966), "Tariff reductions and trade in manufacturers among industrial countries," *American Economic Review*, 56, pp. 466-473.

Banerjee, Abhijit V. and Esther Duflo (2012), *Poor Economics: A Radical Rethinking of the Way to Fight Global Poverty*, Public Affairs.

Bartlett, C. and S. Ghoshal (1989), *Managing Across Borders: The Transnational Solution*, Harvard Business School Press. (吉原英樹監訳『地球市場時代の企業戦略』日本経済新聞社，1990 年。)

Bhagwati, J. (1978), *Foreign Trade Regimes and Economic Development: Anatomy and Consequences of Exchange Control Regimes*, Cambridge, MA: Ballinger.

Birdsall, Nancy (1988), "Economic Approaches to Population Growth," in H. Chenery and T. N. Srinivasan, eds., *Handbook of Development Economics*, Vol. 1, Amsterdam Elsevier, pp. 477-542.

Chenery, H. B. (1960), "Pattern of Industrial Growth," *American Economic Review*, Vol. 50, No. 4, September, pp. 624-54.

Chenery, H. B. (1961), "Comparative Advantage and Development Policy," *American Economic Review*, Vol. 51, No. 1, pp. 18-51.

Cheng, Leonard K. and Henryk Kierzkowski (2001), *Global Production and Trade in East Asia*, Kluwer Academic Publishers.

Clark, C. (1940), *The Conditions of Economic Progress*, McMillan.

Corden, W. Max (1971), "The Effects of Trade on the Rate of Growth," in Jagdish N. Bhagwati et al., eds., *Trade, Balance of Payments and Growth*.

Deininger, K. and L. Squire (1996), "A New Data set Measuring Income Inequality," *World Bank Economic Review*, Vol. 10, No. 1, pp. 565-91.

Deininger, K. and L. Squire (1998), "New Ways of Looking at Old Issues," *Journal of Development Economics*, Vol. 57, No. 2, pp. 259-87.

Domar, Evsey. D. (1946), "Capital Expansion, Rate of Growth, and Employment," *Econometrica*, 14, pp. 137-147.

Elliott, J. A. (1994), *An Introduction to Sustainable Development: The Developing World*, London, Routledge.

FAO (2003), *Filling the Data Gap: Gender-Sensitive Statistics for Agricultural Development*.

Feenstra, R. (2004), *Advanced International Trade: Theory and Evidence*, Princeton University Press.

Felipe, J. (2012), "Tracking the Middle-Income Trap: What is It, Who is in It, and Why? Part 2," *ADB Economics Working Paper Series*, No. 307, March 2012, Asian Development Bank.

Fields, G. S. (1975), "Rural-Urban Migration, Urban Unemployment and Underemployment, and Job-search Activity in LDCs," *Journal of Development Economics*, Vol. 2, No. 2, pp. 165-187.

French Development Agency and United Nations Development Programme (2016), *Financing the SDGs in the Least Developed Countries (LDCs): Diversifying the Financing Tool-box and Managing Vulnerability*, Joint-repot of French Development Agency and United Nations Development Programme.

Fujita, M., P. R. Krugman and A. J. Venables (1999), *The Spatial Economy: Cities, Regions, and International Trade*, MIT Press. (小出博之訳『空間経済学—都市・地域・国際貿易の新しい分析』東洋経済新報社, 2000 年。)

Gray, P. and H. W. Singer (1988), "Trade Policy and Growth of Developing Counties: Some New Data," *World Development*, 16 (3), Mar.

Greenaway, D. and C. R. Milner (1986), *The Economic of Intra-industry Trade*, Oxford, Basil Blackwell.

Grubel, H. G. and P. J. Lloyd (1975), *Intra-Industry Trade: The Theory and Measurement of International Trade in Differentiated Products*, London, MacMillan.

Harris, John R. and M. P. Todaro (1970), "Migration, Employment and Development: A Two-Sector Analysis," *American Economic Review*, Vol. 60, No. 1, pp. 126-142.

Harrod, R. F. (1939), "An Essay in Dynamic Theory," *Economic Journal*, 49, pp. 14-33.

Helpman, E., M. J. Melitz and S. R. Yeaple (2004), "Export Versus FDI with Heterogeneous Firms," *American Economic Review*, Vol. 94 (1), pp. 200-316.

Hicks, John R. (1960), *the Social Framework*, 3rd ed., Oxford: Oxford University Press.

Hirschman, Albert O. (1958), *The Strategy of Economic Development*, New Haven, Yale University Press. (小島清監訳, 麻田四郎訳『経済発展の戦略』巌松堂, 1961 年。)

Hoffmann, W. G. (1958), *The Growth of Industrial Economies*, England, Manchester University Press. (長洲一二・富山和夫訳『近代産業発展段階論』日本評論社, 1967 年。)

Hunt, J. (2004), "Aid and Development," in D. Kingsbury, J. Remenyi, J. McKay and J. Hunt, *Key Issues in Development*, Houdmills: Palgrave Macmillan.

Inaga, T. Winkler and Carmel Williams (2017), "The Sustainable Development Goals and human rights: a critical early review," *The International Journal of Human Rights*, 21: 8, pp. 1023-1028.

Inui, T., T. Matsuura and S. Poncet (2008), "The Location of Japanese MNC Affiliates: Agglomeration Spillovers and Firm Heterogeneity," *CEPII Working Paper*, No. 2008-24.

Kimura, F. and M. Ando (2005), "Two dimensional fragmentation in East Asia: Conceptual framework and empirics," *International Review of Economics and Finance*, Vol. 14 (3), pp. 317-348.

Krueger, Anne O. (1978), *Foreign Trade Regimes and Economic Development: Liberalization Attempts and Consequences*, Cambridge, MA: Ballinger.

Krugman, P. R. (1980), "Scale Economies, Product Differentiation, and the Pattern of Trade," *American Economic Review*, Vol. 70 (5), pp. 950-959.

Krugman, P. R. (1991a), "Increasing Returns and Economic Geography," *Journal of Political Economy*, 99, pp. 483-499.

Krugman, P. R. (1991b), *Geography and Trade*, Cambridge: MIT Press. (北村行伸等訳『脱「国境」の経済学』東洋経済新報社, 1994 年。)

Krugman, P. R. (1994), *The myth of Asia's miracle*, Foreign Affairs article. (ポール・クルーグマン著 (1995)「まほろしのアジア経済」『中央公論』110 (1), 371-386 頁。)

Krugman, P. R. (1995), *Development, Geography, and Economic Theory*, MIT Press. (高中公男訳『経済発展と産業立地の理論—開発経済学と経済地理学の再評価』文眞堂, 1999 年。)

Krugman, P. R. (1998), *What ever happened to the Asian miracle?*, Fortune.

Kuznets, S. (1955), "Economic Growth and Income Inequality," *American Economic Review*, Vol. 45, No. 1, pp. 1–28.

Kuznets, S. (1966), *Modern Economic Growth*, New Haven and London: Yale University Press. (塩野谷祐一訳『近代経済成長の分析』2 冊, 東洋経済新報社, 1968 年。)

Kuznets, S. (1971), *Economic Growth of Nations*, Cambridge MA: Harvard University Press. (西川俊作・石田泰訳『諸国民の経済成長』ダイヤモンド社, 1977 年。)

Lewis, W. Arthur (1954), "Economic Development with Unlimited Supplies of Labor," *Manchester School of Economic and Social Studies*, Vol. 22, pp. 139–91.

Linder, S. B. (1961), *An Essay on Trade and Transformation*, Columbia University. (小島清・山沢逸平訳『国際貿易の新理論』ダイヤモンド社, 1964 年。)

Melitz, M. J. (2003), "The Impact of Trade on Intra-Industry Reallocations and Aggregate Industry Productivity," *Econometrica*, Vol. 71 (6), pp. 1695-1725.

Murphy, R., A. Shleifer and R. Vishny (1989), "Industrialization and the Big Push," *Journal of Political Economy*, Vol. 97, pp. 1003-1026.

Nurkse, R. (1959), *Patterns of Trade and Development*, Stockholm: Wicksell Lecture Society. (大畑弥七訳『外国貿易と経済発展』ダイヤモンド社, 1960 年。)

Oshima, H. (1963), "The Ranis-Fei Model of Economic Development: Comment," *American Economic Review*, Vol. 53, No. 3, pp. 448-452.

Porter, M. (ed.) (1980), *Competitive Strategy*, New York: Free Press. (土岐坤・中辻萬治・服部照夫訳『競争の戦略』ダイヤモンド社, 1982 年。)

Porter, M. (ed.) (1986), *Global Marketing Management*, 4th, ed., John Wiley R Sons, Inc. (土岐坤・中辻萬治・小野寺武夫訳『グローバル企業の競争戦略』ダイヤモンド社, 1989 年。)

Porter, M. (1990), *The Competitive Advantage of Nations*, Jossey Bass, Inc. (土岐坤・中辻萬治・小野寺武夫訳『国の競争優位』ダイヤモンド社, 1992 年。)

Ranis, G. and J. C. H. Fei (1961), "A Theory of Economic Development," *American Economic Review*, Vol. 51, No. 4, pp. 533-565.

Ranis, G. and J. C. H. Fei (1964), *Development of Labor Surplus Economy: Theory and Policy*, Richard Irwin, p. 37, pp. 313-319.

Redding, S. and A. Venables (2003), "South-East Asian export performance: external market access and internal supply capacity," *Journal of the Japanese and International Economies*, Vol. 17 (4), pp. 404-431.

Reynolds, L. G. (1965), "Wages and Employment in the Labor Surplus Economy," *American Economic Review*, Vol. 55, No. 1, pp. 19-39.

Rosenstein-Rodan, P. (1943), "Problems of Industrialization of Eastern and South-Eastern Europe," *Economic Journal*, Vol. 53, pp. 202-211.

Sanchez, R. (1995), "Strategic Flexibility," *Strategic Management Journal*, Vol. 16.

Sanchez, R. (1999), "Modular architectures in the marketing process," *Journal of Marketing*, 63.

Sen, Amartya K. (1999), *Development as Freedom*, Oxford: Oxford University Press. (石塚雅彦訳『自由と経済開発』日本経済新聞社, 2000 年。)

Sen, Amartya K. (2002), *Rationality and Freedom*, Harvard University Press. (若松良樹・須賀晃一・後藤玲子監訳『合理性と自由 (上・下)』勁草書房, 2014 年。)

Soga, K. (2016), Scale of ESG Investment in Japan, *Research Report*, Feb. 2016, Nikko Research

Center, pp. 1–16.

Stiglitz, Joseph E. and Shahid Yusuf (eds.) (2001), *Rethinking the East Asian Miracle*, New York: Oxford University Press for the World Bank.

Solow, Robert M. (1956), "A contribution to the theory of economic growth," *Quarterly Journal of Economics*, 70 (1), pp. 65–94.

Solow, Robert M. (1957), "Technical change and the aggregate production function," *Review of Economics and Statistics*, 39 (3), pp. 312–320.

Swan, Trevor W. (1956), "Economic growth and capital accumulation," *Economic Record*, 32 (2), pp. 334–361.

Teece, D. J. (2007), "Explicating Dynamic Capabilities: The Nature and Micro-foundations of (Sustainable) Enterprise Performance," *Strategic Management Journal*, Vol. 28 (13), pp. 1319–1350. (渡部直樹訳「ダイナミック・ケイパビリティの解明：持続的な企業のパフォーマンスの性質とミクロ的基礎」渡部直樹編著『ケイパビリティの組織論・戦略論』中央経済社, 2010年。)

Todaro, Michel P. (1969), "A Model of Labor Migration and Urban Unemployment in Less Developed Countries," *American Economic Review*, Vol. 59, No. 1, pp. 138–148.

Ulrich, K. T. (1995), "The Role of Product Architecture in the Manufacturing Firm," *Research Policy*, 24, pp. 419–440.

UNDP (2019), *Human Development Report 2019*, New York.

United Nations, Department of Economic and Social Affairs, Population Division (2017), "World Population Prospects: The 2017 Revision, Key Findings and Advance Tables," *Working Paper No. ESA/P/WP/248*.

Visaria, P. (1998), "Unemployment and Growth in India: Level, Nature and Policy Implication," *ILO Employment and Training Papers*, No. 36.

Winkler, Inga T. and Carmel Williams (2017), "The Sustainable Development Goals and human rights: a critical early review," *The International Journal of Human Rights*, 21: 8, pp. 1023–1028.

World Bank (1991), *World Development Report*, Washington, D.C.: Oxford University Press.

World Bank (1992), *World Development Report*, New York, Oxford University Press.

World Bank (1993), *The East Asian Miracle: Economic Growth and Public Policy –A World Bank Policy Research Report*, Washington D.C.: Oxford University Press. (白鳥正喜監訳『東アジアの奇跡—経済成長と政府の役割』東洋経済新報社, 1994年。)

Yeats, A. J. (2001), "Just How Big is Global Production Sharing?," in S. W. Arndt and H. Kierzkowski (eds.), *Fragmentation: New production patterns in the world economy*, Oxford: Oxford University Press.

Young, A. (1995), "The Tyranny of Numbers: Confronting the Statistical Realities of the East Asian Growth Experience," *Quarterly Journal of Economics*, 110 (3), pp. 641–80.

张车伟 (2018)『人口与劳动绿皮书《中国人口与劳动问题报告 No.19》』社会科学文献出版社。

尹大燁 (2019)「중국의 인구감소와 인구개혁의 정치경제」연세대학교중국연구원。

索　引

著者紹介

陸　亦群 (りく・ゆうぐん)

日本大学経済学部教授，日本大学大学院総合社会情報研究科教授。
日本大学大学院経済学研究科博士後期修了。博士（経済学）。
専門領域は国際経済論，経済開発論。
主要著作に『産業集積と新しい国際分業─グローバル化が進む中国経済の新たな分析視点』（共著，文眞堂，2007 年），*Rebirth of the Silk Road and a New Era for Eurasia*（共編著，八千代出版，2015 年），「中国東北地域における都市化の経済と貿易の役割」（共著，『経済集志』第 89 巻第 3 号，日本大学経済学部，2020 年）など。

前野高章 (まえの・たかあき)

日本大学通信教育部教授，日本大学大学院総合社会情報研究科教授。
日本大学大学院経済学研究科博士後期課程満期退学。博士（経済学）（中央大学大学院経済学研究科）。
専門領域は国際経済論，国際貿易論。
主要著作に「新疆ウイグル自治区と中央アジア諸国の貿易構造分析」（共著，日本国際情報学会誌『国際情報研究』19 巻 1 号，2022 年），「中欧諸国の自動車産業における貿易構造と国際分業」（池本修一・田中宏編『脱炭素・脱ロシア時代の EV 戦略─EU・中欧・ロシアの現場から─』（第 3 章），文眞堂，2022 年），「激変するグローバル経済におけるアジアの貿易構造」（石川幸一・馬田啓一・清水一史編『岐路に立つアジア経済─米中対立とコロナ禍への対応─』（第 1 章），文眞堂，2021 年）など。

安田知絵 (やすだ・ともえ)

日本大学生産工学部専任講師。
日本大学大学院経済学研究科博士後期課程満期退学。博士（経済学）。
専門領域は中国経済論，地域研究。
主要著作に「中国における輸出財高度化の決定要因分析─東北三省の製造業を中心に─」（共著，日本貿易学会研究論文，第 11 号，2022 年），「韓国製造企業の対ベトナムへの直接投資：中国・山東省および江蘇省への投資目的変化との比較」（共著，『東アジア経済経営学会誌』第 14 号，2021 年），「企業の海外進出戦略と立地優位性の追求：図們江地域を中心に」（『成功に導く中小製造企業のアジア戦略』（第 4 章），文眞堂，2017 年）など。

羽田　翔 (はねだ・しょう)

日本大学法学部准教授。
日本大学大学院総合社会情報研究科博士後期課程修了。
博士（総合社会文化）。
専門領域は国際経済論，公共選択論。
主要著作に "Impact of Chinese cross-border outbound M&As on firm performance: Econometric Analysis using firm-level data"（共著，*China Economic Review* (30)，2014 年），"The Political Economy of Policy Changes during the COVID-19 Pandemics"（単著，日本大学法学部法学紀要，第 62 巻，2021 年），"Social capital in a time of uncertainty: A case study of COVID-19 in Maharashtra state, India"（共著，*Social Sciences & Humanities Open*, 7 (1)，2023 年）など。

現代開発経済入門

2020 年 4 月 20 日第 1 版第 1 刷発行   検印省略
2023 年 4 月 1 日第 1 版第 2 刷発行

著 者——陸　亦群・前野高章・安田知絵・羽田　翔

発行者——前野　隆
発行所——株式会社 文眞堂
　　　　　〒 162-0041 東京都新宿区早稲田鶴巻町 533
　　　　　TEL：03 (3202) 8480 / FAX：03 (3203) 2638
　　　　　HP：http://www.bunshin-do.co.jp/
　　　　　振替 00120-2-96437

製作……美研プリンティング